德育无墙

DEYU WUQIANG

周洁 著

暨南大學出版社
JINAN UNIVERSITY PRESS
中国·广州

敞开心扉，融入自然，滋养万物，就是更清冽的甘泉。

跨越心界，穿越时空，共营生命，就是更广阔的未来。

——题记

目　录

第一章　共识形成：教育“无墙”的萌发

春暖花开，心悦人美。

木棉花，总是应时而开，那五片拥有强劲曲线的花瓣，围绕着一簇绵密的黄色花蕊，收束于紧实的花托，一朵朵如饭碗般大，迎着阳春，自树顶端向下蔓延，红艳似火，将广州点缀得格外清丽。

在如此清丽的广州，与华侨学府——暨南大学相邻的是石牌村，一个典型的超大“城中村”。石牌小学就坐落于其中，她看似没有木棉花养眼，却有着木棉花那般奋发向上的精神，更有着一种“无墙”的心根……

第一节　石牌小学：发展，渴望“无墙”

一、“城中村”小学的焦渴

（一）走进“石牌村”，看见城市，看见“村”

1.“城中村”特征：亦城亦村，亦旧亦新

随着改革开放的深入，广州市天河区石牌村成为广州市最大的典型的“城中村”，具有“四多”特点①：居住的人口多，街巷多，出租屋多，店铺多。如今，石牌村面积为0.73平方千米，有着3 000多栋4～6层高互相拥挤的“握手楼”，共有170多条小街巷，街巷宽度2米以上的占27%，1.5～2米的占40%，1～1.5米的占20%，1米以下的占13%。村内住有5万多人口，其中4万多为外来人口，人口结构复杂。村内有1 300多间店铺，生活必需品应有尽有。村四周是广州CBD的高楼大厦和繁荣的商业街，周边毗邻IT销售圈、天河娱乐城、天河电影院、地中海国际大酒店（五星级）、总统大酒店（四星级）、大华酒店（四星级）、中山大学第三附属医院等，与暨南大学和华南师范大学相邻。

---

①郑孟煊．城市化中的石牌村．北京：社会科学文献出版社，2006.8.

由宅基地扩展起来的密集建筑群，被周边高楼大厦包围着，由170多条窄小的古巷支撑着，有5万多人口在这里生活着。它是村民租赁经济的载体，它是新进移民的落脚地，它兼容着传统与现代文化，它是乡村向城市过渡的“桥梁”——这就是石牌城中村。

（摘自《城市化中的石牌村》封面折页）

2. *“石牌村”写照：传统与现代兼具，经济与文化齐飞*

石牌村发源于南宋时期。在历史变迁中，石牌村形成了“崇文尚德”的文化传统[①]：石牌村的池、董、潘等几大姓都是从中原迁徙而来的，在长期的生活中，形成了中原主流文化与岭南本土文化、华夏文化与海外文化、城市文化与农村社区文化相互交融的特点，主要表现为崇文重教、弘扬祖德、爱国爱乡的优良传统。石牌城中村有其特有的经济表象[②]。石牌城中村的经济，目前以租赁业为主，村属三骏企业集团公司拥有10亿元固定资产，年收益近3亿元，计30多万平方米物业的集体经济。村民个体经济则主要是指出租屋的经营。同时，为满足村民及移民（外来人口）共计约6万人的生活需要，“城中村”内孕育出一个由几个大肉菜市场和1 300多家小型的服务性商铺及两条繁荣的商业街（石牌东路、石牌西路）构成的特有的经济体系。

今天的广州市天河区石牌小学，就坐落于其中，位于石牌绿荷西大街1号。

（二）迈进“石牌小学”，看见现代，看见“弱”

石牌小学创办于1918年。民国时期，小学逐渐取代私塾。民国早期，番禺县在石牌乡建立了番禺县第四区第七小学。民国17年（1928年），几位村民捐资办起了志诚国民小学。民国23年（1944年），志诚国民小学从潘氏宗祠迁往董氏良湖公祠，改名为番禺县第四区石牌中心小学；1950年，改名为广州市第三十三小学；1952年，改名为白云区第一工农子弟学校；1956年，改名为广州郊区石牌小学；1969年，改为附设有初中班的石牌七年制学校；1976年，改为小学五年、初中三年的石牌八年制学校；1986年，学制调整为小学六年、初中三年，实行义务教育，改为石牌九年制学校，简称为“石牌学校”；1988年，初中与小学脱钩，改为六年制的石牌小学，校名一直沿用至今。[③]

1. *石牌小学：随城市化而现代化*

改革开放之后，在城市化的推动下，在石牌村村领导和村民重视教育的观念的支持

---

①郑孟煊．城市化中的石牌村．北京：社会科学文献出版社，2006. 37.

②郑孟煊．城市化中的石牌村．北京：社会科学文献出版社，2006. 260.

③广州市天河区石牌村民委员会编．石牌村志．广州：广东人民出版社，2003. 147.

下，石牌小学无论是办学规模还是教学水平都大大提高，于2002年10月16日晋升为广州市一级学校，同年11月26日被评为“广州市绿色学校”。无论硬件条件还是软件条件，石牌小学基本上都实现了现代化①。

从硬件条件来看，20世纪80年代以来，在石牌小学硬件建设的投入方面，除20万元是由政府支付的外，3 561万元固定资产投资都是由石牌村村委会和现在的石牌三骏企业集团公司支付的。这些支出还不包括每年给学校（含幼儿园）的节日慰问金、奖教金、岗位津贴、教师活动经费等。正是这样，石牌小学旧貌换新颜。截至2002年，石牌小学拥有1 000多名学生，校舍面积达12 167.8平方米，各种功能室齐全，设备先进，达到省级标准，各教学区相对独立，育人环境优良。

从软件条件来看，2002年，迎接广州市一级学校评估时，石牌小学教师65人，他们积极进取，在教育方面积累了一些经验，主要有：学校有个好的领导班子，时任校长朱吉伦是一个受到师生称赞的好校长；注重提高师资素质，既抓师德建设，又抓业务发展；构建“三位一体”的德育网络，使学校、家庭、社区协同育人；运用信息技术，改变教学模式，提高教学质量；丰富活动课内容，开设了众多兴趣班，发展学生的个性特长。

2. *石牌小学：评上市一级，再上台阶却不易*

广州市一级学校评估团对石牌小学进行评估总结，对石牌小学的进一步发展提出了相应的意见和建议。“广州市一级学校评估团对石牌小学评估总结”之“意见和建议”的主要内容如下：

（1）学校周边环境的脏、乱、差和部分外来人员素质较低，对学生有负面影响，当地政府有关部门要对此引起重视，进一步净化、优化学校的教育环境。学校从以前被他人看不起到现在得到家长的好评，我们的办学单位、三骏公司也曾出力整治，但现在还存在一些问题。环境、卫生有待于进一步整治，治安工作有待于进一步搞好，尽量给孩子创造一个更加优良的环境，使孩子在健康的环境中成长。这个地方环境好了，对石牌村的经济、地位、形象都有很大的积极影响。

（2）要进一步提高教学质量。现在学校的硬件建设达到了较好水平，德育方面也有了成效，下一步要做的是进一步提高教学质量。进一步提高教学质量是学校发展的关键，因此要做到科研兴校：加大科研力度，提出更多好的课题，进行合理高效的组织领导，鼓励全体教师参与，保证充足的经费，制定管理制度，进而获得中期和最后成果；以科研促进学习，促进观念更新，促进教学改革，并且通过科研提高教师水平；一边搞科研，一边进行教学改革。另外，科研方面课题的选取很重要，要有较高的针对性、时效性和可操作性。

（3）培养一批有潜质的中青年骨干教师、学科带头人，狠狠抓好一批有影响力的学科带头人，鼓励创优争先。培养在区、市都有影响的教师，提高学校的办学品位。

（4）充分利用信息技术资源，改革教学，丰富教学内容，提高教学效率，充分发挥校园网的作用。

（5）进一步搞好活动课程。这一方面应该依靠学校本身的教师来完成，充分调动学生

①郑孟煊．城市化中的石牌村．北京：社会科学文献出版社，2006. 189 ~ 196.

的积极性，提高办学效益，同时充实一些课程班级的人数，避免有些班因为人数少而造成教学资源的浪费。

总而言之，办好一间学校，要注重三个工程：第一，重人才工程。天河区委、区政府现在回过头来给村民补课，就是希望提高村民的生存能力，不断提高村民的素质，为社会培养人才。第二，重形象工程。要不断改善学校周边的环境，提高办学声誉。第三，重民心工程。学校建好了，有质量、有声誉，才会民心所向。家长很感谢我们的校长和老师们，因为学校办好了，他们的孩子能得到更好的教育。

二、“校家社”互动的甘露

（一）推行“经典诵读”，展现协作，展现“奇”

面对时代的进步、教育的蓬勃发展、家长的教育期待，为响应“市一级学校评估意见与建议”，直面学校发展的问题，突破学校发展的困境，自2004年开始，石牌小学以“中华经典文化诵读”为突破口，进一步构建“学校、家庭、社区三位一体”的德育网络，以促进学校发展。其具体做法是：定方案，启活动；营氛围，置环境；校家社，齐诵读；精交流，促提升。

1. 定方案，启活动

根据学校周边环境缺乏书香氛围这一状况，石牌小学进一步明确了工作重点，即学校首先召开家长委员会，再召开全校家长动员大会，广泛征求家长的意见。进而，在华南师范大学退休教师郑千一的指导下，学校制订了“诵读中华经典文化，建设石牌学习之邦”的方案，将活动分为三个阶段：筹备和启动阶段——成立工作小组，进行教师培训和资料准备；初级阶段——开展班级诵读活动和学习资料包分享活动，同时开展一系列专题活动；深化阶段——巩固成果，向家庭、社区拓展延伸。

在方案中，学校明确提出了“经典诵读”的活动目标：依托“学校、家庭、社区三位一体”的德育网络，以爱国主义教育为核心，以弘扬中华传统美德为重点，与石牌幼儿园及广州市113中学一起，以“小手牵大手”的方式，积极开展“诵读中华经典文化，建设石牌学习之邦”活动，实现“读圣贤书，立君子品，做有德人”的经典诵读价值。

2004年2月，在天河区教育局的支持和帮助下，学校隆重地举行了“诵读中华经典文化，建设石牌学习之邦”活动的启动仪式。天河区政府、天河区教育局、石牌街道、石牌三骏企业集团公司领导和学生家长们都到会热烈庆贺，并纷纷表示将竭尽全力支持学校，共同提升石牌教育的品牌。

2. 营氛围，置环境

为营造诵读氛围，学校既倡导各班积极展现诵读经典的风采，又注重发挥宣传主阵地的作用。无论是学校宣传栏，还是校园随处可见的宣传小标语，一言一语尽显诗书之气。多姿多彩的宣传栏吸引了众多学生和家长观看，走廊墙的国画、书法，虽是稚嫩之笔，却洋溢着浓浓的书香。

学校专门设置“诵读阁”：“品德阁”和“品诗阁”。“品德阁”里写有“先天下之忧而忧，后天下之乐而乐”、“天下兴亡，匹夫有责”、“谁言寸草心，报得三春晖”、“满招损，谦受益”等经典名言。为体现学校经典诵读的传承性，“品诗阁”里写有“书山有路勤为径，学海无涯苦作舟”、“他山之石可以攻玉”等经典名言。“诵读阁”的设置，从大厅到走廊直至操场，同学们每天穿行于其中，如同穿行于经典文化的时空，畅游于经典美文的海洋，沐浴于民族国粹的精华之中。

3. 校家社，齐诵读

（1）推进班级诵读，打造学习型学校。

学校坚持每天下午用十分钟的时间，组织全校学生诵读经典美文。逐渐地，学生都能熟练背诵《三字经》、《弟子规》、《小学生必背古诗80首》、《笠翁对韵》（选读）、经典名言警句等，甚至已开始阅读《论语》、《大学》等。这些古老的经典著作，文字优美，意境深远，蕴含深刻的哲理，学校选择其精华部分让孩子们每天坚持诵读，孩子们的识字量加大了，理解力加强了，普通话水平也提高了。每天，同学们都自觉地利用时间进行诵读，他们诵读时的神情像唱歌一样，满脸洋溢着愉悦之情，可见同学们对诵读经典活动的喜爱。难能可贵的是，同学们的气质在潜移默化中慢慢改变。

（2）推进家庭诵读，打造学习型家庭。

在班主任的积极引导下，家庭诵读小组迅速组建起来，有的家长自告奋勇当组织者，召集居住较近的家长开会，商量诵读的时间、地点、内容及人员的分工。有的负责教孩子诵读，有的负责后勤工作，有的负责印发资料等。家庭诵读小组诵读内容有《三字经》、《弟子规》等经典著作。在大家的共同合作下，活动开展得很顺利。

为了更加有效、扎实地开展诵读活动，也使诵读活动更有目标性和系统性，所有家庭诵读小组在每周二下午集中进行活动，由老师对家长进行指导，活动内容十分丰富，有经典诵读、记忆古诗、亲子游戏等。在热心的家长们的带动下，家庭诵读小组不断扩展，人数不断增加，效果越来越好。有些家长，从刚开始的“陪太子读书”到自己也喜欢上了诵读，从而提高了自己的阅读水平和理解能力，变得自信了；有些家长放弃了打麻将，专心参与诵读活动。家长们的思想和行为也在书香活动中发生了不小的变化，诵读已成为家长们生活的一部分。许多家庭出现了“让琅琅读书声赶走麻将声”的喜人局面。

（3）推进社区诵读，打造学习型社区。

为扩大诵读规模，学校将这一活动推向社区，在家长义工队长潘翠姬、何燕兴、朱慧婷的组织下，家庭诵读小组向社区延伸并开展活动。他们利用双休日时间，将诵读地点选在宽敞的董氏祠堂，并将诵读内容进行拓展。老师为家长们准备丰富的诵读资料包，其中包括名言佳句、古诗词、经典故事、成语等。诵读之风在石牌社区悄然兴起，书香之气在学校、家庭和社区中荡漾。

这一活动得到石牌社区的大力支持，他们把学校附近黄金地段小区内一百多平方米的原办公用地改为学校的社区诵读点，由家长带领着孩子来到这里，实现学校、家庭、社区联手诵读。宽敞明亮的活动室里，聚满了热爱诵读的学生和家长，高大的玻璃窗上张贴着一张张装饰精美的经典名句，洁白的墙壁上悬挂着一幅幅精致典雅的古诗文等。进入其中，大家直接与经典面对面，与美文对话。从中，大家都感受到：诵读古代优秀诗文，不仅可以使中华民族的文明精神得以发扬光大，还能让孩子在与经典对话的过程中情感受到熏陶，更能体现石牌小学“诵读中华经典文化，建设石牌学习之邦”的校园文化精神。

4. 精交流，促提升

“嘤其鸣矣，求其友声。”在“经典诵读”活动推进的过程中，学校领导积极走向外省进行关于经典诵读活动的友好交流和互动。2005 年，石牌小学时任副校长池瑞香到江苏省镇江市参加全国“营造书香校园”研讨交流会，并在会上作经验交流，受到一致好评。由郑千一老师牵头，从甘肃远道而来的贾敏老师与石牌小学师生进行诵读交流，并亲自为学生、家长上诵读课，交流效果非常好。

2006 年 4 月，在天河区教育局王芹副局长的带领下，广东教育学会研究部吴占华部长亲自带领一行专家到石牌小学交流“学校、家庭、社区三位一体”的德育工作，其中经典诵读活动的开展得到与会专家的一致认可。

2006 年 9 月，在天河区委、区政府组织的“天河区未成年人‘三教结合’现场经验交流会”上，石牌小学校长周洁就在构建“学校、家庭、社区三位一体”的德育网络工作中，学校如何积极开展诵读活动，如何打造学习型学校、学习型家庭、学习型社区等问题进行经验交流，受到与会领导、教育工作者们的极大关注，得到好评，并且学校的这一经验被推荐到广州市德育工作经验交流会上进行交流。

为了进一步分享诵读成果，诵读小组积极参加各类活动，学校诵读小组的家长和孩子们排练的《悠悠唐宋情》节目参加“颂中华，诵名篇佳作——石牌街社区经典名著朗诵比赛”，获得一等奖。2007 年 7 月，该节目参加在深圳举行的第四届“全球中华传统经典文化诵读大会”，获得一等奖。

几年经典诵读活动的有效开展，极大地丰富了学生、家长的精神内涵，营造了家庭、社区和谐的氛围，提高了家长教育的综合素质，家长关注教育、理解教育、支持教育、参与教育的呼声越来越高，由原来教育的旁观者变为参与实践者。在老师的引导下，家长们定期开设“家长论坛”，探讨交流教育子女的方法与心得，并在家长的大力支持下，学校网站开设了“诵读之家”栏目，为家庭诵读活动的拓展深化提供了更加广阔的平台。

学校、家庭、社区诵读小组活动，拉近了学校、老师、家长、孩子间的距离，架起了沟通的桥梁，营造了学习氛围，丰富了孩子们的精神家园，加强了学校与家庭之间的合作，推动了学校素质教育的纵深发展，使家庭成为实施素质教育的重要组成部分。

正是如此，石牌小学演绎了诸多让人惊奇的故事。周洁校长于 2008 年讲述的“荔枝酒”的故事，就是其中之一。

荔枝酒，传递着春天的气息

春天的广州，空气总是湿漉漉的，天空总是灰蒙蒙的，让人提不起劲来。望着输液管里药水不紧不慢地滴着，我心里总感觉有不好的事会发生，如这里的天气一样让人感觉不踏实。

“铃铃——”电话声响起，是张校长的电话。糟糕，是二年级的俊钊同学在放学排队时，不小心被后面急着走的嘉炜同学撞倒了，还磕破了头……

安全无小事，更何况发生在俊钊身上。记得前年我刚到石牌小学工作，一天下午，一年级学生放学后，一位身材高大的家长气势汹汹地冲上二楼兴师问罪：他没接到孩子。老师们听说后，马上分头去找，结果在离校门口不远处找到了这个自己溜走的调皮孩子，这个孩子就是俊钊，他调皮的个性和爸爸暴躁的脾气都让人感到有些无奈。

第二天，我回到学校，就询问张校长事情处理得怎样，张校长的一番解释让我顿然释怀。昨晚，班主任张老师带着嘉炜及其家长到俊钊家登门致歉，俊钊的爸爸不仅没有责怪他们，反而宽慰张老师和嘉炜一家：“孩子在一起，哪有不磕磕碰碰的。学校教育孩子们要友好相处，宽厚待人，孩子是朋友，家长也是朋友。”一句“家长也是朋友”，让我感慨万千。真是真情付出，必有回报！两年来，俊钊的爸爸在老师的号召下，坚持参加学校组织的每周两次的经典诵读活动，一次在学校，一次在社区。在诵读活动前后，学校、老师都投入了很大的精力。随着诵读活动的蓬勃发展，学生的学习习惯越来越好，学习劲头越来越足，家校之间的关系越来越融洽。我们也更加坚信，经典诵读活动是营造人文石牌良好氛围的切入口。

随后发生的事情，让我更加思绪万千：二年级开展诵读活动时，有家长听说此事后，自发组织了几十位同年级同学和家长，买了书和水果探望俊钊。俊钊的爸爸感动极了，把自己酿好的荔枝酒拿出来招待家长们，还特意送来一大瓶给老师们。

每当看到这酒中一颗颗洁白圆润的荔枝，嗅着酒中散发的点点荔枝清香，我的精神都会为之一震。荔枝酒，让我感受到了春天里那一抹不同寻常的新绿，让所有了解它的故事的人都为之心动……

（二）唱响“同一首歌”，展现生机，展现“渴”

为了进一步发挥“学校、家庭、社区三位一体”德育网络的优势，石牌小学携手家庭、社区，共同打造以学校为主导、家庭为主体、社区为依托的新型校园，共同唱响石牌教育的“同一首歌”。其着力点在于，密切联系社区，发挥社区教育对家庭教育的补充、强化和丰富作用。具体做法是：整资源，聚合力；携家社，丰内涵；重交流，享成果。

1. 整合资源，凝聚家长学校的合力

（1）建设一个基地。

在石牌三骏企业集团公司的帮助下，广东省高级人民法院在石牌小学成立“青少年法制宣传基地”。该基地的建设，为学生、家长提供法律知识的咨询，又通过讲座等形式多样、内容丰富的法制宣传系列活动，引导家长学法、知法、守法，营造依法规范办学的良好氛围。

（2）开展多项专题培训。

学校根据本校教育教学情况，根据不同年龄学生的特点，举办不同年龄段、不同主题的家长专题培训，使教育有的放矢，使家长培训更具有针对性、实效性。如给一年级学生的家长讲授“怎样帮助孩子尽快适应学校生活”、“小学一年级学生意志与良好习惯的培养”等专题课程；二、三年级注重孩子的文明礼貌培养，故给家长开设“做好学校教育与家庭教育的衔接”讲座；四、五年级注重法制教育和自主能力培养的交流，故给家长开设相关课程；为六年级学生的家长开设“陪孩子走进青春期”课程。学生家长们一致认为：这些正是他们所需要掌握的科学教育孩子的有效方法。

（3）加强与社区大学生志愿者互动。

学校利用社区内的高校优势，与华南师范大学教育科学院的大学生、暨南大学的研究生开展联谊活动。尤其是来自港澳地区的学生，凭着他们丰富的志愿者活动的经历，为学生和家长提供了互动交流的平台。学校聘请他们为校外辅导员，定期到学生家庭做心理健康辅导，并追踪建立个人辅导记录，让大学生与家庭结“对子”，让心理辅导走进家庭。

（4）加强与“关工委”互动。

学校长期与天河区和石牌街的“关工委”（即“关心下一代委员会”）联络，请“关工委”的工作人员到校为家长开设专题讲座，为家长开展育儿咨询、心理咨询、营养讲座、免费借阅书籍等多种形式的活动，深受家长、学生的好评。

（5）加强与社区文化互动。

学校十分珍惜社区资源，并根据“学校放假、社区开学”的特点，积极发挥石牌社区的优势，组织学生与家长一起参加社区公益活动，如社区交通安全、远离毒品、清除乱贴乱画、清洁公共卫生等公益宣传活动。寒暑假、节假日时，学校组织学生与家长参加“石牌欢乐进万家社区文化行动日”、“石牌地区环保手工大赛”、“石牌地区家庭才艺展示”等活动。学校还经常联合社区企事业单位，如广东省高级人民法院、石牌街道办事处、石牌街派出所、石牌三骏企业集团公司，开展富有石牌特色的大型活动，如“经典伴我行，规范在我心”、“经典你我同行，共建和谐社区”、“相约石牌，唱响和谐”等活动。家长与社区人士不仅积极参与此类活动，而且为活动献计献策、出钱出力，展示学校、家庭、社区教育的成果，表彰在各类活动中表现突出的学生和家庭。在一系列活动中，学校始终坚持携手家庭一起倡导道德规范，践行文明行为，营造了整个社区都来关心教育的良好氛围，也使学校、家庭、社区成为合作共赢的教育团队。

通过一个基地的建设、多项专题的培训、三个平台的互动，家长们深刻体会到：“这样的活动真好！不仅让我们更清楚地了解了学校的教育教学工作，还懂得了如何以科学方法来引导和教育孩子，培养和提高孩子的综合素质，为我们家长切实解决了生活中的教育难题。”

在这一整合资源，凝聚家长学校办学合力的过程中，石牌小学清醒地认识到：学校必须从学校所在的社区、家庭教育的现状出发，客观地面对每个学生的家庭文化层次、思想认识、生活习惯等差异，积极寻求一种以人为本、人人参与的互动渠道，促使家校共同关注下一代的成长，进一步提升家庭教育的“软实力”，以此形成教育合力，推动学校的发展。

2. 携手家社，丰富家长学校的内涵

（1）组建家长义工队。

经过多方面调查了解、宣传动员，学校向全体家长发出“致家长的一封信”、“石牌家长义工意愿表”。家长们踊跃报名，积极参加家长义工队。家长义工队的成立，进一步完善了家长学校工作的机制，提升了家长学校的办学水平。其意义在于：家长更广泛地参与学校的教育教学活动，了解学校的办学理念、办学目标，他们更能理解和支持学校的教育教学工作，有利于体现家长义工们的爱心和热心以及团结协作、自觉奉献的精神。

（2）积极参与，活动纷呈。

石牌小学家校的有益互动，深深感染了所在的社区，尤为可贵的是，每年石牌三骏企业集团公司投资数十万元，与学校一起开展各类特色活动及大型表彰活动。无论是“艺术节”、“体育节”、“读书节”，还是其他富有教育意义的各类主题活动，学校都为孩子和家长创设展示才能的舞台，并借助这些活动大力表彰品学兼优的学生及支持学校教育的家长。家长们也十分珍惜这些机会，从活动的筹备、礼品的包装，到节目或项目的排演、组织，随处可见家长们忙碌的身影。学校开展的各类活动，不仅唱响了师生、家长心目中的“同一首歌”，更成为学生和家长积极进取、不断超越自我的动力。这些富有意义的大型活动，在众人心中永不闭幕！

（3）拓展实践，回报社会。

学校通过系列活动的有效开展，极大地丰富了学生和家长的精神内涵，营造了家庭、社区和谐的氛围，提高了家长教育的综合素质。通过家长学校的建设，家长们积极实践，回报社会的愿望日渐强烈。无论是多次为汶川地震灾区而进行的捐款捐物活动，还是携手西部希望小学而进行的“手拉手”活动，石牌家长们始终身体力行，积极参与这些公益活动，表现出了以回报社会为己任的宽广胸怀。

3. 注重交流，分享家长学校的成果

在创建家长学校的过程中，学校编写了《诵经典美文　做少年君子》等亲子共读的校本教材，汇编了师生作品集《品味教育的甘泉》、《为教学插上飞翔的翅膀》、《成长传递快乐》，定期出版校刊《春塘小荷》，与家长一起分享教育教学的成果。

如此，石牌小学创建家长学校的一些做法吸引了海内外同行的关注，彼此就家长学校的做法进行了友好交流和互动。在广州市、天河区的德育工作经验交流会上，天河教育强区复评工作中及“国际儒学联合会暨全国第二次儒学普及工作座谈会”上，学校的这些做法得到了上级领导及海内外同行的极大肯定，不仅受到与会代表的好评，还得到了原广东省省长叶选平及夫人吴小南女士的充分肯定及赞赏。

尤其是对外交流活动中，石牌家长处处体现出一种主人翁的精神风貌。如2008年3月，香港教育代表团的70多位老师、家长及学生们慕名而来，与石牌师生、家长共同分享家长学校建设的成果。“香港考察团来访”活动一路走来一路笑，充分展示出家长对学校工作的热情，以及不求回报、以校为家的主人翁意识，受到香港同行们的一致好评。

2008年6月，学校迎来了美国校长考察团的参观活动，家长们把这次对外交流活动当作展示中国教育成果的一个窗口。他们为美国客人们表演了自编自导自演的小品《家校撑起爱的天空》，耐人寻味的故事情节引起了大家对教育的共鸣。尤其是当家长和孩子们把他们共同完成的福娃刺绣赠送给客人们时，他们高兴极了，他们相互传阅、欣赏着各自得到的刺绣作品。当得知这些作品是妈妈们带着孩子一针一线，用“十字针”绣法耗费了大量的时间和精力完成的，而爸爸们主动承担了所有家务来支持他们完成作品时，在场的美国校长们感动不已，他们用掌声和激动的泪水向在场的家长们和学生们表示感谢。通过与师生、家长的互动交流，他们给予学校很高的评价：“像家一样的学校”、“妙不可言的学校”、“来石牌参观是中国之行最美好的礼物”。

随同考察团来校的教育界领导和专家一致认为：如果所有社区都像石牌社区这样支持学校，学校不愁办不好；如果所有家长都像石牌的家长这样理解教育，不愁孩子教不好；

如果所有孩子都能得到这样的教育和熏陶，每个孩子都能成功。

“桃李不言，下至成蹊。”石牌小学携手家庭与社区，创建家长学校的工作，在社会上引起了极大的反响，得到了普遍关注。学校连续多年被授予“社区建设突出贡献奖”并被评为“精神文明建设先进单位”，广州日报、羊城晚报、南方都市报、中国少年报、共鸣和广州电视台等媒体先后对此活动进行了报道，得到了社会的认同与赞誉。

石牌教育“同一首歌”的唱响，展现出石牌小学与家庭、社区积极互动、协同育人的勃勃生机，也展现出石牌人意欲乘势而为、整体提高办学质量的渴望。

第二节　石牌小学：教育，需要“无墙”

一、“无墙化”理念的确立

（一）梳理“办学基础”，发现经验，发现“问”

面对日益上升的办学效益，石牌小学如何乘势而为、总结经验、梳理问题并确定学校发展的新思路、新行动，是学校新一轮发展要解决的关键问题。2008年，石牌小学开始了学校新发展规划的研制，主要包括对“办学基础”进行梳理、对“办学理念”进行提炼、对“发展定位”进行确立、对“发展行动”进行研拟。

对于石牌小学“办学基础”的梳理，包括两个方面：一是办学传统与优势，二是面临的问题与挑战。梳理“办学基础”，从中总结出石牌小学的办学经验和今后发展中要解决的问题。

1．*石牌小学办学传统与优势*

（1）以经典诵读为引领，整合社区资源，构建德育网络。

根据学校周边环境缺乏书香氛围这一状况，学校德育工作以开展“诵读中华经典文化，建设石牌学习之邦”活动为重点，取得了很好的成效：班级诵读蓬勃发展，诵读之风在石牌悄然兴起，书香之气在学校、家庭和社区中荡漾。同时，学校充分调动社会各方面的力量，充分挖掘和整合各种有益资源，构建“家庭、学校、社区三位一体”的德育网络，使石牌家长、石牌社区成为学校办学的坚强后盾。

（2）以校本研训为载体，聚焦常规教学，提高教学质量。

学校通过校本培训，为教师学习搭建各种平台，让教师在不断汲取知识的同时提高自身素质。学校“促进高级思维技能发展的思维导图学科应用研究”课题被立为广州市“十一五”规划课题的项目之一，极大地推动了课堂教学的发展。同时，学校注重盘活集体备课教科研活力，强调进行“交流式”集体备课，提倡运用“思维导图”进行个性化备课，并邀请天河区教研员到校听评课，指导教师教学。

（3）以师德建设为抓手，完善管理机制，提高办学成效。

学校党、政、工、团（少先队）始终高度重视师德师风建设活动。它贯穿于每周的升旗仪式，强化于每周的教师大会，落实于每班的中队主题会，完善于每一次的行政班子民主生活会，体现于每一次的大型活动。同时，学校通过举办各种主题活动，让每一位教师乐于展示自我，进一步弘扬崇高的师德风范，树立一批师德典范，激励广大教师更好地爱岗敬业，教书育人。

（4）以差异发展为原则，开展多彩活动，落实因材施教。

学校一向注重因材施教，让每一个学生都超越自己。一方面注重学困生的跟踪转化工作，建立跟踪转化档案，积极探索转化途径；一方面注重把好毕业班出口关，结合本校学生实际，对症下药地采取相应的工作措施。学校开设了丰富多彩的第二课堂，学生全员参与，并开展各类竞赛，让学生发挥所长、树立信心、激发潜能，为个性发展打下了良好的基础。

近三年来，在全体教职员工的共同努力下，石牌小学焕发新的光彩：学校先后获得“广东省首批书香校园”、“广州市首批书香校园”、“广州市德育先进单位”、“天河区先进集体”、“天河区德育先进单位”、“天河区书香校园”、“天河区关心下一代工作先进单位”、“社区建设突出贡献单位”等殊荣。学校龙狮队、武术队、科技队等特色队伍参加省市各类比赛多次获得团体一、二等奖。学校的“家庭诵读社团”、“龙狮社团”被评为全国“童趣杯”优秀社团。学校因此被誉为“石牌社区传播知识与文明的殿堂”。

2. *石牌小学新发展面临的问题与挑战*

（1）学校教育哲学尚未形成，办学特色有待进一步彰显。

石牌小学近几年在德育、教学等方面不断进行改革探索，形成了一些好的思路和做法，以点带面地促进了学校的发展，但由于学校尚未形成明确而独特的教育哲学与战略定位及发展目标，学校各项工作缺乏强有力的统帅，使得学校难以在已有成绩的基础上提升整体办学效能，办出品位。因此，如何明晰学校发展的方向，确定学校教育哲学，走出一条内涵式发展的优质办学之路，彰显办学特色，是石牌小学新发展首先要解决的问题。

（2）教师队伍发展还不均衡，整体水平有待进一步提高。

在师资队伍建设方面，石牌小学做了许多工作，效果较明显，有效地促进了教师的专业发展。但学校各级骨干教师人数相对较少，人均年龄偏大，教师队伍发展不均衡，因此，学校的师资队伍还需要整体优化。学校要积极依托校本，构建以教师专业发展为本的培训机制，充分发挥骨干教师的引领作用，加大对青年教师的培养力度，进一步完善教师专业成长的途径，提高学校教师队伍的整体水平，使学校成为教师提升内涵、实现自身价值的沃土。

（3）学校德育理念还需提炼，德育品牌塑造应更有特色。

近年来，石牌小学在已开展的课题“学校、家庭、社区德育效应互动研究”的基础上，以经典诵读为引领，构建了“学校、家庭、社区三位一体化”德育网络，提高了德育的实效性，但由于学校的教育哲学还未形成，德育品牌意识还不鲜明。这就需要进一步梳理学校德育的实践经验，提炼学校德育理念，在学校教育哲学的指导下进行学校德育的整体性构想与实践，让德育品牌塑造得更有特色。

（4）学校课程理念不够明晰，学校课程建设还有待加强。

为推进校本课程的开发以及常态化实施，石牌小学应在开足规定课程的同时，充分调动学校师资，开发出适合学校实际的校本课程。目前，石牌小学因课程理念还不够明晰，校本课程的开发力度还不够，与国家及地方课程相整合的校本课程还有待开发并形成体系。因此，石牌小学整体的课程有待进一步规划并有效实施，开设适合学生身心发展的课程，进而促进学校的整体发展。

（5）学校文化内涵需更丰富，学校文化建设还需加强。

石牌小学在“诵读中华经典文化，建设石牌学习之邦”的品牌建设过程中，已体现出强大的文化力，彰显出石牌小学的学校文化特征。但是，在挖掘石牌社区文化尤其是“石牌精神”等文化内涵方面，石牌小学还需更深入地探索如何有效地整合地域文化与学校文化，以丰富学校文化内涵；在提炼“无墙化”办学经验的方面，石牌小学要从校本文化建设的视角着力，使学校形成自身独特的文化。

（二）提炼“办学理念”，发现创新，发现“特”

对于石牌小学“办学理念”的提炼，包括两个方面：一是“无墙教育”的提出，二是“无墙教育”的基本观点。从中，我们发现石牌小学发展的传承与创新，发现石牌小学发展要体现校本化特色。

1. 石牌小学“无墙教育”的提出

基于石牌小学的“办学基础”，石牌小学对以学校“校、家、社”协同育人为基石，推行“经典诵读”和唱响“同一首歌”的实践探索，进行了深入的思考，形成了两点认识：

第一，面对石牌小学所处社区和学生家庭的特殊性，石牌小学既要有足够的“作为”化解“城中村”的“冲击力”，又要发挥社区的优势，提高家长的素质，最终才能擦亮石牌教育的品牌。而积极整合学校、家庭、社区的教育力量，构建“学校、家庭、社区三位一体化”德育网络，是石牌小学破解发展困境的“作为”之一。

第二，石牌小学走“校家社一体化”的育人之路，是“开放办学”思想的一种体现与实践，也是一种“无墙化”办学思想的彰显。事实上，石牌村的城市化进程，就是从相对封闭向自主开放发展的过程；今天的石牌村，既是“改革开放”的受益者和践行者，又是“无墙化”思想的彰显者。

那么，石牌小学的办学“作为”如何进一步深化呢？其关键就是：传承与创新。

一所学校总是在传承与创新中得以进步的。在当今日新月异的教育改革和时代进步的背景下，面对石牌人对优质教育的迫切需求，尤其是石牌社区对石牌小学教育不遗余力的支持及对石牌小学教育工作所寄予的厚望，如何寻求学校发展变革的新道路，促使石牌小学的发展在“十一五”期间再上新的台阶，就显得更为必要、更为迫切。立足于石牌社区一贯重视教育的办学传统，着眼于“为了每一个孩子的广阔未来”的教育理想，传承与创新学校的发展优势，石牌小学对学校发展新征程作出进一步思考，提出“成长自由自在，未来海阔天空”的办学理念，即“无墙教育”的学校教育哲学。

这一学校教育哲学提出了三个方面的要求：人之学习需要“无墙”，学校发展应该“无墙”，学校教育应该“无墙”。

（1）人之学习需要“无墙”。[①]

有人类就有学习，人类的生存离不开学习。从某种意义上说，一部人类发展史就是一部人类学习史。原始状态的人主要是在生活中学习。学习是不拘于形式的，也是没有“围墙”的。学校出现后，一部分人的学习方式则主要转向从书本中学习。随着信息时代的来临，多媒体信息成了学习的主流方式。学习的组织更由过去单一的学校形式扩展到家庭、社区及各行各业的学习型组织，并建立了团队的组织形式以发挥团队的智慧。学习成员也由青少年群体扩大到多种群体。进入学习化社会后，学习已融入人生的每时每刻。一个人只要每天都在接触新事物，每天都能够对生活产生新感受和新体验，从生存体验中获得新知，这实际上就是在学习。可见，人类学习的方式历经了从“无墙”到“有墙”再到“无墙”，甚至还可以超越国界，面向世界探求智慧。学习已成为全方位、全时空、全人类的活动。大千世界本来就蕴藏着无限未知，作为“未完成”之人需要随时随处地学习，以不断地“变成一个人”。即人之学习需要“无墙”。

（2）学校发展应该“无墙”。

学校作为一个相对独立的体系，自然会形成其独特的组织。然而，随着时代的加速变化，一方面，“教师和学校丧失了很大一部分属于他们的教育经验优势，必须面对新的任务：把学校办成更能吸引学生的场所，并向他们提供真正理解信息社会的钥匙”。另一方面，“不能再把周围社会的种种问题拒之于校门之外，贫穷、饥饿、暴力、毒品和学生一起进入学校中来，而这些现象不久前一直存在于学校之外，是未入学儿童们的伙伴”。同时，“今天，公众越来越认为在有关教学组织安排的决定方面，他们有权发表意见”。“加强学校和地方社区的联系就成了使教育和其环境相依为命发展的主要方法之一。”[②] 而且，“我们时代的社会既有过去的经验，也有必需的现成的或潜在的资源（当然我们也不要低估了其中的困难）。这就可以帮助一个人以一切可能的形式去实现他自己的价值，使他成为发展与变化的主体、民主主义的促进者、世界的公民、发掘自己潜能的主人。同样，这也可以帮助他通过现实去寻求其走向完人理想的道理”[③]。这就需要学校向世界开放，延伸到一切空间和时间，跨越学校围墙的限制，建构无围墙、无国界、无时空的广阔学习空间，让学校的教育价值向校外延展。即学校发展应该“无墙”。

（3）学校教育应该“无墙”。

作为生命一部分的教育生活，应作为“整体的教育”存在着，致力于把人“从束缚中解放出来”，获得“全人”发展。而现代学校教育却有许多有形或无形之“墙”，即将课堂、教学、教育从自然、生活、社会中割裂开来，形成的一堵堵厚厚的不可分割的教育之墙。学生在“围墙”里传承着古人的经验，教师的思维被限制，生命的自由呼吸逐渐微弱。要改变这一现状，我们就需要通过打破藩篱——不同班级学生差异之墙，学科之间各自为政之墙，课内外、校内外、家内外分界之墙，传统与现代局限之墙，中西文化分隔之墙等形形色色的墙，为人的成长创造更广阔的个性化空间，实现人与“我、你、他”的融

①吴也显，刁培萼．课堂文化重建的研究重心：学习力生成的探索．课程·教材·教法，2005（1）．

②联合国教科文组织总部中文科译．教育——财富蕴藏其中．北京：教育科学出版社，1996. 135，136，144.

③联合国教科文组织国际教育发展委员会．学会生存——教育世界的今天和明天．北京：教育科学出版社，1996. 197.

合共生，达至与“真、善、美”的融合互生，达成教育与生命发展的和谐之境。即学校教育应该“无墙”。

基于此，石牌小学提出“无墙教育”，就是期望办一所“没有围墙”的学校，呈现出一种开放性的“没有围墙”的教育体系，让这里的每一个人的发展都“没有围墙”。即“无墙教育”是以“为了每一个孩子的广阔未来”为追求的教育，是旨在促使学生具有强烈动机并密切联系周围环境的教育，要让出身于不同文化背景的家庭的学生，在尽可能好的心理条件下获得知识，帮助他们克服身心发展过程中的困难，以满足不同层级学生的发展需求，使个人成为自己文化进步的主人和创造者，即自我更新者。也就是说，遵循新的教育精神，让学生对未知世界充满持续而长久的好奇心，培育一生发展所需的“知识支柱”——“学会认知”、“学会做事”、“学会共同生活”、“学会生存”①。

2. 石牌小学“无墙教育”的基本观点

(1)“无墙教育”是直面生命、提升生命的教育。

教育是唤醒人的生命意识，启迪人的精神世界，构建人的生活方式，实现人的价值生命的活动。“无墙教育”，以“直面生命，提升生命”为取向，强调真正的本领、动机和才能，强调优秀的性格和态度，强调助人发现共同的人性，认定这方面的价值高于分数、分等、学分的价值，有意识地关怀师生生命的健康发展，让师生活跃在充满各种“刺激”的活教育中，成为自我更新者，享受价值生命的超越过程。

(2)“无墙教育”是创新发展、多元开放的教育。

创新发展是学校进步的动力，多元开放是学校进步的体现。“无墙教育”，以“创新发展，多元开放”为形象，意在打造一个全面的开放的教育体系，把学校扎根于社会、社区、家庭之中，尽可能地化一切经验和现成或潜在资源为学校教育的积极力量，使得学校处处“无墙”，事事“无墙”。人人“无墙”学习，天天“无墙”学习，以帮助学习者(师生及相关者)在这个体系中能纵横移动，整体提升生命的质量。

(3)“无墙教育”是消除隔阂、整体和谐的教育。

每一个生命的健康成长都在于与生活合一，在于与他人的互助互长。“无墙教育”，以“消除隔阂，整体和谐”为要略，倡导成长的自由和发展机会的无限，注重各种隔阂的消除，各种壁垒的融通，讲究教育内部各要素的和谐，包括师生和谐、生生和谐、课堂间的和谐等，讲究教育内外环境和谐，致力于让每个生命在“校家社”的融合中健康成长。

(4)“无墙教育”是立足当下、走向未来的教育。

教育是在当下进行的，必须在当下就有实在的效果，又能引导学生走向未来。“无墙教育”，以“立足当下，走向未来”为眼界，追求当下的教育效果，并关注学生未来的成长与发展，致力于拆除禁锢学校教育思想的“围墙”、围困师生身心的“围墙”和学校、家庭、社区之间的“围墙”，为学生开创一片自由自在的学习天地，使他们成长为自我更新者，快乐地走向海阔天空的未来。

①联合国教科文组织总部中文科译．教育——财富蕴藏其中．北京：教育科学出版社，1996. 75.

二、“无墙化”发展的构想

（一）树立“发展定位”，明晰思路，明晰“标”

在学校发展过程中，每所学校只有找准自己的定位，确定学校发展目标和培养目标，才能有目的地发展，形成自己的竞争优势，成为优质学校。

1. 石牌小学战略定位：显童韵，重开放，创特色，有品位

（1）显童韵。

教育的任务不是超越儿童的生长规律去“拔高”儿童，而是要遵循儿童的生长规律进而促进儿童更好地发展。“无墙教育”意在：尊重与保护儿童的天性，让儿童自己开发、塑造自己，让教育跃动着童趣、童真、童味、童心的生命成长韵律。在教育过程中彰显童韵，就是用儿童的眼光看世界，创造性地开展儿童喜闻乐见的教育活动，激发儿童情感的共鸣和心灵的共振，让儿童在幽默、诙谐、轻松、愉快的情境中受到教育。有了这种顺应儿童自然成长规律的“近距离”教育，精心呵护童趣、童真、童味、童心，就能达到“尚自然、展个性”的目的。

（2）重开放。

学校的开放，有利于学生的个性化成长、学生自主性和主体性的发挥，以及学生创造性和自我学习能力的提高。“无墙教育”力求：树立尊重学生个性，促进学生主体发展及其自我学习与创造能力提高的教育观念；“打通教室墙壁”，建立开放式的教与学的空间，使不同年龄和不同年级的学生能相互学习、互动交流；整合使用多种教与学的方式，利用校内外各种教育资源；设计、实施、整合课程，加强教师间的相互合作与协同教学；树立促进学生发展的体现学生主体性的评价观；加强学校与社区之间的联系，建立有效的教育资源共享机制。

（3）创特色。

一所学校如果没有个性，就没有特色；一所学校如果没有特色，就很难有较好的发展。可以说，追求学校特色是现代学校教育改革与发展的必然要求。石牌小学开创了以经典诵读为引领、构建“校家社三位一体”德育网络的特色办学之路，在经典诵读、社区资源整合、集体备课教科研、第二课堂、课题研究、学困生帮辅等方面，都形成了本校发展的特色优势，颇有成效。在“无墙教育”办学理念的指导下，石牌小学要走特色化办学之路，将“无墙意识”渗透于学校工作的各个领域与环节，以便更好地实践“无墙教育”这一颇具特色的办学理念。

（4）有品位。

学校品位体现在：学校具有明确的教育哲学以及具有精神感染力的教育活动体系；学校真正成为具有文化品位和精神感召力的学习型发展性组织；合作性同事关系、体悟“教育人生”的教师群体；高效率的人性化管理；完整、鲜明的学校品牌识别系统；创新性的学校文化。石牌小学追求有品位的办学战略，就是期待：以“无墙教育”办学理念为指导，对学校进行品牌经营，做出内涵、品位、信誉和口碑来，使石牌小学成为一所学生喜

爱、家长放心、社区满意的“显童韵、重开放、创特色、有品位”的优质学校。

2．石牌小学发展目标：创新发展，多元开放

（1）明晰学校愿景与哲学，让学校发展有个性。

在全面分析本校历史与现状、优势与劣势以及校外发展环境基础上，石牌小学确立自己的学校教育哲学，进而明确自己的办学目标和制定发展策略。就是在此过程中，能够把握和创造一切可能的机会，整合和利用一切可能的资源，创造性地实施学校发展方案，实现学校的个性化发展。

（2）搭建教师成长新平台，让教师发展更主动。

具有较强自我专业发展需要和意识的教师，更清确自己的专业发展水平和目标，能自觉地制定专业发展计划，并在专业发展过程中不断调整发展计划，使其不断完善。在构建整体发展规划的同时，石牌小学要注重搭建新的平台来唤醒教师的发展意识，让教师主动承担起变革的责任，积极地领导或参与变革，焕发出巨大的创造活力。

（3）确立学校德育新理念，让德育特色更鲜明。

近年来，为提高德育工作实效，石牌小学立足于实际，不断创新机制，积极开展“诵读中华经典文化，建设石牌学习之邦”活动，创建书香校园、书香家庭、书香社区，走“校家社三位一体”德育特色化之路。在此基础上，石牌小学要基于办学理念确定“无墙德育”理念，并对其进行整体性的构想，探索德育的实效性与特色化，塑造出鲜明的德育品牌。

（4）加强学校的课程建设，让学校课程有特色。

创建学校品牌，关键在于课程设置和教学方式，校本课程的开发则是现代学校的生命线。只有课程设置和教学方式为学生创造自由的、广阔的学习空间，促进学生个性的健康发展，才能成就学校的特色，塑造学校自己的品牌。石牌小学要通过一系列符合学生身心特色的课程设置和活动设计，使教育教学活动充满童趣，让学生乐在其中。

（5）加强学校的文化建设，让学校文化有品质。

价值观是文化的核心。学校文化也是围绕着学校价值观建立起来的。学校价值观是联系形形色色的学校文化子系统的纽带，是学校建筑文化、制度文化、观念文化、行为文化等文化的精髓与灵魂。因此，石牌小学要加强学校文化建设，就要在“无墙教育”办学理念的指导下进行，提升品质，培育“成长自由，机会无穷”的学校文化。

3．石牌小学培养目标：让每个人成为自我更新者

以“让每个人成为自我更新者”为培养目标的教育，其魅力在于，它不但引导学生成为自我更新者而不断地走向成功，也让教育者本人甚至家长和相关的成人都可以在儿童教育的整个过程中不断地自我更新、自我教育和自我发展。

（1）让每个学生成为自我更新者：健康、自立、好奇、责任、合作。

健康——使学生具有健康的身体和心理素质，学会健身和保健，学会交往和合作，学会自我心理调节，并能以良好的身心状态“和谐”地融入家庭、学校、社会、国际与自然。

自立——使学生能清晰地寻找自我以及生活的轨迹，坦然地对待生活，确信自己能当自己的主人，以便他们有能力在自己的一生中抓住并利用各种机会，去更新、深化和进一

步充实最初获得的知识，使自己适应不断变革的世界。

好奇——培养学生对未知世界充满好奇心的持续张力和想要认识、理解新事物的欲望，让他们善于发现“新问题”，总是想知道“是什么”，爱追问“为什么”，愿尝试“怎么办”，从而为学生提供一种有助于终身持续在工作之中与工作之外学习的动力和基础。

责任——使学生具有社会良知（包括道德），摈弃极端个人主义，以保证他们对世界持续好奇而不与社会相脱离或起冲突，使他们承担起作为一个人，作为一个家庭和社会成员，作为一个公民和生产者、技术发明者和有创造性的理想家等的各种不同的责任。

合作——使学生懂得人类的多样性，懂得人的相似性与相互依存性，具有相互合作、共同进步的意识，让他们不仅能明白怎样学习，也能意识到学习是生活本身的一种价值所在，从而创造学习机会，同时享受学习过程，并在与他人共同学习的过程中找到乐趣。

（2）让每位教师成为自我更新者：健康、学习、热情、独立、协作。

健康——教师首先要关注自己的身心健康，培养自己敢于应对压力、善于调控情绪、勇于完善自我的能力，以积极的姿态投入教育情境，收获职业生涯的乐趣和进步。

学习——教师应明确自己的工作就是一种学习，并乐于追寻那些能让自己生活、分享、叙述学习事件的新方式和新语言，让自己每一段学习经历都成为一段经由教育的努力后而收获快乐的过程。

热情——人生如果没有“热情”，不但事事索然无味，而且可能一事无成。教师要热情地工作，才能让学生的心智、身体和灵性受到最大程度的尊重和呵护，使学生能快乐、有趣而又有深度地学习，老师自己也能乐在其中。

独立——倡导教师拥有个人专业发展的自主规划，渴求在实践过程中形成自己的教学观点，就能够在自己的课堂体现出一种独立的思考意识，展现自身所具备的丰富学识，不断地吸引学生的学习兴趣。

协作——教师之间分享经验，在与他人不断对话的过程中，交流和分享不同的想法和观念。彼此之间商议与争论，给教师个人和专业生活注入了新的价值，用新的成分丰富了教师不同的个性。而教师之间的互相讨论，共同负责，协同工作，也是一个对孩子们很重要的社会学习的范例，这种社会学习对孩子们和他们的家庭来说都是有益的。

（二）研拟“发展行动”，明晰方略，明晰“路”

1．“无墙文化”：成长自由，机会无穷

石牌小学“无墙文化”行动的基本目标是：培植“让每一个生命都成长自由，让每一次发展都机会无穷”的“无墙型”学校文化。其行动方略主要有三：

（1）以“无墙教育”作为学校文化的价值追求。

基于“‘无墙教育’让人成为‘自我更新者’”的要义和“利用‘一切资源’为教育服务”的规则，“无墙教育”创造的是“成长自由，机会无穷”的学校文化。这种文化将人的潜能和创造力视为真正的价值，就是要在学校的机制和精神方面都把个人看作具有特性的人，而不是把人当作物品；就是要使学校的教育活动个别化，让每个人都成为具体的

人，“这种具体的人是生气勃勃的，有他个性的各个方面，有他自己的各种需要”①。以“无墙教育”作为石牌小学的价值追求，就是坚信培植“让每一个生命都成长自由，让每一次发展都机会无穷”的“无墙型”学校文化，可以帮助每个人以一切可能的形式去实现他自己，使他成为发展的主体，可以帮助每个人通过实践去寻求自己走向“全人”理想的道路。

（2）把“无墙教育”理念物化为校园环境文化。

校园环境文化属于物质层面的学校文化。把办学理念物化为学校环境文化，既诠释了办学理念，又使学校环境建设有了中心。石牌小学践行“无墙教育”，就是要让全校教职员工形成“无墙意识”，同时培养学生的“无墙意识”，做一个自主发展的现代人。办学理念物化为学校环境文化，其目的是通过营造文化氛围，让学校的办学理念弥漫在校园的各个角落，以文化的魅力去影响人、造就人，最终使之内化为师生的素质，促进学校、教师、学生的共同发展。

（3）发扬“石牌精神”，使学校与家庭、社区更融洽。

学校教育的成功，在很大程度上取决于家庭和社区对教育的重视程度。学校本身内部的进步，事实上跟学校与社会之间的联系有关。石牌社区虽然复杂，却孕育了优秀的社区精神。1948 年，曾任中山大学法学院院长的郑彦棻教授著文《发扬石牌精神》。他提出：石牌所表现的精神，第一是“筚路蓝缕，以启山林”的创业精神；第二是共同生活、共同学习的集体精神；第三是向民众学习、为民众谋福利的服务精神。② 教育需要创业精神、集体精神、服务精神。“无墙教育”秉持的是开放办学的思想，更需要我们每个教师都拥有创业精神、集体精神、服务精神，发扬“石牌精神”，使学校、家庭与社区更加融洽，使学校教师、家长与民众之间更好地合作，让人们享受到教育的魅力，进而认同和支持学校的使命和目标，促进学校、家庭、社区的共同进步。

2.“无墙德育”：敞开心扉，收获甘泉

石牌小学“无墙德育”行动的基本目标是：创建“让每一个人都敞开心扉，让每一个人都收获甘泉”的“无墙型”德育模式。其行动方略主要有三：

（1）更新观念，确定符合学校实际的德育理念。

在任何一个时期，德育都是学校办学的首要任务。尤其是为了使学生的思想道德和精神得到良好的熏陶，学校更需要认真做好德育工作。理念是行动的先导。先进的德育理念可以引领学校德育工作，使之更加具有实效。根据“无墙教育”的核心价值，石牌小学确定以“敞开心扉，收获甘泉”为“无墙德育”的理念，即以此更新全校教职员工的思想观念，怀着让所有人生活得更美好的期许，努力为学校发展服务，创建“让每一个人都敞开心扉，让每一个人都收获甘泉”的“无墙型”德育模式。

（2）传承创新，提升“经典诵读”的内涵品质。

根据学校所在社区的特点、学校的发展状况及学生的素质，石牌小学要在已有的诵读

---

①联合国教科文组织国际教育发展委员会．学会生存——教育世界的今天和明天．北京：教育科学出版社，1996. 196.

②李延保．珍视传统　凝聚精神·代序．李尚德．凝聚中大精神．广州：中山大学出版社，2001.

活动的基础上，深入开展“诵读中华经典文化，建设石牌学习之社区”活动，以“读圣贤书，立君子品，做有德人”为目标，以“取其精华，去其糟粕，努力创新”为原则，采取“分类实施，责任到人，统一管理”的策略，大力倡导教师、学生、家长参与诵读中华经典古诗文活动，进一步打造具有石牌特色的家庭诵读活动，通过“小手”拉“大手”，达到以孩子带动家庭，以家庭带动社区，从而进一步营造学校、家庭和社区良好的人文环境。在此基础上，学校还将筹建家长义工队，让家长更了解、理解并支持学校的教育，以此催生新型的“家校合作”模式。

（3）融合社区，开展学校德育的特色课题研究。

学校德育是一项合作的事业，需要学校、家庭和社区各方面力量的共同参与。整合社区优质资源是使学校德育实效的重要举措。随着社会的发展，石牌社区资源越来越丰富，“石牌精神”就是其优质资源之一。因此，石牌小学要以本校为核心、以石牌社区为主体，充分挖掘、组合和利用“石牌精神”这一社区优质资源，开展“石牌精神”与校本德育整合的实践研究，形成石牌小学德育的特色课题，进一步强化学校、家庭、社区各要素之间的优势互补，提高学校德育变革的整体效益，推动学校的整体发展，促进儿童的健康成长，同时促进石牌文明社区的建设。

3．“无墙教师”：主动发展，合作共赢

石牌小学“无墙教师”行动的基本目标是：打造“让每一位教师都主动发展，让所有的教师都合作共赢”的“无墙型”教师团队。其行动方略主要有三：

（1）加强教师职业道德建设，树立教师良好形象。

师德建设是加强学校德育工作的关键环节。教师的世界观、人生观、价值观、敬业精神、心理素质、优秀品格都会对学生产生重要的示范作用和影响。石牌小学要把教师职业道德建设放到教师队伍建设的突出位置，让教师努力做到“学为人师、行为世范”；举办不同主题的师德论坛、师德演讲等活动，深入进行师德教育，把《中小学教师职业道德规范》、《公民道德建设实施纲要》作为教师的基本道德规范和准则，进一步提高教师的职业道德水平，树立优秀教师典型，打造出“健康、学习、热情、独立、协作”的教师群体。

（2）实施全体教师继续教育，打造教师学习文化。

学校要从三个层面落实教师全员的继续教育计划，切实提高学习的实效性。教师层面：制定个人专业发展计划——引导教师根据自身的教学水平、个性风格、发展潜力和学校对教师的发展要求制定个人专业发展计划，促使教师将自身的发展内化为个人内心的要求和自觉行动。教研组层面：开展“集备教研”——学校要继续以“集体备课实效计划”作为教研组校本教研的重要载体，推动以解决实际问题为取向的备课研究，提升教师群体实践智慧，促进教师自主学习和主动发展。学校层面：创新培训模式——学校要继续推进常规教研活动和“思维导图”课题研究及“学困生帮辅”工作，关注在新理念指引下教师在实践中解决实际问题的能力。根据教师个人专业发展规划，学校要为不同类型和不同层次的教师提供培训的条件和舞台，创新培训模式，以满足不同教师的教育要求。

（3）探索教师专业评价体系，激励教师积极发展。

教师队伍的整体素质决定着学校发展的速度。学校要发挥评价的杠杆作用，努力建设促进教师专业发展的机制，切实提高教师队伍整体素质。学校针对不同阶段教师的特点，在横向上以“新教师入门——青年教师发展——骨干教师成才”作为发展主线，纵向上以“目标引领——措施保障——评价激励”作为支撑，建立以激励性为主导的评价制度，创造适合不同教师专业发展的环境，让每一个教师找到自己的发展土壤，都有成就感，使教师队伍的各教龄段中都有骨干教师，各学科教学中都有学科带头人。

4. “无墙课程”：适合学生，创造无限

石牌小学“无墙课程”行动的基本目标是：构建“让每一样课程都适合学生，让每一次实施都创造无限”的“无墙型”课程体系。其行动方略主要有三：

（1）明晰学校课程理念，制订学校整体课程规划。

办学理念是通过实施课程来落实的，而课程的实施又需要以课程理念为引领。因此，石牌小学要有计划地引导教师学习课程理论，了解“课程即经验即过程”、“教师即课程”等思想观念，明确教师作为课程开发者和研究者的意义，把学生的发展作为校本课程开发的出发点和归宿，进而明晰且认同学校的课程理念——“适合学生，创造无限”，就是要让学校的每一门课程都适合学生，让教师每一次的课程实施都能创造无限。在此基础上，学校要整合三类课程，进行学校整体课程规划，开发出符合学校实际的校本课程，形成“无墙教育”的课程特色。

（2）有效推进分项管理，促进三类课程均衡发展。

基础型课程的落脚点是推进校本化实施，拓展型课程和探究型课程的突破点是加强课程管理，在此基础上促进三类课程均衡发展，加快课程建设的步伐。石牌小学要通过对这三类课程进行分项管理来有效地推进学校整体课程建设，基础型课程实行质量管理，拓展型课程实行项目管理，探究型课程实行主题活动管理，以初步建立较完善的课程管理细则和运作机制。

（3）加强领导保障实施，形成石牌小学特色课程。

石牌小学要成立校本课程开发领导小组，具体组织与管理校本课程的实施，在学校整体课程规划框架下编制校本课程开发方案，规范学校校本课程开发的各项措施与制度，使校本课程的开发更具系统性、科学性。同时，根据学校地域特点和本地文化，结合学校办学实际，石牌小学校本课程的开发要在充分发掘学校课程资源的同时，研究和分析社区的背景和条件，充分挖掘社区经济文化状况等方面的课程资源，以体现课程资源的地方性特色。

5. “无墙课堂”：互动生成，教学相长

石牌小学“无墙课堂”行动的基本目标是：组织“让每一节课堂都互动生成，让每一次教学都教学相长”的“无墙型”高效课堂。其行动方略主要有三：

（1）夯实常规管理，让教学高效从精心备课开始。

夯实教学常规是教学工作的第一要务。石牌小学强化教学常规，主要有“教”的常规、“学”的常规和“管”的常规。“教”的常规，包括教学上的备课、上课、评改作业、辅导、考查五个环节，以及教研上的听课、开课、课题、论文、课件五个方面的要求；“学”的常规，包括预习、听课、复习、作业、考试五个环节的要求；“管”的常规，由教导处、年级部、教研组分工实施，包括计划、安排、指导、评价、反馈五个环节。教学常规工作的实施，要以科学性、规范性、针对性为基本要求，同时注重三个方面：变粗放为集约，重在一个“实”字；变压力为动力，坚持一个“恒”字；变僵化为优化，追求一个“新”字。

（2）深化课题研究，让教学高效从独特经验开始。

石牌小学要对已有课题“促进高级思维技能发展的思维导图学科应用研究”进行深化研究，进一步提高教学质量。一方面，学校要有计划地让教师进行“思维导图”的理论学习，提高理论素养；另一方面，学校要激发教师在教学中积极实践，根据自身特点勇于创新，探索具有个性特点的教学方式与方法；再一方面，学校要建立激励机制，让教师积极主动地做到理论联系实践，梳理和总结自己运用“思维导图”达成高效的好方法。在此基础上，学校“思维导图”课题组核心成员要善于及时总结教师们的好方法，形成学校以“思维导图”提高教学质量的独特的经验，并上升到值得推广的层次，以更好地为提高教学质量服务。

（3）落实校本研修，让教学高效从专业提高开始。

石牌小学要进一步遵循教师专业化发展的规律，致力于探索以“立足于学校，着力于解决教育教学实践问题，达至于教师充分发挥专业自主”为特征的校本研修机制，通过教研组集体备课和问题式研讨两种方式，走“问题——设计——实践——反思”的校本研修之路，积极开展教学沙龙、主题教研等行动研究，每一次活动确立一个主题，鼓励和支持每一位教师学会自我管理、自主发展，学会自觉地在专业方面提升自己，从而达到“让教师职业化成长，专业化发展”的境界。

6.“无墙管理”：人人参与，各尽其才

石牌小学“无墙管理”行动的基本目标是：建立“让每一个人都参与管理，让每一个人都各尽其才”的“无墙型”学校管理机制。其行动方略主要有三：

（1）建立“发展共同体”，发挥大众共管力。

石牌小学要更积极地探索师生、家长和社区参与学校管理的途径和方法，建立“发展共同体”，完善学校管理机制。学校要坚持以教代会为基本形式的学校民主管理和民主监督制度，发挥教代会在参与学校决策、保障教职工权益等方面的民主监督作用，激发广大教职工对参与学校管理工作的热情；要充分发挥学生组织的作用，建立学生自主管理委员会，设立校长信箱，定期开展学生与校长对话活动，引导学生参与学校的日常管理，锻炼学生的自治与领导能力，树立民主法制观念，培养互助合作的团队精神；要定期让家长、社区代表到校听课、座谈，听取家长、社区代表对学校工作的意见和建议；要成立家长委员会，让家长直接参与学校的管理，共商学校发展大计。

（2）健全各项规章制度，增强师生凝聚力。

石牌小学要以“无墙教育”的办学理念为指导，对学校制度进行梳理，要发动全校师生员工以人性化、科学化、民主化的标准审视既有的学校管理制度，提出修改建议，对制度加以完善，增强学校内部的活力和凝聚力，最大限度地调动全体人员的积极性；要进一步修订学校各项制度条例、岗位职责规定、考核办法、各部门规章制度与奖惩办法，使之更加符合人性化、民主化、科学化、高效化的原则，形成学校管理手册。

（3）确信“管理即服务”，活化教师行动力。

在学校管理中，石牌小学要坚持以人为本的管理理念，树立“管理即服务”的理念。

这是学校各级领导对教职工、全校教师对学生及其家长都应遵循的理念。学校管理就是服务。"服务"，就是既要善于"发现"，又要乐于"解决"。校长要善于发现每一位教师身上的闪光点和问题，乐于采取人性化的策略全心全意为教职工服务；教师要善于发现每一位学生的优点和不足，乐于及时采取适合学生的方式尽心尽责地为学生服务。"服务"，就是培养每一位教师的"校长意识"，形成定期召开"'问题·诊断·解决'学校发展研讨会"的机制，让每一位教师都善于发现学校发展中的问题，乐于对问题进行"会诊"，积极参与各种整改方案的落实，形成"事事有人做，人人有事做，每做必求效"的良性管理局面。"服务"，就是学校要引导家长善于"发现"自己是学校发展的积极力量，乐于为学校的发展献出自己的一份力量。同时，"服务"讲究的是"亲和"与"高效"。"亲和"，主要着眼于服务态度，指对待服务对象要友好诚恳；"高效"，主要着眼于服务水平，指服务的规范、快捷与高质量。在服务中只有做到"亲和"，才能使彼此都如沐春风，便于沟通与解决问题；只有做到"高效"，才能圆满地完成工作，满足服务对象的要求。

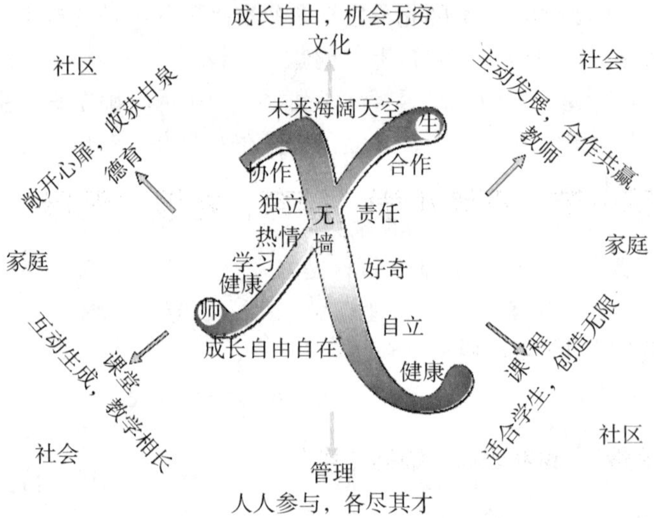

石牌小学"无墙教育"行动架构图

人就是能无限制地"向世界开放"的 x。人的生成就是依据精神上升为世界开放性。

——［德］马克斯·舍勒《人在宇宙中的地位》

第二章　思想生成：德育“无墙”的意蕴

五湖四海，来即相依。

石牌村，自由开放，以其地小而物全，诚纳八方移民，夜以继日地弹唱欢乐而自由的节奏，那晨熙夜攘的人流，见缝插针的店铺，你熏我呛的油烟，诚恳踏实的劳作，道说着村的质朴，城的自在。

在场景推移中，呈现于我们面前的，是静动有序的石牌小学。这里，有你的、他的、我们的孩子。他们，每天都舒展着各自的生长姿态，漾起各式的欢笑，迎接着“无墙”的时光……

第一节　石牌小学：德育，扎根“无墙”

一、“无墙德育”校本基础

（一）自评“德情”，诊断现状，铺排“势”

为了打造“无墙德育”特色，2009 年，石牌小学运用 SWOTS 分析方法，对学校的德育发展现状进行了全面分析。其优势、劣势、潜势三大发展态势，清晰可见。

1. 优势：德育“无墙”的起步点

（1）校长及校领导层已初步培植起“无墙化”办学意识，学校已初步收获开放办学的甜头，学校、家庭、社区协同育人的效应逐步显现。

（2）“学校、家庭、社区三位一体”德育体系已经成为学校发展中的强项，学校、家庭、社区的办学“围墙”得到初步融通。对于德育“无墙化”的办学追求，已较强劲地显示为看得见、摸得着、行得通的校本化德育探索。“敞开心扉，收获甘泉”的“无墙德育”理念已经比较深入学校、家庭、社区的人心。

（3）根据德育“无墙”的要求，学校建立了各级德育管理组织，制定了一系列的德育制度，形成了较好的德育运行机制，在一定程度上提高了“大家”参与学校德育工作的积极性。

（4）学校德育两大项目“经典诵读”和“同一首歌”，显示出较强的活力，能有效地促使学校、家庭、社区的合力育人；书香校园、书香家庭、书香社区的效应，得到融合式的发挥；资源整合、校家携手、交流促校等方面相互融通。

（5）学校通过“校家社三位一体”德育网络建设，拉近了学校、老师、家长和孩子之间的距离，架起了沟通的桥梁，营造了良好的学习氛围，丰富了孩子们的精神家园。同时，在一定程度上提高了家长的素质，提升了学校的办学水平，营造了和谐生态的教育环境，初步突破学校发展的瓶颈。

（6）通过“经典诵读”和“同一首歌”活动的开展，教师以研究的姿态开展德育工作的意识日益明显，研究能力得到较大的提高。

（7）天河区教育局富有改革创新精神，对区内各级各类学校领导有方。石牌街道党工委、天河区及石牌街关工委、石牌三骏企业集团公司大力支持学校的发展。家长支持学校的工作，并成为学校发展不可或缺的力量。

2. 劣势：德育“无墙”的问题点

（1）学校对“无墙德育”的系统规划和整体设计的思考不够，对“无墙德育”理念的展开不够，还没有形成从核心思想到基本要义，进而到行动理念的体系化；“无墙德育”的课程尚未形成体系，其教学也还未形成有特色的经验与做法；“无墙德育”的操作载体还有待进一步创造与丰富；“无墙德育”的科研课题有待进一步研究，尤其是将“石牌精神”整合于其中还未能形成立项课题；学校、家庭、社区的各种共同体的打造还未能形成有效的做法。

（2）由于学生主要来自石牌社区，少数来自周边住宅小区，学生家长的素质参差不齐，虽然在“校家社三位一体”德育体系建设的过程中，家长已能主动参与学校教育工作，但由于他们受自身教育素质的限制，在教育孩子方面，依然显得力不从心，家庭教育整体相对滞后仍然是学校要着力解决的问题。

（3）石牌街是天河区街道的排头兵，素有“北有中关村，南有石牌村”的美誉。随着经济实力的不断提升，石牌街及石牌三骏企业集团公司的领导对石牌小学的发展充满着期待。顺应这些期待，顺应时代发展的要求，顺应家长对学校教育的高要求，学校需要解决好如何全方位提升“无墙德育”的品质问题，以共同擦亮石牌教育的品牌。

（4）教师队伍整体素质在区域内没有优势，且教师平均年龄偏大。虽然他们对德育工作的操作能力较强，但是，因长期缺乏对工作经验的提炼和总结，教师整体的科研能力不强，这对于系统解决如何践行“无墙德育”是一大问题。

3. 潜势：德育“无墙”的生长点

（1）校长及领导层有创建“无墙德育”特色的强烈意愿，教师有较丰富的一线工作经验，特别是近年来对“校家社三位一体”德育网络构建研究的持续探索，已积累了较丰富的实践经验，有较好的互信协作的基础。只要“校家社”进一步加强理论学习，学会系统思考，勤于研究，是能够全方位实现“无墙德育”愿景的。

（2）近年来，天河区教育局追求“一校一品，一校一特”的教育梦想，大力支持区内学校开展特色强校的工作。石牌小学的德育成绩与天河区教育局的直接领导与指导工作分不开，也与其他各级领导与专家的悉心指导分不开，“无墙德育”的实践探索将会继续得到有关单位及专家更多的关注、支持与指导。

(3) 在传承与创新的基础上，石牌小学已确定了走“无墙教育”品牌化发展之路，创建“无墙德育”特色项目是其着力点之一，而构建富有本土化、具有石牌特色的“无墙德育”的目标体系和实施路径，创建新时期的校本德育模式，促进学生形成良好的道德品行和完美的人格，对于石牌小学来说，既是挑战也是机遇。

（二）推敲“应对”，传承优势，铺排“道”

每一所学校，都是独特的。其“独特”在于，它既具有与他校共同的特点，又有其自身区别于他校的个性特点。石牌小学扎根于自身实际而创造出引领其蓬勃发展的校本化教育。基于“无墙教育”的目标，结合学校德育发展的优势、劣势与潜势，石牌小学的“无墙德育”模式的创建之道，其着力点在于背景、理念与实践三大方面。

1. 立足社区，从背景中汲取“无墙”之力

改革开放让石牌村有了今天的发展。石牌村的城市化进程，实际上是从相对封闭向自主开放的发展过程。城市化进程中的石牌社区，为石牌小学的发展提供了强劲的“开放”动力。石牌人一贯对教育的支持，也同样为石牌小学的发展提供了强劲的“无墙”力量。立足于社区背景，汲取其“无墙”之力，随着“无墙德育”的不断深化，并形成特色，这势必促使石牌小学成为一所没有围墙的学校，也成为石牌社区的一个自主、开放的关键元素。

2. 挖掘内涵，从理念上丰富“无墙”之味

德育是人本的，是生活的，是细节的，是体验的，是“身正”的。人本的德育让人乐于自我德化，生活的德育让人的德行生活化，细节的德育让人的德行内化为生活的点点滴滴，体验的德育让每个人都有个性化的德育体验，“身正”的德育让人的“身正”形象时时滋养他人。这样的德育，需要学校“无墙化”——开放办学。石牌小学确定“敞开心扉，收获甘泉”的德育理念，就是要更新全校教职员工的观念，敞开思想，漾化心田，怀着让所有人生活得更美好的期许，努力为学校发展服务，创建“让每一个人都敞开心扉，让每一个人都收获甘泉”的“无墙型”德育模式。在这一核心思想的基础上，石牌小学要进一步延展出“无墙德育”的基本要义及“无墙德育”的行动理念。

3. 拓展外延，从实践中创造“无墙”之魅

石牌小学的“无墙德育”要在系列行动中体现“无墙”：从德育理念的构建来说，将德育“校家社三位一体”拓展到德育“无墙化”，也就是认定“心扉一开”，便“人人都是道德学习者”、“人人都是德育工作者”、“事事都是德育契机”、“处处都有德育资源”；从德育项目的建设来说，将“书香校园”拓展到“书香家庭”、“书香社区”，也就是认定学校、家庭、社区应该构建学习共同体，而创建“书香校园”、“书香家庭”、“书香社区”活动，是其有效途径之一；从德育资源的整合上来说，将学校力量拓展到家庭力量、社区力量，也就是认定学校与家庭、社区都具有丰富的德育资源，在有效整合下，它们都可成为学校德育的积极力量。

二、“无墙德育”哲思凝练

（一）挖掘“内涵”，凝练观点，创拥“理”

1.“无墙德育”的核心思想

石牌小学以“敞开心扉，收获甘泉”为德育理念，即以“无墙德育”为学校的德育哲学。这意味着德育思想洋溢着的是石牌小学的人格理想，即学校要以“敞开心扉”的作为去培养“收获甘泉”的现代小学生，“健康、自立、好奇、责任、合作”是石牌小学的每一位学生所要拥有的品质；“敞开心扉，收获甘泉”是石牌小学每一位教师所认同与坚持的德育目标。在实现共同愿景的过程中，“健康、学习、热情、独立、协作”的“自我更新型”教师，得到潜能开发、专业提升和人生价值的实现；“敞开心扉，收获甘泉”是每一个融入石牌小学德育工作的人的价值取向，他们乐于携手并进，合力育人。

这一德育思想，彰显着的是石牌小学的文化追求，即学校倡导以“心扉敞开”为核心，以“收获甘泉”为目标，在“心扉人人开，甘泉个个获”的和谐奋进的氛围中，“大家”积极整合资源，融合各种力量，践行“无墙德育”，进而促进学校的发展，营造出富有石牌特质的特色校本文化。

这一德育思想，彰显的是石牌小学的办学特色，即学校在“敞开心扉，收获甘泉”德育理念的指导下，探索在“无墙德育”的课程教学、活动开展、管理评价等方面一系列有特色的做法，促进学校优质发展，提高办学品质。也就是说，石牌小学的“无墙德育”，是在“敞开心扉，收获甘泉”理念的指导下，打破以往学校德育的封闭状态，以学校为核心，以家庭、社区为两翼，强化学校、家庭、社区各要素之间的优势互补，整体优化学校、家庭、社区的力量，以发挥整体大于部分之和的作用，提高学校德育变革的整体效益，推动学校的整体发展，促进学生的健康成长，同时促进石牌文明社区建设的一种校本化德育。

2.“无墙德育”的基本要义

在“无墙德育”这种开放性的育人氛围中，大家更新思想观念，怀着让所有人生活得更美好的期许，共同创造“敞开心扉，收获甘泉”——“让每一个人都敞开心扉，让每一个人都收获甘泉”的道德价值。“无墙德育”的基本要义由此生发。

（1）“人心无墙”：人人都是道德学习者。

学习是一种“意义与关系的重建活动”。学习共同体的构建是学习者共同成长的基础。“无墙德育”倡导以学习共同体为基础，打破学校作为教育服务的提供者，家长与市民作为教育服务消费者的思维定势，重建学校德育活动，扩大家长、市民参与学校活动的权利与机会，积极吸纳他们的教育经验与建议，使家长、市民与教师的关系从对立关系转变为合作关系，让“人人都是道德学习者”，使学校成为人们相互学习、一起成长的公共德育空间。

（2）“人力无墙”：人人都是德育工作者。

德育的主阵地在学校，德育的大后方在家庭，德育的大舞台在社区。“人人都是德育工作者”，是“无墙德育”的努力方向。石牌小学致力于将家庭、社区的力量融合于学校德育，就是要教师、家长及市民真正转变观念并付诸实践，形成“全员育人、全面育人、全程育人”的良好环境，弥补以往德育只靠校长、德育主任、班主任等少数人承担的不足，建立全员参与德育的管理机制，使学校德育从“单渠道”转变为“多渠道”，从“强迫式”转变为“自主式”，提高德育的整体效应。

（3）“事事无墙”：事事都是德育契机。

德育工作者是“千教万教，教人求真”，被教育者则是“千学万学，学做真人”。因此，要教育好学生，教育者首先应转变观念，做一个有心的教育者，避开空洞说教，一成不变，要善于抓住德育契机来增强德育的实效性。“无墙德育”坚信“事事都是德育契机”，就是要努力抓住社会生活中的、日常生活中的、学生学习中的及特别日子里的种种德育契机，来增强德育的实效性。

（4）“资源无墙”：处处都有德育资源。

以往，学校德育总是被看作是独立的教育，只有在班会、晨会、思想品德课时，才考虑德育，对于浸入式、融合式德育的思考则比较少。无论是内容、方法，还是机制，德育都不能脱离教育的整体目标，不能自我孤立。生活中时时有德育，学校中处处有资源。“无墙德育”面向的是真实的世界，把生活作为德育的无限丰富的资源库，贴近学生的日常生活和情感世界。“无墙德育”关注学生生活中的喜怒忧乐、学习中的酸甜苦涩，从他们丰富鲜活的生活经历中，提炼德育的内容，探寻教育的契机，达到育人的目标。

3. “无墙德育”的行动理念

理念是行动的先导。先进的德育理念能使学校德育更加具有实效性。在明确“无墙德育”的核心思想与基本要义的基础上，为了让“无墙德育”工作得到深入开展，石牌小学组织全体教师进行思维大碰撞，进一步确立了“*N*个相信”的“无墙化”德育追求，以此作为学校开展“无墙德育”的行动理念：

无限相信学生，无限相信教师，无限相信家长，无限相信社区……

无限相信一切都可成为教育的有益资源，无限相信一切都可成为教育的积极力量……

无限相信学生道德学习的主动性，无限相信家长参与道德教育的可行性，无限相信教师引领道德教育的重要性，无限相信社区支持道德教育的合力性……

这“*N*个相信”，便成为石牌小学“无墙德育”行动的立足点和出发点。这“*N*个相信”的共识，将引领着石牌小学全体教师“心手相连，你我共成长”，创造性地开展德育工作，展现出生命“*N*样无墙”的发展魅力。

（二）建立“架构”，构想路径，创拥“梦”

1. “无墙德育”的整体框架

如何实现“无墙德育”愿景，关键在于实现路径的整体性规划。通过发挥集体的智慧，石牌小学构建了“无墙德育”的整体架构，如下图所示：

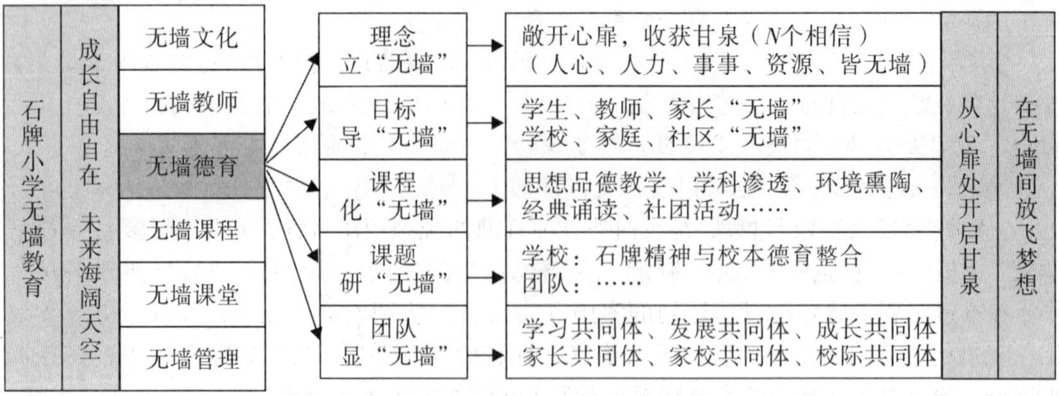

石牌小学“无墙德育”整体架构图

2.“无墙德育”的目标体系

创建“让每一个人都敞开心扉，让每一个人都收获甘泉”的“无墙型”德育模式，是石牌小学“无墙德育”行动的基本目标。具体目标如下：

（1）随着“无墙德育”的实施，学生成为具有“健康、自立、好奇、责任、合作”特质的自我更新者，教师成为具有“健康、学习、热情、独立、协作”特质的自我更新者，家长成为具有“主动参与，积极作为”的“无墙德育”亲历者；在“敞开心扉，收获甘泉”理念的指导下，“无墙德育”特色更加鲜明，石牌小学呈现出“显童韵，重开放，创特色，有品位”的“无墙型”优质发展态势；石牌社区成为石牌小学优质办学的坚实力量，社区资源融合于学校的发展，服务于学校的发展。

（2）随着“无墙德育”的实施，在思想品德教学、学科渗透、环境熏陶、经典诵读、社团活动等方面，其育人效果得到有效的体现。

（3）随着“无墙德育”的实施，无论是在“石牌精神与校本德育整合”研究方面，还是学校各级德育团队开展的主题研究方面，“科研兴德”的价值得到有效的体现。

（4）随着“无墙德育”的实施，期望以“书香载体”打造“学习共同体”，实现“人人学习，浸润书香”；期望以“义工载体”建立“发展共同体”，实现“人人参与，各尽其才”；期望以“培训载体”融合“家长共同体”，实现“人人育孩，家长懂孩”；期望以“社团载体”催生“成长共同体”，实现“人人成长，样样发展”；期望以“活动载体”暖化“亲子共同体”，实现“人人活动，享受精彩”；期望以“论坛载体”构建“家校共同体”，实现“人人畅说，个个得法”；期望以“交流载体”扩展“校际共同体”，实现“人人分享，德育提升”。

3.“无墙德育”的行动思路

思想决定行动，思路决定出路。基于“无墙德育”的愿景，为实现其目标，以“敞开心扉，收获甘泉”理念为指导，“无墙德育”的行动思路为：树立理想，立足现实，持续探索；统整资源，分施计划，深入推进；专项负责，适时调整，共进提升。

第一，树立理想，立足现实，持续探索。

构建“无墙德育”模式，是石牌小学优质化发展的一项特色性项目。它既讲究树立石牌小学德育“无墙”的理想，又讲究扎根于现实的土壤，持续地进行石牌小学德育“无墙”的探索。石牌小学要基于已有的德育工作基础，以其核心思想、基本要义和行动理念为指导，系统地设计“无墙德育”的课程教学、活动开展、课题研究等工作，不断地实践探索，为学校的“无墙化”发展服务。

第二，统整资源，分施计划，深入推进。

“无墙德育”的践行过程，是校内外各种资源的统筹利用过程。石牌小学要注重统筹学校、家庭、社区等各方资源，制定“无墙德育”的分项行动计划，并深入推进各项工作。在推进过程中，各项行动计划的实施互为交叉，协调发展。尤其，打造一支“无墙化”发展的优秀教师队伍，与“无墙德育”课程教学、课题研究、活动开展等的实施同步进行，通过对这些行动的实效探索，石牌小学的教师队伍才会日渐优秀。

第三，专项负责，适时调整，共进提升。

“无墙德育”是一个体系，包含众多分项目，而这些项目要由专人负责，并进行程序化实施，才能更有效。石牌小学要建立程序化的项目实施机制：项目调研与设计、项目实施与评估等。即“无墙德育”的实施，要由学校德育行政牵头，以校长为项目总策划，确定各项目负责人，组建各项目组，开展各项目的调研与设计，进而以研究的姿态进行项目操作，注重“无墙德育”实施过程中的及时调整、定期评估，并及时总结经验与做法，共同促进各项目的有序提升。

第二节 石牌小学：德育，设计“无墙”

一、“无墙德育”课程设计

（一）发掘“资源”，分析价值，整合“用”

1.“无墙德育”的课程现状

首先，对于学校课程发展条件，石牌小学运用 SWOTS 法进行了较为全面的分析（2009 年）。内容如下：

项目	有利条件（S）	不利条件（W）	契机（O）	危机（T）	行动建议（S）
学校特色	1. 开齐开足国家课程和地方课程。 2. “经典诵读”与“同一首歌”项目成效明显。 3. 书香校园、书香家庭、书香社区。	1. 石牌社区资源有待进一步整合与利用。 2. 多数家长对孩子的教育力不从心。	1. “无墙化”办学共识形成。 2. 教师教书育人，尽职尽责。 3. 学校“无墙德育”已有较好基础。	1. 教师平均年龄偏大，专业水平提升难度较大。 2. 区域内不少学校品牌建设成效明显。	1. 研制学校新时期发展规划。 2. 研制学校“无墙德育”特色项目行动计划。 3. 建立学习型专业成长团体。 4. 进一步整合社区及社会资源，发展学校特色。 5. 与他校建立协作发展体。
地理环境	紧邻暨南大学、华南师范大学、岗顶IT商圈等，小区是广州典型的“城中村”，环境复杂，治安难度大。	社区街道狭窄，店铺特多，环境嘈杂，空气质量差，学生上下学安全须多费心。	1. 交通便利。 2. 社区重视教育。 3. 社区及其周边各种资源较丰富。	1. 人口密度大，生源结构较复杂。 2. 绿地少，须加强绿化。	1. 将社区及其周边优质资源纳入学校“无墙德育”特色项目的建设中。 2. 进一步依托石牌村村委与石牌三骏集团公司，共同发展学校特色。 3. 扩大学校空间布局，善用学校的每一寸地方。
学校规模	1. 1918年创校，历经不同的校名，学校稳定发展。 2. 全校19个教学班，学生人数793名，教师45人，学历合格率100%，40岁以下教师占71%，是富有教学经验的师资队伍。	1. 校舍不新，格局较传统，对开放教育的实施较为不便。 2. 活动空间不足。	石牌三骏集团公司对学校发展的支持不遗余力。	1. 周边小学发展优势明显，对生源有很大的吸引力。 2. 校园不大，尤其是运动场地较小。 3. 逢大雨天气，学校容易遭水浸。	1. 开门办学，打造“无墙化”优质学校。 2. 依靠现有设施，有效运用，并加强交通安全教育。 3. 优化德育“无墙”的办学特色。

（续上表）

项目	有利条件（S）	不利条件（W）	契机（O）	危机（T）	行动建议（S）
硬件设备	1. 专用设施设备较先进。 2. 学校是广州市绿色学校。	1. 校舍空间较小。 2. 硬件设施设备需不断更新，图书需添购。	1. 学校校舍逐年整修，信息设备增添。 2. 学校后勤团队较好。 3. 社区大力支持学校完善硬件工作。	1. 班级多媒体平台更新换代。 2. 校门形象有待改观。 3. 校舍设备维护不易。	1. 更新多媒体教学平台、视听教室及专科教室。 2. 成立学校信息技术小组。 3. 增添教学设备以提供多元教学。 4. 落实校舍设备安全检查及公物保管责任。
教师资源	1. 教师经历丰富，具有一定专长，追求发展。 2. 服务热忱、认真尽责、配合度高。 3. 家长赞许，口碑较好。	1. 课程多，工作量大。 2. 意见整合不易。	1. 聘请专家指导教师发展专业。 2. 邀请天河区教研员来校指导教师开展教学研究。	1. 教师平均年龄偏大，科研能力较弱。 2. 部分教师专业发展动力小。	1. 重视教师身心发展需求。 2. 推动文化管理，帮助教师专业成长。
行政人员	1. 校长心怀教育理想，渴望办品牌学校。 2. 中层领导工作认真尽责，互动沟通良好，气氛融洽和谐。	1. 行政人员工作量大，人力不足。 2. 文案能力较弱，工作创意技巧不足。	尽心服务于教育教学工作，事务性工作采取团队方式进行。	行政人员兼任教学工作，对新课程研究不足。	1. 提升领导力，提高工作水平。 2. 增设课程研发组。 3. 畅通沟通管道，建立最佳团队互动模式。
学生	1. 心性纯洁，质朴向上。 2. 聪明，活泼，可塑性高。	1. 行为习惯偏差问题逐年增加。 2. 学生定力薄弱，挫折容忍力低。 3. 单亲家庭比例增加。	1. 发展空间大。 2. 师生沟通和谐。	1. 学习基础较弱，家庭教育较弱。 2. 区域内学校竞争大。	1. 规划并落实培优辅差工作。 2. 开展丰富的社团活动。 3. 加强班级建设工作。

（续上表）

项目	有利条件（S）	不利条件（W）	契机（O）	危机（T）	行动建议（S）
家长资源	1. 学历与社会地位平均，配合度较高。 2. 热心支持学校工作。	外来务工家庭多，亲子相处时间少。	1. 家长、教师、学生互动良好。 2. 家长热心，配合度呈上升趋势。	1. 多数家长自身工作忙。 2. 缺乏教育孩子的经验。	1. 办好家长学校。 2. 强化学校、家庭、社区之间的多向良性互动。
小区参与	1. 社区崇文重教，有支持学校的工作传统。 2. 大力支持学校工作。	1. 发掘社区资源不够。 2. 整合社区资源有效性不够。	1. 教师、家长建立协同育人共识。 2. 多数家长主动协助老师参与学校活动。	与附近小区、学校联系不多，教育伙伴资源未能分享。	1. 传承与创新“经典诵读”与“同一首歌”项目。 2. 善用家长资源，推动家长义工制度，优化运作模式。 4. 发掘社区课程资源，主动参与小区活动。
地方资源	天河区是广州新兴区域，各项事业蓬勃发展，邻近暨南大学、华南师范大学等，资源较丰富。	1. 发展空间受限于“城中村”的发展。 2. 专家资源有待进一步整合。	地理环境不大，整合应用方便。	学校周边资源不易整合入校，发展较为被动。	1. 与大学建立互动合作关系，建立在校大学生义工服务队。 2. 建立校友、家长人力资源库。

其次，对于学校德育课程发展的现状，石牌小学从五个方面进行了简要的分析，并提出相应的课程发展建议。

从学校课程发展的组织与运作来看，石牌小学德育课程发展现状是：未组建本校德育课程开发领导小组等组织，本校德育课程发展主要依托德育处、少先队大队部及各班班主任落实。为此，提出相应的课程发展建议：组建本校德育课程开发领导小组，构建专题研讨、课程开发、课程施评等运作机制。

从学校课程发展的理念与特色来看，石牌小学德育课程的发展现状是：未明确提出本校德育课程理念；本校德育课程发展主要以思想品德学科建设为主，《诵经典美文 做少年君子》等亲子共读的校本课程已颇具特色。为此，提出相应的课程发展建议：从“无墙课程”理念出发，提炼本校德育课程理念，并体现于本校整体课程建设中，有效促进学生发展；结合“无墙教育”理念与“无墙德育”理念，进一步开发校本课程，体现“无墙德育”特色打造的整体性与延续性。

从学校愿景、课程目标与课程架构来看，石牌小学德育课程的发展现状是：已规划新时期“无墙德育”行动计划，初步提出其行动方略；学校“无墙教育”整体课程模式尚未形成，“无墙德育”课程也未整体规划，其架构不够清晰。为此，提出相应的课程发展建议：在对学校整体课程进行规划的基础上，研制学校德育课程开发方案；理清学校德育课程关系，注重整合各类德育活动，并进行课程化升级，形成德育课程架构，体现“无墙德育”特色。

从课程设计与课程实施计划来看，石牌小学德育课程的发展现状是：主要依据《广州市义务教育课程计划》实施课程，各类课程与“无墙德育”的整合力度有待加强；学校自主开发与实施校本德育课程的空间较小，教师开发与实施德育课程的水平有待提升。为此，提出相应的课程发展建议：以“无墙德育”课程计划为蓝图，注重学校重大行事活动课程与各项活动整合，开发系列德育课程，注重获取家长与社区的支持，使德育课程开发与实施计划具有可行性；规划教师专业研修活动，提供多元化的专业成长模式，鼓励教师在开发与实施德育校本课程中不断探索实践。

从行政支持与资源管理机制来看，石牌小学德育课程的发展现状是：本校课程领导成员具有一定的专业能力与领导能力，能支持并参与各类课程发展；作息时间依上级单位规定而确定。为此，提出相应的课程发展建议：进一步提升课程领导力，提供德育课程发展所需的行政支持，有效运用资源；建立课程管理系统，整合资源，建立共享机制，促进学校德育课程校本化的优质发展。

由以上分析可知，目前，石牌小学“无墙德育”课程理念未能被提炼出来，“无墙教育”课程建设未能形成合理完整的体系，德育校本课程有待进一步开发，并形成体系。因此，石牌小学应明晰“无墙德育”课程理念，并全面规划学校德育整体课程，开发出适合学生身心发展的校本德育课程，进而有效地实施“无墙德育”课程，促进“无墙德育”的整体发展。

2.“无墙德育”的课程资源

社区是贴近学生的生活情境，让社区成为教室是现代教育的特征。对社区课程资源进行全面分析，有利于学校将学生学习的情境由校园扩展到社区，将学习内容回归生活，引导学生经由切合生活情境的课程学习，获得真实而多元的生活体验，培养贴近生活的学习能力与在地情感。同时，教师、家长都是学校开展德育活动的有效资源。

从资源类别、资源项目、资源特色、资源利用四个方面，我们对社区、教师、家长进行课程资源分析，包括社区资源、教师资源、家长资源。其内容如下：

资源类别	资源项目	资源特色	资源利用
社区资源	石牌社区	石牌村是广州市最大且历史最长的“城中村”，位于繁华的天河区中部，由村民宅基地扩展起来的密集建筑群（被称为“握手楼”）及部分自留地构成，由170多条窄小的古巷支撑，四周被广州CBD里的高楼大厦和繁荣的商业街包围，周边毗邻岗顶IT销售圈、天河娱乐城、天河电影院、地中海国际大酒店（五星级）、总统大酒店（四星级）、大华酒店（四星级）、中山大学第三附属医院等，现有石牌东、西路两条繁华的商业街平行围绕，与华南师范大学和暨南大学相邻。面积约1平方千米的石牌村里居住着5万多人口，其中4万多为外来人口，租赁经济是村民的主要经济来源。它的主要居民都是本地农民。如今，石牌村进行了改造，成为广州市撤村改制的一个典范。石牌街因周边的商业发展而成为一个人口极度密集的石牌村，以“贴面楼”为主要特色。	1. 总体利用思路：引领学生走进石牌，发现其经济、社会、生活、人文等多方面的特质，在亲近、互动、体验、探究等活动中，收获成长之乐。 2. 具体利用思路：村资源、113中学、华南师范大学、暨南大学、“关工委”等。 （1）广东省高级人民法院：作为青少年法制宣传基地，进行法律知识的咨询活动，开设相关讲座等。 （2）华南师范大学退休教师郑千一：“诵读中华经典文化，建设石牌学习之邦”活动。 （3）华南师范大学教育科学院大学生、暨南大学研究生：联谊活动，心理健康辅导等。 （4）“关工委”：专题讲座、育儿咨询、心理咨询、营养讲座、免费借阅书籍等活动。 （5）社区：文化互动；社区公益活动；“经典你我同行，共建和谐社区”、“相约石牌，唱响和谐”等活动。
教师资源	石牌教师	现有教师53人，学历合格率100%，本科学历的有42人，占79%，专科学历的有11人，具有中级职称的教师有41人，市区骨干教师9人，40岁以下的教师占71%，是一支富有教学经验的师资队伍。	根据学生的兴趣特点，结合教师的特长，开展丰富多彩的第二课堂活动；建设和优化学校龙狮队、武术队、科技队等特色社团。
家长资源	石牌家长	物质生活迈入小康水平；一部分村民依靠分红及出租房屋生活，衣食无忧乃至无所事事，有些村民靠打麻将消磨时光；受限于自身教育素养，在教育孩子方面显得力不从心；家庭教育的整体水平相对滞后。	组建家长义工队，完善家长学校工作机制，理解和支持学校的教育教学工作，展现家长义工们的爱心和热心及团结协作、自觉奉献的精神。

（二）设计“架构”，建构体系，整合“行”

1. “无墙德育”的课程架构

一所学校的课程，是为实现其育人目标而开设的所有教学科目和开展的所有学习活动，包括国家、地方规定的，也包括本校根据实际情况而自主开发的课程，还包括为学生个性的全面发展而营造的学校环境的全部内容。

“适合学生，创造无限”，是石牌小学的课程理念。这一理念基于“无墙教育”，意在让每门课程都适合学生，让每一次实施都创造无限。也就是说，石牌小学的课程研发、实施与评价，以适合学生、发展学生为指针，让学生群体与个体随课程的实施而充分发展，让每一个学生都乐于通过学习去实现自身潜能，成长为极富个性的自己，成为健康、自立、好奇、有责任感、善于合作的自我更新者，不断地迈向成功。

在这一理念指导下，石牌小学成立了学校课程发展组，以校长为组长，以专家为顾问，以教师为组员，构成“无墙课程”创设的共同体。其运作流程，如下图所示：

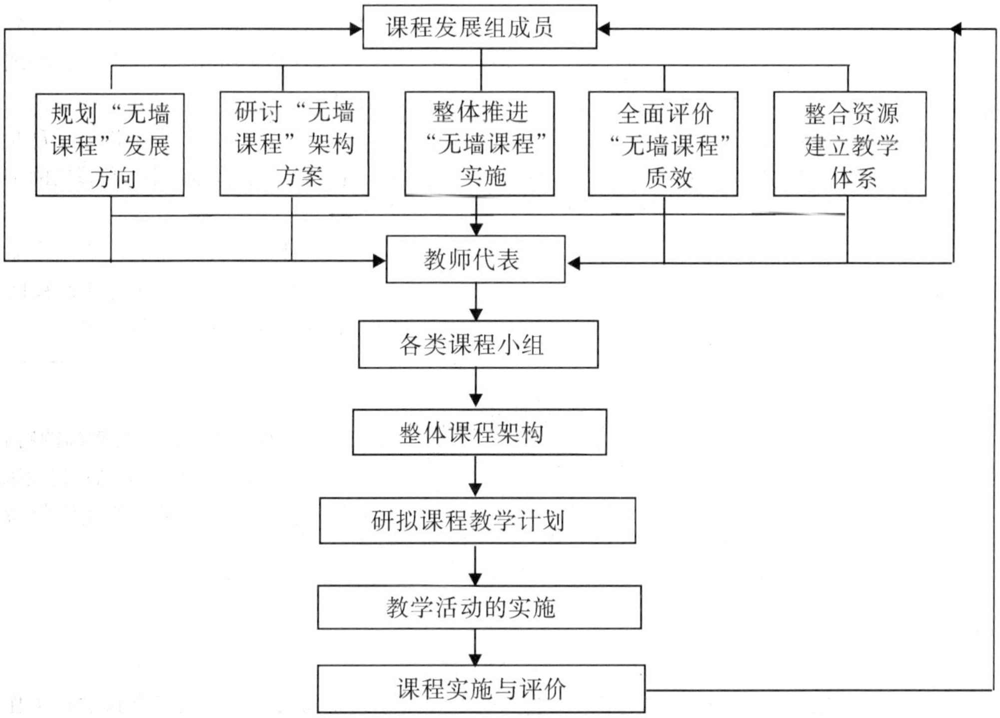

石牌小学课程发展组运作流程图

在这一理念指导下，石牌小学构建了其学校整体课程体系。如下图所示：

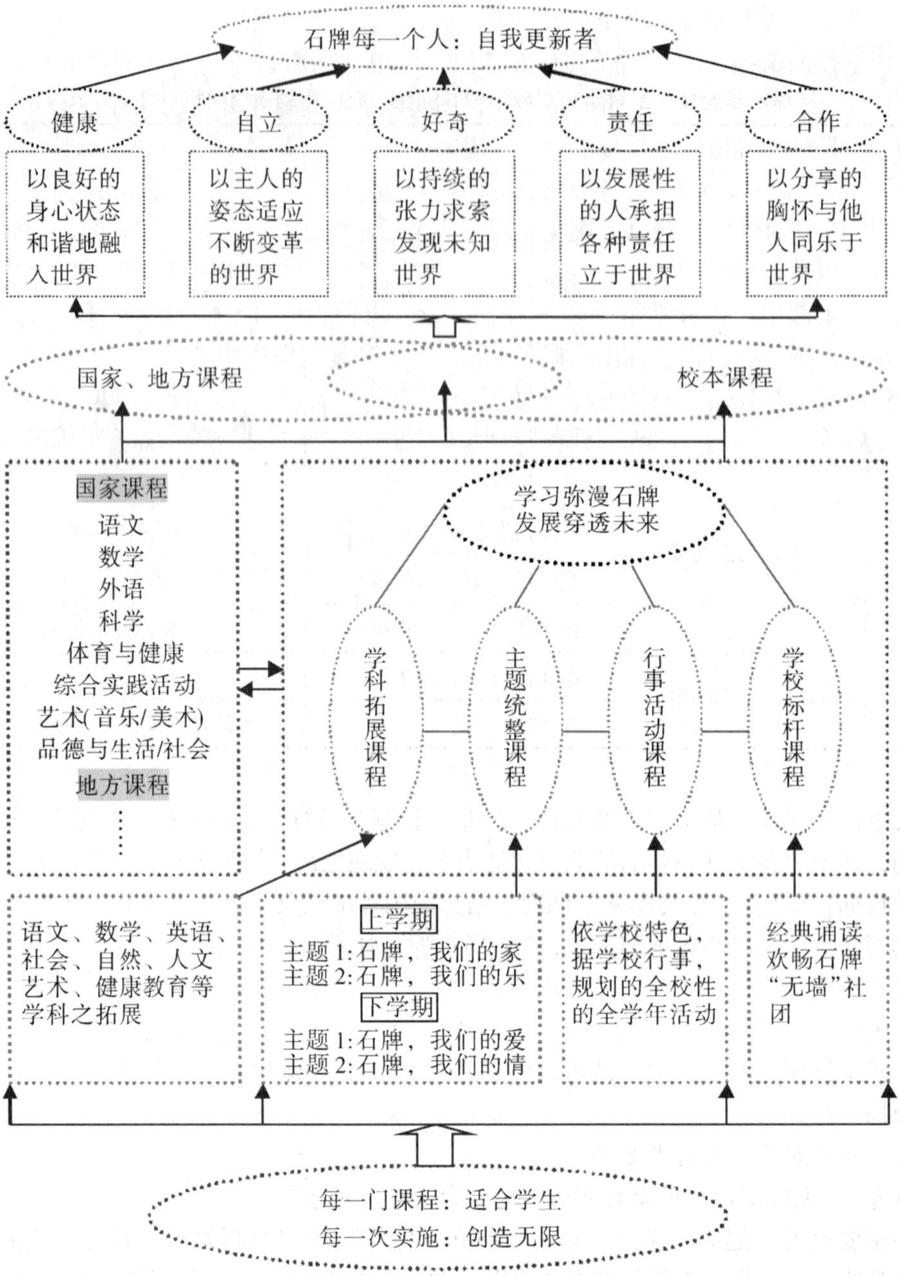

石牌小学“无墙课程”整体课程体系

“无墙德育”课程，既表现为国家、地方课程校本化实施中的德育化课程，也表现为学科拓展课程实施中的德育化课程，还表现为作为校本课程的主题统整课程、行事活动课程、学校标杆课程。

主题统整课程：围绕“石牌”，依四大主题进行课程开发。上学期，主题1——“石牌，我的家”，主题2——“石牌，我们的乐”；下学期，主题1——“石牌，我们的爱”，主题2——“石牌，我们的情”。各年级依学期主题拟定各年级的学年主题，融入学校课程计划，进行弹性教学，具体设计见下表。

石牌小学全校一至六年级“我们与石牌在一起”主题统整课程设计一览表

学期	主题	年部	课程内容
上学期	主题1：石牌，我们的家	低年段（一、二年级）	石牌新乐园
		中年段（三、四年级）	走进石牌
		高年段（五、六年级）	石牌——我们的骄傲
	主题2：石牌，我们的乐	低年段（一、二年级）	感恩从我身边做起
		中年段（三、四年级）	感恩，快乐永相随
		高年段（五、六年级）	感恩，难忘师生情
下学期	主题1：石牌，我们的爱	低年段（一、二年级）	寻找石牌，我们最爱
		中年段（三、四年级）	爱的传递
		高年段（五、六年级）	我是小主人
	主题2：石牌，我们的情	低年段（一、二年级）	爱从身边做起
		中年段（三、四年级）	环保与我同行
		高年段（五、六年级）	我是石牌人，为石牌争添光彩

行事活动课程：基于“无墙教育”愿景，根据学校行事活动课程，规划全校性的全学年活动，让学生在丰富多彩的活动中感受快乐，发现生活，增长见识，培养能力。

学校标杆课程：“经典诵读”课程，精选中国传统经典著作，让孩子们每天坚持诵读，以经典润泽生命，以经典滋养未来；“欢畅石牌”课程，每年围绕“六一”儿童节，以艺术节及表彰的方式进行创意设计，既检视学生日常才艺水平，又让学生享受快乐的节日，更让学生在相互欣赏中积极成长；“无墙社团”课程，对学校已有的家庭诵读社团、龙狮社团、武术社团、击剑社团、科技社团等特色团体进行课程化，让学生从中发展兴趣爱好，激扬个性特长。

2. “无墙德育”的课程实施

首先，“无墙德育”的课程实施，要致力于“三追求”。

一是要追求“健康、学习、热情、独立、协作”的“石牌教师”目标。我们要求全体教师都瞄准此目标，不断提升专业水平，做好课程改革的实施者和学生成长的引路人。

二是要追求“沟通无界、发展化情”的“石牌师生”关系。我们倡导教师要学会尊重、赏识每一个学生，学会怀揣童心与每个学生进行交流，在沟通中达到师生之间信任无间，携手前行。

三是要追求“互动生成、教学相长”的“石牌教学”旋律。“成长自由自在，未来海阔天空”的办学理念要求教师在课堂教学中追求多维互动，促进多样生成，实现教长因学、学长因教。

其次，“无墙德育”的课程实施，要致力于“三落实”。

一是要致力于落实对各类德育课程的开发。每一样课程都是一个体系，目标、内容、实施、评价、管理等都要进行整体性的考量，其价值才能实现最大化。

如，学校标杆课程的“欢畅石牌”课程，主要是以活动方案的方式呈现，以其为载体开展相应的活动，效果才可能凸显出来。

激情亚运　多彩石牌

——石牌小学第四届艺术节暨石牌社区表彰联欢晚会活动方案

主办单位：广州市天河区石牌小学
石牌三骏企业集团公司
广州市113中学

一、活动目的

为了进一步加强学校、家庭、社区之间的联系，落实天河区教育局关于“构建德育工作合作模式”的有关精神。针对所属石牌社区教育的特殊性与多元性，石牌小学、113中学携手社区，本着“互动、融合、分享”的原则，以“表彰先进，学有榜样”、“学有所长，展示才华”为目的，充分挖掘和整合石牌社区资源，特举办石牌小学第四届艺术节暨石牌社区表彰联欢晚会。晚会不仅为石牌社区的学生、家长、教师提供一个展示自我才华的舞台，还对石牌社区所属学校表现优异的学生和支持教育的家长给予表彰，以此进一步弘扬团结、奋发、执着的石牌精神，渲染传承、开放、兼容的石牌文化，营造石牌社区和谐、生态、充满生机的教育环境，促进学校、家庭、社区的共同进步。

二、参加人员

天河区教育局，石牌街领导，石牌三骏企业集团公司领导，石牌小学全体师生及家长，113中学领导及部分家长、学生。

三、活动时间

2010年10月22日　晚上8：00～9：30

四、活动地点

石牌小学中心操场

五、活动内容

1. 表彰先进

（1）石牌小学“石牌好孩子”（共34人）

（2）石牌小学“石牌好家长”（共20人）

2. 艺术节节目汇报演出节目单

篇章	内容	表演者
一、序　曲	1.《一起来更精彩》	石牌小学二、六年级学生
二、颁奖仪式	校长致辞	
	颁发奖项 A. 石牌小学学生、家长 B. 113 中学学生、家长	
三、绿色、文明亚运	2.《阳光进行曲》 《西湖春晓》	石牌小学合唱队
	3.《我爱老师的目光》	石牌幼儿园
	4.《荔枝颂》	石牌小学粤剧社
四、和谐、活力亚运	5.《红红火火》	石牌小学舞蹈队及家长
	6.《书香浸润的岁月》	石牌小学三年级学生及家长
	7.《校园风采——我能行》	石牌小学特色队伍
五、激情亚运	8.《一起来齐唱彩》	石牌小学龙狮队、师生及家长

六、工作安排

1. 总策划：董志军、周洁、李其雄
组织协调：张红、董伟明、曾素珍
节目总负责人：唐亮平

2. 具体分工：

（1）舞台环境：行政组
（2）舞台音响：傅立宏
（3）舞台灯光：巫祖亮
（4）校园氛围：翁秀娟、郝慧华、樊俏婷
（5）晚会摄影：CCTV 环保频道摄影记者
（6）晚会摄像：翁秀娟及二、六年级家长义工
（7）媒体联系：张红
（8）晚会接待：蔡雅杰、徐少芳、卢桂珍
（9）礼品、奖品：冯婷、林捷捷、郝慧华、张东萍
（10）颁奖环节后台指挥：冯婷、林捷捷、郝慧华
（11）司仪及培训：肖彩芳、李岩
（12）校门口验票：李梦柳、刘梓谦、张东萍
（13）节目具体负责人见下表：

序号	节目内容	参演队伍	负责老师
序			
1	开场《一起来更精彩》	六年级 二年级	尤丽霞 翁秀娟、冯满桃
	领导讲话、颁奖环节		
绿色、文明亚运			
2	《阳光进行曲》 《西湖春晓》	合唱队	钟樱梅 何准男
3	《我爱老师的目光》	石牌幼儿园	石牌幼儿园教师
4	《荔枝颂》	粤剧社	杨文君、李丽萍
和谐、活力亚运			
5	舞蹈《红红火火》	舞蹈队	贺梅、徐少芳
6	朗诵《书香浸润的岁月》	三年级	蔡坚、黎华俐
7	《校园风采——我能行》	击剑队、游泳队、乒乓球队、羽毛球队、篮球队	梁伟平、卓琪杰
激情亚运			
8	结束《一起来齐喝彩》 总指挥：张桂香	1. 武术队、龙队、狮队	邱子鹰、易常朝、樊俏婷、巫祖亮、张荣欢、傅立宏
		2. 全体学生《武术操》	一年级：何少芳、朱晓璐、邱志敏、胡绍宏 二年级：彭少芬、梁秀群 三年级：卢桂珍、何换仪 四年级：罗文英、梁志涛、赖菊娇 五年级：蔡梦奇、钟波 六年级：廖国珠、林玲
		3. 教师《八段锦》	张红、蔡雅杰、莫文桂、李梦柳、郑俊仪、刘梓谦、杨彬、尤丽霞、余慧英、杨文君、林捷捷、徐少芳、罗志红

七、社区支援

1. 请石牌治保队派治保队员协助学校当天活动的管理，确保校园各出口的安全通畅。
2. 请石牌派出所协助当天的组织，做好紧急情况的疏散。
3. 请石牌一居委协调校门口摆街经营的档口当天晚上十点后才能占道，以保证学生、家长、嘉宾出入校门的通畅。

4. 请石牌三骏企业集团公司协调当晚嘉宾汽车停放地点。

八、场地座位安排

1. 一区为嘉宾席、113 中学表彰学生、家长区。

2. 二区至五区为家长观众席（用学生上课的凳子）

3. 篮球场为演员候场区

4. 保卫人员

5. 校园七大入口处：

A. 1 号门（校门）家长必须凭票入场，按年级入座。

B. 3 号门是晚上 7：20 后唯一打开让学生到二楼上厕所的门。

九、附录

1. 10 月 21、22 日工作具体安排

2. 晚会保安人员岗位图

3. 晚会现场布局图

4. 致家长的一封信

5. 晚会入场券

二是要致力于落实对学校家庭社区资源的整合。“无墙德育”校本课程，是一种由学校出发而进入社区、融入家庭的课程，让社区成为教室，让家庭成为“无墙”地，“学习弥漫石牌，发展穿透未来”的效应才能充分显现。

三是要致力于落实对课程发展师生发展的评价。我们要建立旨在促进学生无墙化发展的评价体系，通过突出发展、注重过程、体现多元、强调自评的发展性评价，促进学生多方面获得发展。同时，我们又要建立旨在促进教师无墙化发展的评价体系，通过师德师风建设、师德论坛活动的开展等，促进教师提升课程领导力和育人力。

二、“无墙德育”操作设计

（一）优选“社资”，高扬精神，德育“优”

1. “无墙德育”的课题研拟

充分挖掘和利用社区资源，并将其融合于学校教育，是学校发展的必然要求，也是石牌小学“无墙教育”的要义。当我们进入石牌社区，众多教育资源扑面而来。当“石牌精神”映入眼帘，我们格外欣喜，因为“石牌精神”是一种优质的社区资源，更具有深厚的教育价值。它既是石牌人改革创新的精神力量，也是石牌人所需的立世精神，同时它还可以化为引领我们实施“无墙德育”的工作精神。

广州市天河区石牌村在历史变迁中凝聚了其社区精神——“石牌精神”。1948 年，曾任中山大学法学院院长的郑彦棻教授著文《发扬石牌精神》。他提出：石牌所表现的精神，

第一是“筚路蓝缕，以启山林”的创业精神；第二是共同生活、共同学习的集体精神；第三是向民众学习、为民众谋福利的服务精神。[①]

奚从清认为，社区精神的要点有三：其一，在社区精神的内涵及其特征方面，社区精神是指在一定的历史条件下，一定的社区成员在长期的社会实践过程中，在正确的价值观念体系的支配和滋养下，逐步形成和优化出来的一种社区意识，其特征为一种时代精神、创新精神、群体精神、自治精神、传承精神及个性精神；其二，在社区精神的功能方面，社区精神具有凝聚功能、塑造功能、整合功能及推动功能；其三，在社区精神的培育方面，应树立求实观念、价值观念、垂范观念及长期观念。[②]

“石牌精神”就具有这三大要点。因此，为进一步提高“无墙德育”这一校本德育的质效，我们将“石牌精神”整合于“无墙德育”中，开展相应的课题研究，拟题为“‘石牌精神’与校本德育整合的实践研究”[③]。

开展这一课题研究，意在发挥“石牌精神”的两大价值：一是育人价值。基于对“精神文化即人之成长养料”的认识，课题组将充分挖掘石牌社区资源，进行德育教育，让石牌学生在亲近石牌中学习“石牌精神”，实践“石牌精神”，提高综合素质。二是引领价值。基于对“德育即树人育人立人之业”的认识，课题组将化“石牌精神”之“创业精神、集体精神、服务精神”为“创‘树人’大业之精神”、“集‘育人’智慧之精神”、“服‘立人’要务之精神”，让石牌教师携手家长与社区人士等，创造性地开展德育工作，提高德育效果。

这一课题研究的是，如何将“石牌精神”这一社区优质资源整合于校本德育之中，以提升“无墙德育”的品质。其拟解决的关键问题：一是如何将其价值融入“无墙德育”之中；二是有效策略有哪些；三是整合“石牌精神”，全面实施“无墙德育”的操作载体有哪些。这一课题是一项通过整合社区资源，探索如何发挥“石牌精神”的价值，寻求全面实施“无墙德育”的有效策略与操作载体，以提高校本德育质效的课题。

这一课题的研究目标是：整合“石牌精神”，实现其引领与育人两大价值的发挥，探索如何通过整合“石牌精神”来全面实施“无墙德育”，以及有效提升“无墙德育”品质的实施策略与操作载体。包括以下四个层面的具体目标：

（1）学生层面：“石牌精神”成为具有教育功能的载体，让学生进入一个道德、智慧和感情相融洽的环境，促使学生的心灵得到滋养，道德品行得到提升，进而锻造出完善的人格。

（2）教师层面：教师树立整体的、主体的、开放的、实践的发展性德育观，并从知识至上的功利思想中走出来，学会“解放思想，协作育人”，引导每一位学生对“成人”、“成事”有着积极的生命态势，进而提升自己的综合能力。

（3）学校层面：力图在新时代背景下，对“石牌精神”与校本德育的整合进行探索，形成初步的校本德育课程实践框架，并进行初步实施，寻求学校可持续发展的办学道路，

①李延保．珍视传统　凝聚精神·代序．李尚德．凝聚中大精神．广州：中山大学出版社，2001.

②奚从清．论社区精神．浙江大学学报（人文社会科学版），2002（3）．

③以周洁为主持人的这一课题，于2008年立项为广东省教育科学“十一五”规划课题及广州市中小学德育研究“十一五”规划重点课题，批准号分别为08JT066、08A05。

体现优质办学的精神，积淀学校文化，提升办学品位。

（4）社区层面：通过整合石牌街和石牌三骏企业集团公司等有利的社区资源，以学校为桥梁、家庭为纽带、社区为舞台，构建学校、家庭、社区（社会）德育一体化，形成三大德育途径的协同配合，充分、有效地利用三者的德育资源，促进石牌文明社区的建设。

这一课题主要基于拟解决的关键问题开展研究，包括三个方面的研究内容：

（1）“石牌精神”与校本德育整合的两大价值研究。

（2）“石牌精神”与校本德育整合的实施策略研究。

（3）“石牌精神”与校本德育整合的操作载体研究。

围绕这些研究内容，课题以行动研究为主，具体采用文献研究法、调查研究法、经验总结法等研究方法。

2.“无墙德育”的课题成效

“‘石牌精神’与校本德育整合的实践研究”这一课题，整合“石牌精神”于石牌小学“无墙德育”中，具有重要的理论价值和实践意义。它既有利于用“石牌精神”来凝聚人心，转变“大家”的教育观念，促使“大家”共同发挥作用，齐心协力为学校的发展贡献自己的一份力量，又有利于发挥学校、家庭、社区这三股力量，提高“无墙德育”的整体效能，提升师生的综合素质，还有利于促进家庭、学校、社区之间的和谐关系，促进教师、学生、家长之间的和谐关系，乃至促进石牌文明社区的建设，拓展社区资源与校本德育整合的研究领域，创造出“校本德育”与社区资源整合的个案性实践的有效操作模式。

通过几年有计划、讲质量的研究，这一课题顺利结题，完成预期目标，形成了较丰富的课题研究成果。

（1）研究结论。

第一，从实践与理论上，证明了整合社区精神以创新校本德育是完全必要的。尽管当前中小学对社区精神与校本德育整合的研究极少，但课题组认为，创新校本德育需要整合社区精神。因为学校教育是学校、家庭与社区（社会）的共同事业，而社区精神具有凝聚、塑造、整合和推动等功能，而且“石牌精神”所包含的创业精神、集体精神与服务精神是人在个体与群体生活中都必要的精神。在课题研究过程中，正是课题组把实施“无墙德育”当作一种创业实践，多方面聚集集体战斗力，乐于分享育人智慧，倾心于学校德育工作之中，学生才能在实践中深化对“石牌精神”的理解与体验，才能获得多方面的发展。

第二，“石牌精神”与校本德育的整合，为校本德育的创新提供了新的范例。作为石牌的社区精神，“石牌精神”必然要成为石牌小学“无墙德育”的有机组成部分。“创业精神”能够让人拥有“成事成人”的眼光，“集体精神”能够让人拥有“成事成人”的张力，“服务精神”能够让人拥有“成事成人”的作为。这样的社区精神融合于校本德育之中，不仅可以化为学校开展德育工作的精神力量，凝聚人心，合力育人，实现社区精神的引领价值，而且可以化为学生道德发展的课程资源，甚至是提高综合素养的养料，实现社区精神的育人价值。课题组对“石牌精神”与校本德育整合进行的实践探索，验证了“石牌精神”与校本德育整合的可行性与有效性，既探索了如何发挥“石牌精神”与校本德育整合的两大价值，又形成了整合“石牌精神”以有效开展“无墙德育”工作的实施策略与操作载体，较好地为当今中小学的校本德育创新提供了新的范例。

第三，挖掘并善用社区资源，有助于学校的优质发展。课题组认为，挖掘与利用以“石牌精神”为核心的石牌社区资源，有助于学校创新“无墙德育”，促使学校获得更大更好的发展。从课题研究结果来看，学校所开发的《我们与石牌在一起》与《诵经典美文　做少年君子》校本德育课程，所建构的石牌校本化的德育系列活动，所创建的校本化的“无墙德育”操作载体等，都已经成为石牌小学的德育特色，学校也因此获得多层面的荣誉。

（2）课题成果。

第一，发挥了“石牌精神”的引领与育人两大价值。“石牌精神”具有丰富的内涵及教育价值，这是课题组开展课题研究的基点。在课题研究初期，课题组就确定了“石牌精神”的引领与育人两大价值，并以此作为与校本德育整合的切入点。随着课题研究的深入，“石牌精神”在“无墙德育”的实施过程中得到很好的彰显，也印证了社区精神的凝聚、塑造、整合及推动等功能，尤其是演化为石牌小学创新校本德育与实施素质教育的“无墙力”——拥有“*N*个相信”，教育更精彩。

第二，形成了石牌小学“无墙德育”整合“石牌精神”的实施策略。经过实践探索，基于校情、家情、社情，课题组整合“石牌精神”于“无墙德育”的探索中，形成了实施“无墙德育”的四大策略：因实施“合力联动”策略，而促进了学校、家庭、社区的共同进步；因实施“资源整合”策略，而拓宽了学校德育的平台；因实施“实践服务”策略，而不断提升了校本德育的实效；因实施“开放交流”策略，而在交流分享中携手共赢。

第三，建构了石牌小学“无墙德育”整合“石牌精神”的操作载体。依据对“学校的发展，就是不同成长共同体的催生”的认识，课题组整合“石牌精神”于“无墙德育”的探索中，创建了实施“无墙德育”的五大操作载体：因“书香载体”的打造，在“学习共同体”中“人人学习，浸润书香”；因“义工载体”的建立，在“发展共同体”中“人人参与，各尽其才”；因“社团载体”的催生，在“成长共同体”中“人人成长，样样发展”；因“论坛载体”的构建，在“家校共同体”中“人人畅谈，个个得法”；因“交流载体”的扩展，在“校际共同体”中“人人分享，德育提升”。

第四，收获了石牌小学“无墙德育”整合“石牌精神”的物化成果。在课题研究进程中，课题组成员积极总结工作经验，撰写研究论文，其中仅公开发表和校外获奖的文章就有26篇。课题组开发了两大德育校本课程：一是《我们与石牌在一起》，体现了亲近石牌、亲近生活、体验成长的价值；二是《诵经典美文　做少年君子》，体现了经典润泽生命、经典引领未来的价值。同时，课题组还制作了“石牌音像”成果：《请您与我们一起分享》，体现了“研究就是发现，研究就是发展”的价值。

（3）实践成效。

通过“石牌精神”与校本德育整合的研究与实践，石牌小学德育工作开创了一个新局面，形成了以“无墙化”发展为追求，以创造“学习共同体、发展共同体、成长共同体”为纽带，以“‘石牌精神’弥漫石牌”和“心手相依连，你我共成长”为宗旨的“家校社一体化”校本德育格局，提高了学校德育整体效益，促进了校风建设和素质教育的实施。

在“石牌精神”的引领下，学校坚持无限相信家长参与道德教育的可行性，无限相信教师引领道德教育的重要性，无限相信社区支持道德教育的合力性，充分激扬每一个石牌人“创‘树人’大业之精神”、“集‘育人’智慧之精神”、“服‘立人’要务之精神”，多层面挖掘和整合各种教育资源，使之成为“无墙德育”的积极力量，有效地打破了以往学校德育的封闭状态，强化了学校、家庭、社区各要素之间的优势互补，提高了学校德育变革的整体效益，推动了石牌小学的整体发展，促进了石牌学子的健康成长，促进了石牌文明社区建设。

（二）创新“载体”，追求无墙，德育“活”

1. “无墙德育”的初创载体

随着“无墙德育”的实施，学校致力于以各种实施载体的有效操作，让学生、教师、家长及社区人士等在班级、学校、家庭、社区及校际的无墙化空间里构建起共同学习、发展、成长的生命体。

（1）以“书香载体”打造“学习共同体”，实现“人人学习，浸润书香”。学校坚持以“诵读中华经典文化，建设石牌学习之邦”活动为载体，通过打造书香校园，带动书香家庭、书香社区的建设。

（2）以“义工载体”建立“发展共同体”，实现“人人参与，各尽其才”。学校积极借鉴香港地区的一些社区及学校的经验，成立家长义工队，这些义工队成员不仅关心学校发展，有较强的参政议政能力，而且提升了志愿活动水平，也促进了两代人的共同成长。

（3）以“培训载体”融合“家校共同体”，实现“人人育孩，共同成长”。根据不同年龄的学生特点，学校定期召开不同年级段学生的家长的专题培训，使家长教育有的放矢，使家长培训更具针对性、实效性，引导家长们学习教育孩子的正确方法和手段，让他们掌握教育孩子的科学方法。

（4）以“社团载体”催生“成长共同体”，实现“人人成长，样样发展”。在家长和社区的支持下，学校各种社团蓬勃开展，出现众多精品社团，石牌特有的成长共同体得以催生：学生成长，教师成长，家长成长，人人成长；学校发展，家庭发展，社区发展，样样发展。

（5）以“活动载体”暖化“亲子共同体”，实现“人人活动，享受精彩”。每学年，学校都要组织家长和学生一起开展丰富多彩的活动，为孩子和家长创设展示才能的舞台，并借助这些活动大力表彰品学兼优的学生及支持学校教育的家长。家长们也逐渐理解教育，看到自己孩子的成长，并意识到自己无形中的进步，从中得到了莫大的快乐！

2. “无墙德育”的新创载体

在已有操作载体的基础上，学校注重创新操作载体，以推进对“无墙德育”的深入探索。

创新一：以“论坛载体”构建“家校共同体”，实现“人人畅说，个个得法”。

由于“城中村”家长自身素质的限制，家长的教育理念往往落后于实际所需。学校就要在此时承担起帮助家长更新理念、提升家长教育水平的责任。一次合作是为了一直合作。为此，学校启动了“家校论坛”活动，为家长提供交流的平台，引导家长学习正确的教育理念和方法，推广优秀的教育方式，纠正不当的教育方式，从而提升家长的素质，最终实现学校与家长的长期稳定合作。“家校论坛”主要以座谈的形式进行，就当前教育工作中存在的典型问题和代表性的想法进行讨论，让家长通过相互交流及与学校的交流，推广自己的教育“秘诀”，完善自己的不足。同时，就同一问题广泛听取不同的意见，家长能拓展视野，开拓思路。如今，“学校论坛”已成为石牌小学家长畅所欲言、收获育孩经验的载体。

“家校论坛”主要分四大环节进行，以下示例，为学校“家校论坛”的一次具体操作内容：

（1）实话实说：自我剖析的过程。

此环节话题以案例的方式进行，旨在帮助家长反思自己的教育方法，并思考自身与学校沟通的方式是否得当。用事实说话，以案明理，以案寓情，彰显家校携手育人之典型。

案例1：孩子将家长与老师、学校与家庭、学校与社区紧密联系在一起。今天我们大家相聚于此，缘于对孩子共同的爱。我们难免经常遇到这样尴尬的事情：孩子有时表现得不好，老师与家长在同一问题上偶尔会发生冲突。家长一味地相信孩子，认为小错误不是什么大问题，是老师小题大做，过于紧张。老师也由于与家长沟通不畅，觉得家长太不理解自己的良苦用心。遇到这种情况，你有何良策？

案例2：当今时代，飞速变化，面对各种竞争与挑战，面对千差万别的具有个性差异的学生，中国有句古话：一方水土养育一方人。这就决定了石牌教育具有其特殊性、多元性、复杂性。得益于城市化，石牌大多数村民过着衣食无忧的生活。更为可喜的是他们对子女的教育也越来越重视，但有些现象值得我们反思：现象一，有些家长信奉“棒打出孝子”的传统理念，孩子犯错，一打了事；现象二，在孩子的教育方面，有些家长认为毫不吝啬地提供物质条件就可以了；现象三，有些家长主张孩子只需要一心一意学习，不用做家务或其他事情。重视教育就是这样吗？你对此有什么不同的看法？

这里，就具体案例，以家长自我剖白、教育专业人士予以点拨的形式进行，实现对相关问题的正确解读。部分家长的发言以建议的方式，对落后的、失当的教育方式提出了替代方案，达成了“推广优秀的教养方式”的目的；也有家长当场反思自己教育方法中的不当之处，并深入剖析问题的根源。

（2）聚焦热点：视野开拓的过程。

此环节话题，以问题的方式进行，旨在帮助家长站在更高、更新的层次上审视教育。由于家长自身积累的限制，教育中的很多常规问题往往不能得到正确的解决。在素质教育的背景下，对学生传统的单一评价标准已发生了根本的转变，社会上早已建立起以学生多元发展为依据的新的评价标准。但部分家长不能及时认识到这一变化，他们的教育方法也不能满足现代化教育的需求。在这一环节，学校希望进一步更新家长的教育观念，让大家敞开心扉，通过对热点话题的讨论，给家长一个平台，分享交流的喜悦；给家长一种示范，解决他们教育子女的困惑，使他们今后教育孩子更加得心应手。

话题1：谈谈你心目中好孩子是什么样的？

话题2：学习知识与培养兴趣爱好是相辅相成还是相互矛盾？

话题3：家长需要言传身教吗？

在交流过程中，有家长以自己的经历切实地展示了素质教育背景下的合格家长形象；也有家长承认，仍然不能完全摒弃传统观念的影响，但是获得了全新的看问题的角度。这一环节，主要为解决亲子沟通障碍提供了有力的帮助。

（3）教育故事：心灵交流的过程。

此环节话题，以教师叙事进行，旨在向家长展示教育工作者真实的心灵经历，以期在情感上达成共鸣。情感交流不仅存在于家长与子女、教师与学生之间，更应该存在于本应密切合作的学校与家长之间。根据家长的反馈，通过教师讲述育人故事，很多家长不仅情感上受到触动，更去除了与学校交流过程中存在的诸多疑虑。这一环节，强化了家长与学校在教育合作中结成的统一阵线。

（4）专家点拨：社会教育的协助。

与家庭教育和学校教育不同的是，社会教育主要通过实践对个体进行教育。穿插在各环节中间的法律专家、教育专家的点拨，是对学校教育目标的佐证，也是对家庭教育的有力协助。站在学校与家长之外的第三方视角，教育专业人士为家长提供了充分的指导意见，从而实现了家庭与学校教育目标的接轨。

这样的“家校论坛”活动，得到家长的积极响应，家长和老师结合教育案例、热点话题，彼此敞开心扉，各抒己见，用事实说话，畅谈交流自己的教育观点及实例。论坛活动中，家长、老师之间，思维的碰撞、会意的眼神、舒心的笑容……都充分体现了“家校社”之间既相互理解、相互支持又高度融合的石牌“无墙”文化的内涵。

这样的“家校论坛”活动，引导了更多的家长自觉地融入到教育孩子的探索与实践中，促使学校教师、家长与社区之间更好地合作，促进学校、家庭、社区的共同进步。

创新二：以“交流载体”扩展“校际共同体”，实现了“人人分享，德育提升”。

一所学校要想快速发展，就不可闭门造车、故步自封，而是要敞开大门，与校外、区外、市外、省外乃至国外展开深入的交流。学校间的各类交流，是“无墙德育”在空间上的延伸。这种超越语言和文化障碍的交流，为我们在教育观念、学校管理、家校合作等方面打开了一扇窗户，促进了学校发展。几年来，石牌小学接待了来自美国、英国、挪威、中国香港地区等国内外教育界同行620多人的到访，为学校办学打开了一扇“往外望远”的窗户。

镜头回放一：2008年6月17日，学校迎来了美国校长考察团的第一次来访。石牌的家长妈妈们放下家务活，操起绣花针，挑灯夜战，一针一线地绣出一幅幅热情洋溢的福娃作品，送给远道而来的朋友。美国客人们手捧着家长亲手完成的福娃刺绣作品，高兴极了，他们相互传阅着、欣赏着……当校长介绍家长爸爸们为了支持家长妈妈们赶绣福娃，不仅主动承担了所有家务，还为活动出谋划策时，所有在场的美国校长和陪同人员感动不已，热烈的掌声响彻全场，激动的泪水流满脸颊，他们用最朴实的情感向家长和学生们表示衷心的感谢。

镜头回放二：每次的中美教育交流活动，学校都会安排一些特色队伍参与活动。校园中响起了欢庆的锣鼓声，鼓点声中醒狮起舞，彩龙飞扬，中国功夫气势冲天。看完家长、学生们精彩的表演，美国校长们童心复萌，跃跃欲试。在龙狮、武术队队员的引领下，客人们很快就投入到特色队伍中。他们舞起龙狮，玩起刀棍，敲起锣鼓，如痴如醉。没有语言的隔阂，没有尊卑的界限，没有老幼的区别，在一片欢声笑语中，活动一次次推向了高潮。

镜头回放三：美国校长走进学生家庭，开展更深层的交流。

镜头回放四：广东省中小学校长培训基地常务副主任、华南师范大学基础教育学院常务副院长王红教授有感而发："如果石牌社区的孩子可以成功，所有的孩子都应该有信心可以成功。"

镜头回放五：有感于此，一位美国校长紧接着说，她也是从这样的社区中成长起来的。因为感动，她与老师、家长、孩子们一次次紧紧地拥抱在一起……

镜头回放六：在活动交流中，美国校长们纷纷表达自己的感受。在中美教育交流友谊常青树上，挂着这样的感言："感恩的学校"、"令人惊奇的的学校"、"谦逊的学校"、"出人意料的学校"、"像家一样的学校"、"来石牌小学参观是中国之行最美好的礼物"……

镜头回放七：尤为感人的是，其中一位校长把一颗来自美国白宫的蓝色星星贴在友谊树上，她表示要用蓝色星星的珍贵来表达她对石牌小学之行的感受。

镜头回放八：在美国校长们即将离开学校之际，我校校长开玩笑问："谁愿意留下来?"没想到美国校长们都高高地举起手，表示他们都非常愿意留在石牌小学工作。

镜头回放九：美国田纳西州纳什维尔市教育局局长杰生教授参加活动后感慨地说，石牌小学推动家庭、社区积极参与学校教育教学工作，并与之高度融合，令人感动，他非常羡慕，甚至有点嫉妒！他认为："石牌小学是一所很有民俗味的社区学校，石牌小学之行是一次富有文化味的教育考察活动。"

镜头回放十：美国范德堡大学皮博迪教育学院校长培训中心主任汤姆主动成为石牌小学的一员。

经过多次的中外教育文化交流活动，家长积极地参与其中，进一步了解了学校的办学追求和实绩，从而更加理解和支持学校的教育教学工作，深刻感受到了"心扉开，甘泉来"的教育魅力。

第三章 日常创新：德育“无墙”的推进

鸟语花香，校优人欢。

你看，我们的石牌小学，一朵朵“无墙花”正在绽放；你听，我们的石牌小学，一只只“无墙鸟”正在歌唱。是你，是我，是他，我们已然暖成一个家，同聆听，共呼吸，一起描绘一幅幅“无墙画”……

你唱，我们的石牌小学，一天天“无墙校”正在发展；你笑，我们的石牌小学，一个个“无墙人”正在成长。是你，是我，是他，我们已然汇成一泓泉，同开路，共奔流，一起创造一条条“无墙河”……

第一节 石牌小学：德育，教师“无墙”

一、“无墙教师”学力提升

（一）提升“师力”，养德聚能，扎根“修”

教师是石牌小学实现“无墙教育”愿景的关键力量。围绕“让每位教师成为自我更新者”的教师发展目标，学校期望通过“无墙教师”行动，打造“让每一位教师都主动发展，让所有的教师都合作共赢”的“无墙型”教师团队。培养“无墙”之师是一项特色化、个性化的活动，而校本研修是育师之要途。因此，让石牌小学教师通过研修“养德聚能”，从而在主动发展与合作共赢中成为自我更新者，尤为重要。

1. 校本研修：框架与课程

石牌小学的校本研修主要从两个方面关注教师的发展：师德与师能。其框架图如下：

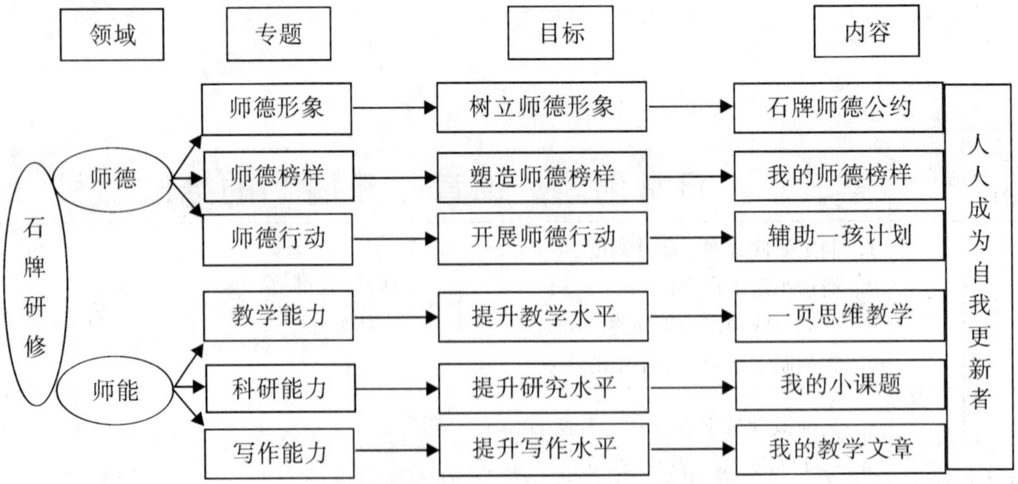

石牌小学校本研修“养德聚能”框架图

石牌小学校本研修的学年研修课程，包括研修领域、研修主题、研修目标、研修内容和学年工作，如下表所示：

研修领域	研修专题	研修目标	研修内容	学年工作		
				2011 学年	2012 学年	2013 学年
师德	师德形象	树立师德形象	石牌师德公约	商定并实践“石牌师德形象公约”	师德形象评比活动	师德形象评比活动
	师德榜样	塑造师德榜样	我的师德榜样	选定并交流“我的师德榜样”	交流研讨“我的师德榜样”	交流研讨“我的师德榜样”
	师德行动	开展师德行动	辅助一孩计划	研拟并交流“辅助一孩计划”	交流研讨“辅助一孩计划”	交流研讨“辅助一孩计划”
师能	教学能力	提升教学水平	一页思维教学	探索性研修：一页思维教学之通览、导学、反馈及教学与反思（知识点单项教学之优化）	推进性研修：一页思维教学之通览、导学、反馈及教学与反思（一至六年级知识点之序列化、系统化）	提升性研修：一页思维教学之通览、导学、反馈及教学与反思（修改、完善形成学科资源科）
	科研能力	提升研究水平	我的小课题	研究与实践“我的小课题”	研究实践：人人开展小课题研究与实践	研究实践：人人开展小课题研究与实践
	写作能力	提升写作水平	我的教学文章	撰写与评选“我的教学文章”	撰写与评选“我的教学文章”	撰写与评选“我的教学文章”

根据这一课程架构，学校分期安排校本研修的工作，如下表所示：

2011 年 2 ~ 7 月份石牌小学校本研修周工作安排表（本学期侧重教学）					
研修阶段	周次	研修内容	研修人	主持人	预期成效
预设阶段	2	1. 制定研修方案、研修制度。 2. 研修小组工作会议。 3. 订立石牌师德形象公约。 4. 教师制定辅导一个学生的计划。	研修小组 全体教师	蔡雅杰	1. 石牌教师公约。 2. 每个教师制定辅助一个学生的计划。 3. 完善教学设计、教学通览、导学卡、反馈卡。 4. 师德榜样经验交流。
	3	1. 教师拟设教学设计：一节课或一个知识点的教学设计、教学通览、导学卡、反馈卡。 2. 语文研修组教研：研讨教学设计并补充完善。 3. 专家来校指导。	语文科组	肖彩芳	
	5	1. 数学、英语研修组教研：研讨教学设计并补充完善。 2. “我的师德榜样”活动。	全体教师	蔡雅杰	
实施阶段	8	1. 语文科组案例实施：一、二年级。 2. 语文研修组教研：研讨案例。 3. 执教者修改完善。	执教：贺梅、胡绍宏 语文科组	肖彩芳	1. 课例研讨、修改与完善。
	9	1. 数学科组案例实施：五、六年级。 2. 数学研修组教研：研讨案例。 3. 执教者修改完善。	执教：巫祖亮、钟波 数学科组	黎华俐	
	10	1. 英语科组案例实施：五、六年级。 2. 英语研修组教研：研讨案例。 3. 执教者修改完善。	执教：徐少芳、罗志红 英语科组	徐少芳	
反思总结	12	1. 语文研修组总结会：自我反思与提升。	语文科组	肖彩芳	1. 每人写一份总结或论文。
	13	1. 数学、英语研修组总结会：自我反思与提升。 2. 教师在博客上发表自己本学期研修的体会。 3. 写总结或论文。	全体教师	蔡雅杰	

2. 校本研修：策略与保障

（1）实施校本研修，在策略上着力。

第一，以制度完善为策略，创设校本研修的良好环境。建立并不断完善校本研修制度：读书学习制度、教研跟踪制度、听课制度、教学反思制度、课题研究制度、互助合作制度、激励机制、石牌师德形象公约等。

第二，以课题研究为策略，寻找研修的突破口。对学校现有课题进行细化管理。由教导处牵头，做好各级课题专题研讨会工作。组织课题承担者开展多层次、多渠道、全方位的研究，边实践，边研究，边总结，认真分析课题研究进展中的得与失，努力寻求解决的办法，不断探索，并上升为理论研究。

第三，以语文科组试点为策略，打造学科研究的主阵地。以教研组为基本研究单位，本着“实验——指导——总结——推广”的原则。我们以语文学科为试点，开展“一个课例、两次反思、三个阶段”的集体备课的实践。一般的形式是：以备课组为单位，小组合作，确定一个课例。这个课例或是一篇课文，或是一个单元，针对这个课例，小组成员先个人分别写出简单的教案，对教法与学法进行初步构思，力求自己的教学设计体现出课改理念；之后交流各自的设计思路，形成一个核心教案；最后，组员轮流上课，并对每堂课的实施效果进行分析，再设计、改进方案，从而在行动反思中实现连环跟进。

第四，以评比跟进为策略，确保研修的有效性。评选校本教研先进个人、读书活动先进个人，调动教师参与研修的积极性，使其成为教师工作的一部分，成为教师生活的一种习惯。

（2）实施校本研修，在评价上着力。

一是以“我的师德榜样评价表”抓榜样，评师德。

落实师德工作，提高师资队伍素质，在广大教师中继续开展“我的师德榜样”活动。即对工作有一份“责任心”，对学生有一份“爱心”，对家长有一份“耐心”，对同伴有一份“宽容心”，对家人有一份“关怀之心”。同时深入开展“展师德风采，创优秀群体，树教育新风，创和谐校园”的主题教育活动，强化教师的主人翁意识，让“我与石牌共发展”的观念深入教师的心中，成为教师工作、学习、生活的原动力。开展四个“争当”活动：争当让家长满意的学校，争当让师生满意的校长，争当让学生满意的教师，争当让同伴满意的年级组。

二是以“我读·我思·我成长评价表”抓读书，评学习。

以“让读书成为生命中的血液”教师读书活动为载体推进教师专业化发展，通过推荐书目、赠送书籍、读书交流等，倡导教师多读书、广读书，做读书笔记，充实更新备课资源，每学期向每位教师赠送一本教育教学专著，要求完成阅读并写出“我读，我思，我成长，我行”的读书感悟；为每个年级组订阅一本教育教学杂志并要求撰写两篇以上学习心得体会；摘抄或以其他方式搜集、整理2 000字的理论资料，做到学习工作化，工作学习化。希望读书带给大家的不仅仅是快乐，更重要的是世界观和人生观的改变。

三是以“我们的科组我们创评价表”抓教研，评科组。

不断深化“以校为本”的校本研修方式，逐步使全体教师达成共识：学校即研究中心，教室即研究室，教师即研究者。工作中的问题就是研究的问题。同时发挥教研组长的职能作用，做到周周大教研，日日小教研。精选教研内容，突出研训重点，同时做到教研方式多样化，如新教师的“学中研”，骨干教师的“做中研”，以及“赛中研”、“思中研”等，竭力为教师创造互相交流、共同提高的舞台。

四是以“教学优案我来创评价表”抓上课，评案例。

结合区级小课题研究，深入进行“一页思维教与学”的研究。以一节课或一个知识点的案例研究为载体，开展“预设——实施——反思”等系列有效性的研讨活动，提高教与学的效率。

首先牢牢抓住备课不放松，每位老师必须按照“五备”要求备课，做到备课标、备教材、备教法、备学生、备学法。同时对教师提出培养学生乐学的策略，即寻找本课教材中的一个兴趣点，根据教材内容创设一个教学情景或运用一种媒体手段；根据学情选择一种启发性教学方法。课堂上倡导老师们做到“三为主，五激励”：教师为主导，学生为主体，训练为主线；激励学生认真观察，动脑思考，动手操作，动口表达，敢于质疑。落实“四个凡是”原则：凡是学生自己能说出的，教师不替；凡是学生自己能做出的，教师不帮；凡是学生自己能探究的，教师不包办；凡是学生自己能学会的，教师不重复。以求每位教师都能立足课堂教学，运用新的标准、新的要求改革课堂教学。

教师要学会用批判和审视的眼光看待自己的思想、观念和行为，并做出理性的判断和选择，教师必须学会反思。教师做到节节反思，日日反思，目的就是要求教师自觉地将自己实施新课程的点滴体会及时记载下来，字里行间记载着教师的成长历程。教师听评课后和教案反思中必须做到“三个一”：发现一个闪光点，提出一个不足点，提供一个黄金点。许多教师在学期期末的教育教学会上谈到自己通过这种方法在潜移默化中得到提升。

五是“亦师亦友共发展评价表”抓青蓝，评师徒。

开展“青蓝工程”活动，构建学习团队。让每位工作五年以下的青年教师拜师，结师徒对子，其他教师结成教研互助对子和课题研究团队，借助精英的力量来提升教师的专业化水平并推动学校的整体工作。

建立新的听课制度。校级领导进行“指导性听课”，主要是对教师的课堂教学改革作具体的指导；教导员、备课组长进行“研究性听课”，主要是对教学中的共性问题、热点问题、难点问题进行研讨；教师间进行“互助性听课”，主要是教师间通过听课，互相学习，取长补短。

（3）实施校本研修，在保障上着力。

一是组织保障，成立校本研修指导小组，确定校本研修指导小组的主要职责。

根据学校教育教学实际情况和目前的师资状况，确立教师队伍建设发展的目标，进行资源整合。教研、科研、培训三者的有机整合，纳入校本研修的范畴，统一规划，统一实施。

二是制度保障，制订校本研修规划，建立校本研修管理制度。

第一，完善集体研修制度，合理安排研修时间，保证每周一次的教研组集体研修活动。教研组、年级组、项目组在每个阶段有一次面向全校的公开研修活动。研修的核心理念是：问题引导学习，差异推动进取，水平支持对话（与理论对话、与实践对话、与同伴对话、与经验对话）。

第二，学校实行每月年级组例会制，及时交流经验，通报情况，分析现状，研究对策，解决问题。

第三，建立校内视导制度，开展对年级组、教研组工作的视导。

第四，建立同伴互助制度，鼓励教师发扬团队精神，通过集体备课、协作攻关等形式，随时交流沟通教学问题，及时调整自己的理念、方法，乃至一切教学行为，实现信息交流、经验交流，营造学校的研修文化氛围，不断提高教学水平，共同成长。

第五，建立教师个体研修制度。每学期完成“录十课”活动，即用摄像机录下领导的“引玉”课、骨干教师的引领课、外出学习教师的汇报课、新来教师的摸底课、常规管理的抽签课、新课改的研究课、自讲自录的随堂课、青年教师的锤炼课、上级布置的推荐课、形成风格的优质课等。凡是在岗教师，人人参与，讲自己的拿手课。

第六，保证每周有一小时的教师自主研读时间，加强反思的力度。每位教师写好教案后反思，从中提炼有价值的课题。各类总结要求用研究的眼光来反思，并以反思作为文章的主题，切实推进自己的教学水平及理论素养的提升。

第七，继续聘请专家定期到校指导教研组的研修活动，派出骨干教师外出学习。

第八，加大开放力度，邀请教研员、教师同行、家长到校听课，提出改进工作制度的建议。

第九，建立教研组和教师个人研修档案，注重过程落实和资料收集管理。健全研修制度，创设研修条件，采取激励性措施，把校本研修与晋职、评先、选优等工作相结合。

第十，完善学校的骨干教师和学科带头人的选拔制度及名师的培养制度，组织青年教师教学沙龙，注重过程的管理和评价制度的建设，逐步形成建立教师离岗学习和待岗培训制度。

第十一，完善教师发展性评价制度的研究和建设，将校本研修考核奖惩制度与教师业务考核、职称评聘、评优等挂钩。

三是程序保障，落实指导小组成员负责制，实施研训活动组长负责制、学校领导蹲点制。

各教研组、年级组、项目组的活动由组长负责，学校领导各蹲点一个组，深入课堂，研究教学，研究学生，全面负责指导并参与组的活动。

四是借力保障，在专业、经费等方面确保研修活动有保障。

为了提高校本研训的成效，争取教育专家、天河区教研室和三骏企业集团公司的大力支持，学校在经费上予以大力支持，做到四个保证：保证项目研究经费，保证课题研究经费，保证外出学习经费，保证校内奖励经费。

五是延效保障，通过多种路径和平台，扩大研修成效。

加强兄弟学校的交流、开放、互通有无，实现师资、设备、信息等资源的共享，形成合作研修的共同体，促进教师的共同成长、共同提高。另外，通过网络在更大范围内、更多内容上的相互学习和交流，以广州市继续教育平台和天河部落网络教研为载体，使教师得到充实和提高，搭建教师校本研修的网络平台。

（二）提升“师力”，个人集体，扎根“研”

1. 全员发展：让每位教师成为自我更新者

随着“思维导图”课题研究的推进，教师迅速成长，涌现出了一批在全市、全区有影响力的骨干教师。语文科组长杨彬老师被评为广东省“十佳阅读指导教师”，数学科组长黎华俐老师被评为广州市“骨干教师”，蔡雅杰、朱晓璐老师被评为广州市“教研积极分子”，廖国珠老师被聘为天河区“思品特邀教研员”。天河区中心组成员有：语文科组蔡雅杰、邱子鹰老师，数学科组黎华俐、朱晓璐老师，英语科组张珊、徐少芳老师，美术科组翁秀娟老师。教师中共有 162 人获得全国、省、市、区教学比赛一、二等奖。

（1）目标定位，发挥特长。

沿着“以人为本，培养个性，发挥特长，拓展潜能”的思路，学校制定了“双项目标”，即明确的“科组建设目标”和根据教师个人特点制定的“教师专业成长目标”，具体分为“分析了解——听课考察——制定个人计划——确定成长计划”四个环节，展开系列教研活动，让教师在科组建设目标的指引下成长，让教师的个性特长在教研活动中得到发展，努力实现科组的“双项目标”。

（2）骨干引领，交流互助。

学校注重发挥骨干教师的引领作用，骨干教师讲理念、谈经验并示范教学，让教师在相互学习、相互交流中，更新教育教学理念，领会不同的教学风格，吸纳不同的教材处理方法，追踪了解最新的教育科研状况和教育的前沿思想，拓展教学教研新路径。科组教师业务学习内容一向注重细节化、实践性、操作性，每学期围绕新课程要求和学生能力的提高展开，充分发挥骨干教师的引领作用，并通过讲座、讨论、看录像等灵活多样的形式，使老师有所启发，有所感悟。

（3）导师帮扶，新手成功。

对刚参加工作的新教师，采取“结对子——师带徒”的做法，实行跟踪听课，重点培养，使他们尽快实现由教学“新手”到“内行”的转变，使他们更好地成为学校一线课堂的生力军。对经过循环教学的教师，开展“教研结对子”活动，让他们“挑重担”，在工作中学习，在学习中工作，在岗位上磨练成才。科组有固定的教研时间与教研活动，如每学期安排一些老师上公开课、探究课，科组全体教师听课、评课，从而引领教师熟悉新课标、新课程、新课改的精神与要求，并重视学情研究，让教师及时转变观念，有效地教学，更快地胜任自己的岗位工作，不断地提高教育教学质量。

（4）巧搭平台，专业成长提速。

借交流，促提升。每学期，学校都安排多位教师到外地、外校听课、学习，参加省内外各种教育教学研讨会，凡是区内安排的教学与研究活动，学校都组织教师参加。学校还先后请市、区小学数学教研员和名教师开展讲座，用先进的教学理念武装教师的思想，积极承办区教研活动，请区优秀青年教师到校上课，组织有关研讨活动，促进了中青年骨干教师的快速成长。

（5）借活动，炼队伍。

学校多次迎接过市、区教育局的督导检查，承办过市级教学研讨活动与区教研活动，接待过美国校长考察团、香港及兄弟学校和教师代表的参观学习。我们把这些活动看作是检验与锻炼教师的重要契机，认真把握每一次展示自我的机会。遇到公开课，科组就出现这样一幅景象：年轻教师积极承担，全组教师出谋划策，骨干教师指点迷津，上课教师埋头钻研……通过多次活动，学校锤炼出一支优秀的教师队伍。

（6）借竞赛，增阅历。

全国 NOC 教学实践观摩活动、广东省市小学思想品德优质课竞赛和全国新技术新媒体研讨会现场都有石牌小学年轻教师的身影。为了能在广州市、天河区的公开课比赛中取得好成绩，为徒的年轻教师苦练基本功，为师的骨干教师细研教学设计，一次次的教学竞赛磨掉了年轻教师的青涩，换来了他们的成熟，并取得了优异的成绩。

（7）依托信息化平台，变革教师学习方式。

借助天河部落这个网络平台，我们把教育叙事研究与书写教育网志（或 BLOG）结合在一起。网络改变了教师的学习方式，从行动反思开始，他们纷纷借助教育叙事网站与校外教育同行者一起探讨、交流。教师利用 BLOG 进行教育叙事研究，使教师自身学习方式发生了深刻的变革，同时也提升了自身工作生活的质量，踏上了自我更新和学习的专业发展之路。

2. 科组建设：让每次集备成为智慧分享时

以科研促教研是石牌小学抓好科组建设的关键。学校从观念导航、同伴互助、实践反思、专业引领、资源共享等方面采取有效措施，以研究“思维导图”课题为契机，将教师个人的发展和科组的建设与完善有机结合，抓实集备和活动，有效地促进了学科组的建设。

（1）抓实集备，促成一股凝聚力。

学校着力抓好集体备课活动，让科组教师在参与中合作，在合作中交流，在交流中沟通，在沟通中凝聚，以促进科组凝聚力的形成。经研究实践，我们总结出分阶段的集体备课模式，其流程如下图所示：

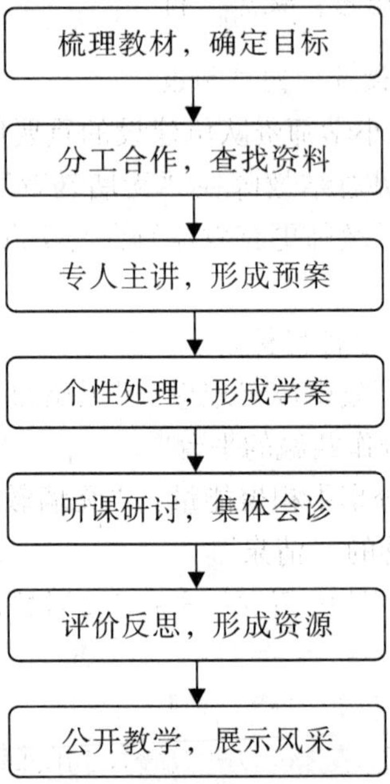

石牌小学集体备课模式流程图

（2）抓实活动，刮起一股教研风。

“四个一”汇报课评比活动。自新课程标准实施以来，我们要求每位教师每学期按新课程理念上好一节汇报课，具体分为“说课——上课——评课——课后反思”四个环节，并要求学校行政和科组教师全员参与活动。汇报课评比结束后，每位教师要整理并上交以下材料：一篇较好的教学设计，一个完整的教学课件，一篇课堂教学案例与反思。同时，我们将“四个一”汇报课活动与集体备课活动相结合，使这项活动更具有教研价值和实用价值。

“青基赛”教学技能活动。每学年，我们在校内开展青年教师教学技能展示课、观摩课等公开课活动，教学设计、课堂教学、教学课件、教学反思都是比赛内容，为青年教师搭建成长平台，锤炼内功。

小课题专研活动。语文科组开展小课题“利用思维导图解读单元整体教学”的研究，并请教研室蔡小白老师多次到校指导。胡绍宏和肖彩芳老师执教区级公开课，获得好评。数学科组开展“‘四则混合运算’练习课的教学实践研究”，邀请区教研室陈艳梅老师来校指导科组集体备课活动，老师们获益匪浅。英语科组开展前置性学习的研究，不断打磨研讨课，互相探讨和创新教学方法，相互学习不同的教学理念和教学风格。小课题专研活动的开展，有效地促进了科组内教师课堂教学水平的提高，发扬了团结、合作精神，形成了科组团队合作与互助的良好教研风气。

二、“无墙教师”魅力迸发

（一）激扬“师魅”，促进思考，聚焦“行”

1．无墙教育大讲堂：精心设计，同享师道

“无墙教育大讲堂”是石牌小学师资队伍建设的重要组成部分，旨在让教师对研究与实践“无墙教育”进行论说，以总结教师在“无墙教育”实施中的实践经验，激扬教师教书育人之“无墙”精神，促进教师更有效地研究与实践“无墙教育”，共同享受专业发展之魅力。

（1）“无墙教育大讲堂”的设计目标。

搭建“一个平台”——在开放中放飞理想：“无墙教育大讲堂”成为教师切磋教育教学技能、分享个人智慧、促进合作共赢的平台。

汇聚“一股清泉”——在分享中积聚能量：“无墙教育大讲堂”成为教师树立信心、充实内涵、持续发展、自我完善的“清泉”。

形成“一次顿悟”——在变革中萌发创意：“无墙教育大讲堂”成为教师破解工作难题，进入豁然境界的“顿悟”之所。

（2）“无墙教育大讲堂”的设计创意。

组织形式：以“大讲堂”作为活动的组织形式，在直接的参与、对话、互动中，让教师获得“共话无墙教育，分享师道魅力”的体验。

目标定位：在“无墙教育大讲堂”里，每一次的论说都是教师追求与实践“无墙教育”的智慧歌谣。

操作实施：每次的论说聚焦一个主题，论说前的准备、论说中的分享、论说后的反思，锤炼着教师对主题的系统研究与实践能力。

(3)“无墙教育大讲堂”的实施步骤。

选主题：梳理“无墙教育大讲堂”的主题，分选为学年每期主题，形成序列。

写实践：围绕主题，主讲人根据自己的实践，写出文稿，或做成演示稿。

讲无墙：主讲人力求精彩论说，并引发全体教师积极共话“无墙”的精彩。

思提升：及时总结每期论说的成效，形成“论说”共识。

(4)“无墙教育大讲堂”的操作要点。

一是“无墙教育大讲堂”策划组的成立。组长为周洁，副组长为张红、蔡雅杰，组员为唐亮平、冯婷、林捷捷、肖彩芳、廖国珠等。

二是“无墙教育大讲堂”主讲人或主持人的确立。内部挖掘：凡在教育教学工作中，某一方面有突出表现的教师、有独特感悟的教师、有工作困惑的教师，学校将根据教师特点或需求，采取自荐或推荐的方式，确立“无墙教育大讲堂”的主讲人或主持人。他们可以当主讲人，介绍自己的教育教学中的成功案例，分享个人智慧；他们也可以以主持人的身份抛砖引玉，引导更多的教师，用事实说话，分享教育教学的精彩、解决教育教学的困惑。外请专家：根据学校工作的安排及教师工作的需求，确定专题请专家主讲，进一步提升学校教师的理论素养，引发教师对自身工作的深度思考。

三是“无墙教育大讲堂”组织实施的三种方式。以科组或级组为单位承办，发挥年级管理合作体、学科管理合作体的资源优势，进行组织实施；由有共同的研修专题、共同的学习工作目标的教师，自发组织的学习共同体、研究共同体来承办；学校根据不同阶段的工作要求组织实施。

四是“无墙教育大讲堂”时间安排。原则上每月举行一次，特殊情况隔月举行一次。

五是“无墙教育大讲堂”资料收集。活动结束后，由承办的团队、主讲人或主持人收集讲稿、课件等资料并归档。

(5)“无墙教育大讲堂”的效果评估。

评估一，可行性：“无墙教育大讲堂”具有独创性，它营造了一种身临其境的学习交流情境，其主题是教师专业发展的“营养素”。

评估二，互动性：在“无墙教育大讲堂”的开展过程中，教师积极参与活动，主动发展意识增强，合作共赢趋势明显。

评估三，成效性：“无墙教育大讲堂”所确定的主题，是“无墙教育”的集合，能从理论上和实践上丰富“无墙教育”。

以下是肖彩芳老师的演讲稿，在“无墙教育大讲堂”里激起层层涟漪。

无墙教育　无限精彩

肖彩芳

大家好！今天我演讲的题目是“无墙教育　无限精彩”。

说到“无墙”，我不禁想起了著名诗人艾青写的一首诗《墙》：“又怎能阻挡/千百万人的/比风更自由的思想？/比土地更深厚的意志？/比时间更漫长的愿望？”我们石牌小学的办学特色，就是要拆除这堵围困教师和学生们身心的“围墙”，打造一个全面开放的教育体系，形成学校、家庭、社区三者之间强大的教育合力，让学生得到最好的发展。

“无墙”，是我校将始终贯穿的一种文化和价值追求，它很好地切合了科学发展观提出的要求，深入体现了以人为本，全面、协调、可持续性的发展方向。正是在这一彰显了地方特色和文化内涵的教育理念的引领下，我们学校才会在几年之间有了翻天覆地的变化，先后被评为“广州市家长示范学校”、“广东省首批书香校园”、“广州市德育先进单位”等。教学和德育各有一项课题被立为广州市和广东省“十一五”规划的重点课题，老师和学生们在各级竞赛上都取得了许多优异的成绩。这些都体现了一种新的突破，振奋人心。

我们的家长义工们在每次活动中都是忙前忙后，出谋划策。我一直忘不了美国校长团来我校交流的情景。当家长们将熬夜绣制的福娃送给美国朋友的时候，美国朋友眼中闪烁着泪花。我们身后强大的后盾——三骏集团和石牌社区，他们对我们的关心和支持不遗余力，忘不了他们一次次朴实地询问：“你们还需要什么？我们能为你们做些什么？”这些话语暖透了我们的心。

孩子们的成绩一直在稳步上升，同时注重全面发展，看看我校精彩纷呈的特色活动：“经典诵读”活动带动了家庭和社区的参与，已经成为了我校一道独特的风景，经典文化的芬芳在潜移默化中改变了许多人；龙狮队在全市、全省乃至全国的各项比赛中屡获佳绩，连续五年获全省比赛一等奖；武术队连续两年获全省比赛一等奖；作为奥运冠军的母校、击剑的训练基地，我们的小剑客们出手不凡，首战告捷；还有传统强项乒乓球，捷报频传；而科技方面更是取得了零的突破，在航模比赛、无线电比赛中，孩子们的表现让人刮目相看；从 2007 年开始，连续三届全社区都参与的艺术节晚会上，我校的节目一次比一次赏心悦目……所有这些，举不胜举，如同百花盛开。

因为“无墙”，孩子们才能这样自由自在地全面地发展；因为“无墙”，老师们才可以始终保持着教育的理想和激情；因为“无墙”，家长们才会在这里找到了另一方体现价值的舞台；因为“无墙”，石牌小学从一个曾经的村办小学已经成功跻身于天河特色品牌学校的行列；因为“无墙”，精彩在这里傲然绽放，教育之花在这里热烈地盛开……

感谢科学发展观的指引，让我校的教育从“有墙”到“无墙”，真正做到了以人为本；感谢学校的领导和老师，选择了一条最切合我校实际的科学的发展道路；感谢那么多为教育辛勤付出的人们，他们是支撑起石牌教育的真正的脊梁；感谢石牌这片热土，感谢石牌人“得风气之先”和“开风气之先”的这种敢为天下先的精神，让处在这片热土腹地的石牌小学，在走过了 90 年的风雨后，今天依然焕发着勃勃生机，如一轮喷薄的朝阳，所谓“红日初升，其道大光”。

是的，我们不能阻挡，千百万人的比风更自由的思想、比土地更深厚的意志、比时间更漫长的愿望。让我们用正确的理论指引着方向，让生命无限精彩、自由自在地翱翔。

谢谢大家！

2. 无墙教育酿名师：你说我谈，共话“无墙”

“无墙教育”的世界，是“成长自由自在，未来海阔天空”的世界。在这样的世界里，我们的孩子自由自在地成长，展望着海阔天空的未来。在这样的世界里，我们的老师，因自由而思想自立，因自在而行动创新。

这里，呈现的是肖彩芳老师“自酿名师”的教学足迹、教学主张、教学收获。

生如夏花

广州市天河区石牌小学　肖彩芳

“广州市小学语文十佳（优秀）青年教师评选”事迹材料

流年似水，见证着我任教四千多个日子以来的迷惘、思索、努力与尝试，带走了那些青涩与动摇，沉淀下我对这一职业的坚定与执着。在不断地摸索与完善、不断地尝试与创新、不断地否定与超越中，我才有了今天的淡定与从容。感谢教师这一身份，让我在付出与收获中，感悟了太多太多……

一、我的教学足迹

十年来，我用过的几个网名，恰好见证了我这一路的教学历程！

（1）蜉蝣（迷惘期）：刚参加工作时，我任教于长沙市某中学小学部，任教过语文、数学、社会等科目，性格相对内向，加上子弟学校并不是任人唯能，年轻的我，不通世故，受尽排挤。没有人会指点我该怎么上课，也没有人会在意我的课上得是好还是坏！我当时的网名叫“蜉蝣”（生命只有一天的一种短暂生物），心态也全是无可奈何的悲观！

（2）自己的沙场（思辨期）：“如果阳光被挡住了，就射不进你的屋子，你就出去寻找阳光吧！”工作的第四个年头，我利用假期和其他空余时间，去民办学校任教，参与培训与创新尝试，接触新的理念与做法，还在少年宫任教过语言艺术与作文，边学边教，教学相长。这段期间我的思维空前活跃，也得到了一定的提升。然而，理想与现实的纠结，却让我依旧苦闷与煎熬，内心厮杀成一片沙场！

（3）每一个明天（蜕变期）：2007 年 2 月，机缘巧合，我调至广州市天河区石牌小学，任教语文。这几年，学校给我提供了一个非常好的平台，给了我许多锻炼的机会，在这个温暖的大家庭里，我迅速成长。天河区原教研员蔡晓白、周卫华老师，现任教研员刘江明、陈燕老师，市教研员王亚芸老师，以及学校的领导和同事们给了我许多的指点和帮助，让我在语文教学的理念和实施效果上，都有了较大的提升，也取得了一系列的成绩！五年弹指一挥间，我终于完成了从迷惘到成熟的艰难蜕变！心中也有了对“每一个明天”的希冀。

二、我的教学主张

最近这一两年，有机会观摩了各流派的一些名师课例，参加了一些教学研讨，更经过许多教学实践后，我的脑海中慢慢浮现出四个字，并且这四个字越来越清晰，那就是——“情化语文”。

是的，“物化”的时代，我们需要“情化”的语文。

“情化”，目前我把它具象为几个关键词：

1．情感

语文教学区别于其他学科，最显著的特点就是其情感性，《新课程标准》特别强调：

“语文课程丰富的人文内涵对人们精神领域的影响是深广的，学生对语文材料的反应又往往是多元的。因此，应该重视语文的熏陶感染作用，注意教学内容的价值取向。”所谓“登山则情满于山，观海则意溢于海”，语文不是冰冷的文字，它处处充满着人文关怀，所以，教师不管是在解读文本，还是在组织课堂教学，以及关注学生等方面，都应该是渗透着对“真善美”的诠释，应该饱含着最真实的情感。

2. 情境

叶圣陶先生曾说：“作者胸有境，入境始与亲。”现代课堂教学研究的根本出发点之一，是要关注学生的文化生存环境，而通过创设情境，恰恰可以优化学生的文化生存环境，使其认知与情感结合，实现学生主动学习与发展。

有效的情境教学，对教师来说，可以充分彰显自己的教学个性，让教学的过程充满美感与整体感，以情优教；对学生来说，是对其个体生命体验的尊重，是引导孩子从图画的色彩线条、音乐的旋律节奏中通过联想和想象产生情感体验，使学生感受到教材描写的形象之美，并且通过教材有限的内容文字，去体会人生百味，去感受生命的价值与意义，让尚还幼稚的思考，也能插上翅膀，延伸出无限的宽度和厚度。

我上的区公开课《回望“名著之旅”》、《凡卡》、《伯牙绝弦》，竞赛课《这片土地是神圣的》，以及迎接美国校长团和北京校长团的展示课《再回首》，市研讨课《再见了，亲人》，市展示课《美丽心灵》等，都创设了整体情境，令人印象深刻。《新课程》杂志主编陶细根老师将我的课定位为“梦想语文”和“诗意语文”，要我朝这个方向努力，这对我来说是莫大的鼓舞。

3. 情趣

情趣是指志趣、志向或情调趣味。高雅的情趣是健康、科学、文明、向上的，它体现了一个人对美好生活的追求、乐观的生活态度和健康的心理。身教重于言教，一个有高雅情趣的老师，会积极地去调动学生的积极性，让学生在潜移默化中得到情感的熏陶。

我们不需要教出一个个学习的机器，而是要培养出懂得感悟生活、理解生活、积极乐观地生活的人。所以，作为教师，我们首先要做一个有高雅情趣的人。有情趣，才会增加许多生活的智慧、教育的智慧，幽默轻松地寓教于乐，让学生快乐、主动地接受学习，培养出学生积极的心态、健康的思想、健全的人格！

4. 情怀

情怀指的是“含有某种感情的心境”，作为一名语文教师，首先需要有一种“家国”情怀！“为天地立心，为生民立命，为往圣继绝学，为万世开太平！”这是教育的最高境界。没有情怀的老师，如何能培养出爱国、有责任、有担当的学生？让自己和学生都“做一个高尚而有用的具有民族精神的人”，每个老师如果都有这样的情怀，就能传承和凝铸起不灭不朽的民族之魂！

我们不能只局限在书本的文字上，应该尽量尝试用“大语文”的形式，用正义、善良与激情和学生一起感受着时代的脉搏，为民族的荣辱而悲喜，为社会的良知“鼓与呼”，要在文字的载体里，传人生之“道”啊！

其次，作为一名语文教师，应该有一种最深切的热爱祖国的语言文字的情怀。这样，才会怀着浓厚的兴趣和学生一起去咬文嚼字，斟词酌句，品析文字的内容之美、形式之美！

这两种情怀，对应语文的两种基本属性：人文性与工具性。有了这样的情怀，何愁语文学不好呢？

在物化的时代，我们就需要情化的语文！

三、我的教学收获

1. 积极参赛，收获成绩

五年来，我参加了从学校到区、市、省、全国的一系列比赛，也取得了一定的成绩。

2008 年："第二届全国中小学新媒体新技术教学应用研讨会暨基于交互式电子白板学科教学观摩活动"课堂教学课例一等奖；

2009 年：天河区第十届青年教师技能大赛中获语文学科"教坛新秀"荣誉，教学设计第一名；全国中小学思想道德建设优秀成果展评二等奖；天河区青年教师阅读课比赛第三名；天河区第三届教师艺术节演讲《"无墙"教育无限精彩》获三等奖；天河区石牌街"学习实践科学发展观演讲赛"一等奖；天河区小学语文能力竞赛中获"优秀指导老师"称号。

2010 年：广州市班主任技能大赛天河赛区一等奖，天河区"优秀班主任"，天河区多媒体课件制作三等奖，广东省录像课比赛《再回首》获优胜奖，天河区教师辩论赛"优秀辩手"，天河区小学语文能力竞赛"优秀指导老师"。

2011 年：南方分级阅读教师审读团特邀审读员，南方分级阅读百佳阅读指导老师；广州市第四届"诗润南国"教师诗歌创作比赛二等奖；第四届"诗润南国"教师诗歌创作比赛"优秀辅导老师"；广东省"以身立教、为人师表"主题师德征文活动三等奖；广州市试行《学科学业质量评价标准》阶段研究成果征集与评比活动优秀成果三等奖；天河区"组团式发展中小学教研组长高级研修班"优秀学员；天河区小学语文能力竞赛"优秀指导老师"。

2012 年：广州市第四届教师素养大赛特等奖，广东省第四届教师素养大赛一等奖。

每一次参赛的过程赋予我的意义远远大于结果本身。只要勇于尝试，"一切皆有可能"。有平台让自己的潜力得以施展，这无疑是幸福的！

2. 课例交流，收获自信

(1) 中美交流。作为华南师范大学 ELLE 国际项目组实践基地，五年来，我校接待了来自美国的中小学校长考察团五次，其间，我几次承担展示课的任务。以"情化语文"为理念，以"思维导图"为载体，我的课堂引起了美国校长们的强烈共鸣。尤其是六年级下学期的单元整体教学《再回首》一课，更是让其感动不已！其中有一个环节是"点亮心灯"：让学生选择表现人物品质的关键词，写一段话送给文中主人公，再点亮一盏灯，最终送给自己——师生的表现让华南师范大学基础教育培训与研究院常务副院长王红博士感动得落泪。美国校长们对我的课高度赞赏，并在课后对我进行了专题采访，在田纳西州官方网站播出。美国范德堡大学皮博迪教育学院中小学校长培训中心主任汤姆教授给予我极高的评价："你是一位不可多得具有极高语文素养的优秀教师。"

(2) 省际交流。2010 年，北京校长考察团、青海校长考察团相继来我校进行交流，我展示了五年级下学期的单元整体教学课例《父母情，寸草心》，得到了校长团成员的一致肯定，认为课堂扎实而有深度，对学生和听课者都是一种享受、一种熏陶，能切实提高学生的语文素养。

（3）区、市交流。四年来，我在区内、跨区、市内上的研讨课和展示课达十余节。如天河区公开课：《这片土地是神圣的》、《伯牙绝弦》、《凡卡》、《回望名著之旅》、《悄悄话对父母说》、《新型玻璃》等课例；在白云区上的展示课《再见了，亲人》；为海珠区班主任优秀培训班教师上的展示课《童年》；在广州市构建学习型课堂主题研讨活动中上的研讨课《再见了，亲人》、《钓鱼的启示》等。这些课例都得到了同行的一致肯定，他们认为课例体现出了独特的教学风格，以情优教，充分调动了学生的积极性，让学生在潜移默化中得到了情感的熏陶并掌握了知识点。

3. 勤于动笔，收获思考

（1）课题研究。近几年，我参与了学校申报的市、省级三项重点课题的研究：广东省“十一五”课题及广州市重点课题——“‘石牌精神’与校本德育整合的实践研究”、广州市教育科学“十一五”规划课题“促进高级思维技能发展的思维导图学科应用研究”、“信息技术环境下同伴互助促进教师专业发展”，承担课例，撰写论文。此外，我还重点负责天河区小课题“‘四步思维导图’教学设计与实施研究”，探究用思维导图架构单元整体教学，我利用这种教学模式承担了多次公开课，并有课例获奖。

（2）撰写文章。有了丰富的教学实践，我乐于将其形成文字，撰写教学论文与心得。近年来，在《广州教学研究》和《天河教育科研》上发表论文和教学叙事、教学设计多篇，并且在广州市试行《学科学业质量评价标准》阶段研究成果征集与评比活动和广东省“以身立教、为人师表”主题师德征文活动等评比中获奖。

4. 科组工作，收获团结

2010 年，我开始担任学校语文科组长，作为科组长，我认真组织每次教研活动，科组工作稳中有升。2011 年，我成功策划并组织了“广州市素质教育试点校石牌小学展示会”，并组稿和校订了语文科组专刊《陌上花开》，从而实现了石牌小学语文科组的多个“第一次”。在科组工作的开展中，我和其他老师齐心协力、互帮互助，在科组工作得到提升外，更收获了团结的精神、深厚的情谊！

5. 辅导学生，收获喜悦

每当有接班时写作水平并不突出的学生，在我的“发掘”并鼓励下，作文越写越好时，我总是充满喜悦，而看到学生获奖，真是比自己得奖还开心！

2008 年：天河区课外阅读读后感比赛一等奖（潘嘉仪）、二等奖（许兴邦）、三等奖（池家宜、郑妍星、范颖茵、毛宇翔），天河区小学生“课外阅读读书笔记和读后感比赛活动”一等奖（潘嘉仪）。

2009 年：天河区六年级小学语文能力竞赛二等奖（范颖茵、董嘉仪）、三等奖（潘嘉仪），广州市教育局组织“畅想 2010，描绘心中亚运”中小学生网络征文大赛优秀奖（池润嘉），广东省第四届“粤星杯”小学生作文大赛一等奖（范颖茵）、三等奖（毛宇翔、范颖茵）。

2010 年：郑芷怡的作文被评为《岭南少年报》优秀作品，董焕珊获“广州市第七届中小学生书信节”优秀信件奖。

2011 年：冼淇淇、池乐琪、游婉仪获《岭南少年报》小作家奖，第四届“诗润南国”诗歌创作比赛一等奖（刘慧佳）、二等奖（冼钰恩）；天河区六年级小学语文能力竞赛二等奖（冼钰恩）、三等奖（刘慧佳、郑芷怡）。

不经意间，青春渐远，“桃李”渐多，看着我的学生那张张稚嫩的脸，恍若看到了我遥远的昨天。我依旧平凡，但我从未让自己松懈，一直在努力，在三尺讲台，方寸之间，体会付出与得到的喜悦，体会教书育人的酸甜苦辣。

泰戈尔曾说：“生如夏花之绚烂。”我们总不禁感叹人生如白驹过隙，弹指瞬间，刹那芳华。然而，如果为了一份理想努力过、付出过，没有屈从，没有随流，让生命如夏花般绚烂地绽放过，那么，即便有过艰难曲折、苦恼寂寞，都是值得的！

在教学的路上，我将一直心怀感恩，努力地，以谦卑的姿态前行！

在人生的路上，我将一直心怀感恩，努力地，以坚韧的姿态前行！

（二）激扬“师魅”，发现经验，聚焦“效”

1．石牌师德大论坛：精致策划，倡立师风

教育发展以教师为本，教师素质以师德为先，师德师风决定着一个学校的学风和校风。如何开展师德师风建设，以提升“无墙教育”的践行质量？石牌小学以“石牌师德大论坛”为平台，落实师德师风的建设。

学校希望，通过师德师风建设活动，教师能在班级管理、日常生活、特别日子中挖掘种种教育资源，关注学生生活中的喜怒忧乐、学习中的酸甜苦辣，从他们丰富的生活经历中提炼出教育内容，并以班级管理团队的建设为切入点，合作探寻教育的规律，以达到良好的育人目标。

学校希望，借助师德师风建设活动，进一步更新全校的教育观念，让大家乐于敞开心扉，通过回顾自身的教育教学实践活动，解决教育的困惑，分享教育的精彩，以期达到这样的效果：给教师一种示范，促使其自我完善；给教师一个平台，使其乐于分享交流；给教师一个阶梯，使其能“登高望远”。

2009 年 4 月 27 日，石牌小学阶梯课室举办了石牌小学第二届“石牌师德大论坛”活动，参加人员有石牌小学全体教师、各年级级长和部分家长代表。论坛活动安排了四大内容：

第一环节，抛砖引玉。

有人说：当老师真烦，真累！统一的课程，统一的教材，统一的命题，统一的考试，统一的评分，年复一年，日复一日。没有热情与理想，只有停滞与倦怠。

也有人说：当老师多洒脱啊！一关上教室的门，一切自己说了算。

真实的情况是：在行政管理与业务指导下，每位教师都有独立从事教育的权利和责任，都有展示个性风采的空间。

用事实说话：广州市优秀班主任杨彬、罗文英老师经验介绍。

这一环节设计的目的：教师的职业优势源于持续不断的学习。如果我们只会躺在用已有的成就构筑的安乐窝里，全然无视天空中飘动着岁月更替的云彩，不管你的梦有多绚丽，也难以架起动人的彩虹！

【案例分享：优秀班主任杨彬】

班级管理无小事，教育工作无小节

班主任主管着一个班级学生的思想、行为、学习等，堪称班级之“灵魂”。管理班级不是一件容易的事，必须心思细腻。

记得我刚接手一个由二年级升入三年级的班，当时班上的孩子们还很小。打扫教室卫生时，我安排他们分两队站在前后门口两边，看老师洒水、扫地、摆桌椅。我把这些事做了一遍示范后，才让他们打好水进入教室，并让他们听老师安排，先擦自己的桌椅，再拖地板。教室很快就被打扫得干干净净了。这样的示范及有条理的安排，学生会记在心里，今后搞卫生会有条有理。劳动后不忘叫他们说说教室打扫前后的变化，让他们体会到劳动后的乐趣，并且明白今后要保持这样好的环境卫生要靠大家共同努力。同时，不忘大力表扬他们的劳动态度。在第一次集体劳动中他们与老师拉近了距离，为今后班级管理奠定了基础。

老师是学生身边最近的榜样。因此，掉一个粉笔头我都会捡起来，用完粉擦放回粉笔盒里，不在讲台上放其他杂物，给学生做好示范，同时，要求值日生为每节课上课的老师做好清洁黑板和讲台的工作。做事要有计划，比如大扫除前，我会事前想好人员分配，安排较高的学生打扫教室的高处，较矮的学生打扫教室四周的瓷片，其他同学按座位打扫靠门、窗的卫生和教室前后的卫生，最后打扫个人桌椅及地板，这样一来又快又好，人人都有活干。

严要寓于爱中，才能教育好学生。我班里有一个男孩各科成绩优秀，但是他的字写得非常潦草。作业做得虽然对，但常常因为字迹不工整被扣分，老师与家长多次教育仍不见成效。后来我“狠”下心来，一定要帮他改掉这个坏习惯。我知道该生脾气倔，又很爱面子，于是我利用校讯通及成长记录册指出他的不足，以免伤害他的自尊心。把班里作业字迹工整、漂亮的同学的作业本展出给大家看，有些孩子看到别人的字那么漂亮很羡慕，发出赞美的声音。然后我请大家谈论参观感受，我郑重宣布：“从今天开始老师要抓同学们写字。我们要定期举行字迹展览，表彰写字好的同学。如果谁的字写得特别不好，老师将放弃休息的时间，来帮助这样的同学练习写字。”孩子们都兴奋地赞成，该生也不例外。后来的情形是他放学不能回家，在教室里“学”写字，刚开始他很痛苦。看到其他同学都回家了，他向我表示以后一定会好好写，求我放他回家，我给予否定的回答。他的练习本上哪怕有一点潦草，我都不放过。因为我定的规矩雷打不动。他在教室里写，我便坐在座位上陪着他，通过这样的办法，该生的作业写得愈来愈工整。在教育中爱是艺术，有爱的教育才会深入心灵，班级才会形成坚强的合力。

第二环节，分享教育的精彩。

苏霍姆林斯基说：“没有一条教育规律、没有真理对一切儿童绝对同样适用。”一名优秀的教师，一定要有创新观念，时时求新、求异，以个性打动学生，以优秀的教育方法让学生永生难忘。

以年级为单位，围绕“合作发展　打造班级管理团队”这一主题分享教育的精彩。老师们结合自己的教育经验，收集典型案例，以案说理，以案扬德，彰显师爱育人之典型经验。

以下话题仅供参考也可另外选题：

（1）增强班级凝聚力的有效方法。

（2）班级管理中批评与表扬的艺术。

（3）如何与家长成为教育的合作伙伴？

（4）打开孩子的心智大门，沟通无阻。

（5）通过班级管理的教育共建。

（6）“教育仅有赏识、鼓励是不够的……”您如何理解这句话？

（7）在班级管理中，如何通过“人人有事做，事事有人做，人尽其才”这一途径，达到培养学生自主管理能力的目的？

这一环节设计的目的：老师的幸福源于无数次的教育实践。在分享教育的精彩的同时，共同体验，共同探索，共同快乐。

【案例分享：优秀班主任李梦柳】

让孤独的孩子感受到集体的温暖

从外校转来的同学董某从小眼睛就深度弱视，上课看黑板、幻灯片很困难，严重影响了他的学习情绪，上课经常不听课，作业也总是没完成。加上从小父母溺爱，养成凡事以自我为中心的性格，还不接受老师的教育，与同学发生冲突时喜欢用“拳头”来解决问题。有一次，他发脾气，甚至把拳头伸向老师。全班只有一个同学与他玩，其他同学都躲得远远的。可能他以前在别的学校也是这种情况吧。长期以来，他的性格变得孤僻，没有学习的兴趣，是非观念不强。面对这种情况，我想办法让他投入到集体之中，让他在集体活动中改变性格。我经常鼓励他，调动他的积极性，想方设法提高他的学习兴趣。我经常找他谈心，发现他的优点，鼓励他。有一次，他在英语课堂上回答问题非常有创意，我就借此机会表扬他，要同学们多发现他的优点，帮助他改正缺点。果然，愿意跟他玩的同学多了，他开始融入集体。碰到他犯错时，我经常帮助他分析自己的对错，帮助他树立正确的是非观念。我还经常鼓励他和同学们交朋友，帮他分析交友过程中遇到的困惑，助其解决。在以后的一段日子里，他非常听我的话，再没发过脾气，学习成绩突飞猛进！

【案例分享：优秀班主任傅立宏】

“信任”和“尊重”

一天上课前，突然一位同学哭着跑来告诉我：“我的50元钱不见了！刚刚还在的！”教室里议论纷纷，大家纷纷提议要立即“搜查”，而且不约而同地把眼光投向了班里的一位同学，这位同学的脸刷地红了。我安慰丢钱的学生说：“别急，钱肯定会回来的。”同时，我恳切地对同学们说：“同学们，我要郑重地告诉大家，金钱是有价的，但一个人的人格是无价的。我真心希望每位同学，不能因为一时糊涂，让有价的金钱吞没了无价的人格！”就在那天做课间操的时候，丢钱的那位同学突然惊喜地叫了起来：“钱找到了！”听到这个消息，我非常激动地说道：“尽管我还不知道哪位同学将钱送回来了，但我为你感到高兴！因为你送回的不只是50元钱，你送回的是人的尊严和人格！”从那以后，班里再也没有发生过类似的事情。这件事让我深深地体会到：学生犯错误，在所难免，关键在于如何科学地教育和引导。

教学至今，我领悟到：对待犯错误的学生，最好的教育方法是“信任”和“尊重”，要“晓之以理，动之以情”，让孩子心灵的那杆秤永远公平！

第三环节，解决教育的困惑。

一个故事的启迪：一位老者有两个儿子，大儿子卖雨伞，小儿子卖扇子。下雨的时候，老人担心小儿子的扇子卖不出去。出太阳的时候，老人担心大儿子的雨伞卖不出去。所以，老人总是愁眉苦脸的。有人开导他：“为何不换个角度去思考？下雨的时候你高兴，因为大儿子的雨伞卖得好；出太阳的时候你也高兴，因为小儿子的扇子卖得好。”同样的事情，换个角度思考，心境却完全不同。我们从事的教育教学工作不也一样吗？

现场以向嘉宾（有教师与家长）提问的方式，探讨交流教育的困惑，通过思维的碰撞，寻求解决的路径。

这一环节设计的目的：变昨天的遗憾为今天的反思与提高，在反思中提高，在提高中成长。

【教育困惑之解决】

困惑一：学生喜欢与老师唱反调该怎么办？

对策一（梁志涛老师）：处理学生问题时不能过于情绪化

处理学生的问题时不能过于情绪化，大发脾气不仅不利于问题的解决，有时还会事与愿违。

我班有个女孩子，五年级时被发现有偷东西的坏毛病，所以我对她特别严格。她在老师面前总是小心翼翼的，也许是因为过去的事在她心底烙下了太深的自卑感。

前两周有同学反映，这个女孩子身上有很多零用钱，喜欢在校外买东西吃。我一听，气就来了，心想：怎么老毛病又犯了？肯定偷了家里的钱。我怒气冲冲地把她找来，很严厉地让她交代在校外所做的事情。我软硬兼施，希望她有个正确的态度。她漫不经心的样子煽动了我的怒火，失去耐心的我大声地吼道：“你不想交代自己所做的坏事，以后我也不管你了，你自己看着办吧！”她狠狠地望了我一眼，那冷漠的眼神像两把利剑深深地插进了我的胸膛。事后，我不断地责问自己：是否冤枉了她？这样处理是否太草率鲁莽了？整个午休时间我都无法入睡。

第二天，她把家长写的一张小纸条拿给我。家长向我解释了孩子零用钱的来历。看到孩子委屈的脸，我忍不住说了声："对不起！老师错怪了你。"她的表情僵住了，只有晶莹的泪水顺着眼角缓缓流下。我惭愧地摸摸她的头，一时说不出来话来。从这以后，我对她特别留意，每当发现了她的闪光点就及时表扬。我们的误会从此冰释了，她对学习有了热情，成绩也提高了。

人是情感动物，喜怒哀乐乃人之常情。但老师太草率处理事情，会伤害孩子的心灵，教育的效果也就适得其反了。所以，在处理学生的问题时，老师不能太过情绪化。

对策二（洪萍老师）：对调皮的孩子采取激励的方法

3 班的祝思睿同学很好动，每次上课都会不停地动来动去，影响其他同学上课。我试了很多方法都于事无补。想到孩子自身能力都不错，就是好动了些，于是我当着全班同学的面，问他敢不敢接受老师的一个挑战——"当组长"！要当组长肯定要先从自己做起，做好了自己才可以管理整组。他想了想，点点头很自信地说："敢。"从那天起，他真的有进步了，不再让我那么头疼了。对调皮的孩子采取激励的方法，还是有收获的！

困惑二：如何才能使班级管理中的表扬与批评更为艺术？

对策一（蔡梦奇老师）：班级管理中表扬的艺术

班级管理中表扬的艺术：①表扬要及时；②次数要适当；③表扬要面向集体；④表扬要实事求是，措词恰当；⑤表扬中提出高要求。

对策二（莫文桂老师）：对孩子的信任与理解

我国当代教育家陶行知先生曾说过，"相信儿童，解放儿童"，对待孩子要多鼓励，少打击；多表扬，少批评；多关心，少冷淡。在孩子身置迷途的时候，老师能送去及时的鼓励；在孩子寻路而不可得的时候，老师能及时给予指点；在学生失群，深感孤独的时候，老师能及时地给予关怀，送去温暖；在孩子犯了错误，开始感到内疚的时候，老师能给予语重心长的劝告。在教育中，老师抓住这些时机，才能让孩子在表扬与鼓励、信任与理解中，产生积极、愉快的情感，体会到来自老师的关心、尊重、信任和期待。

困惑三：为什么有些老师教的孩子总是很听话？
为什么有些老师教的孩子总被认为不听话？

对策一（杨彬老师）：以身作则，感染教育学生

用细节教育学生。作为一个教师，如果你不能在细节上影响学生，便不能当好学生的导师。捷克教育家夸美纽斯曾说过："教师的职责是用自己的榜样教育学生。"因此，掉一个粉笔头我都会捡起来，用完粉擦放回粉笔盒里，讲台上不放其他杂物，给学生做好示范。类似的细节在学校里我们经常会碰到，作为一名班主任，应该抓住每一个细节进行教育。当学生随手将垃圾扔在地上时，我们可以弯腰捡起来，然后和气地问他："你这样做对吗？"；当学生课间大喊大叫、不讲文明时，我们可以予以制止；当学生戴歪了红领巾、衣服纽扣没有扣好时，帮他们理一理，扣一扣；当学生驼着背听课、做作业时，我们可以轻轻拍打一下他的背以示提醒……总之，细节要靠我们平时多注意，多提醒，要做到眼里

有学生，教育无小事，时时刻刻关注细节，让细节创造出完美。

对策二（罗文英老师）：让孩子沐浴爱的阳光

苏联教育家赞科夫曾经说过：“漂亮的孩子人人喜爱，爱难看的孩子才是真正的爱。”爱优等生，这是每一位教师能够容易做到的，可是爱那些“差生”呢？就不那么容易了。“差生”缺点多，总是惹人讨厌。其实，这些“差生”就像遭受意外的花朵，需要格外精心的关爱和呵护。“要散布阳光到别人的心里，先得自己心里有阳光。”（法国罗曼·罗兰）要爱“差生”，就要用浓浓的爱赏识他，细心观察，及时发现学生的闪光点，给他以鼓励与信心。心理学研究表明：人在受到赏识的时候，工作或学习效果最好。

我班的小梁同学是个活泼伶俐的女孩，可是语、数、英三科成绩都是刚达到及格的水平。上课时她虽积极发言，但是喜欢与同桌说悄悄话，老师经常提醒也没用。由于有眼疾，她有时会借故不完成家庭作业。她平时做作业马虎，只为敷衍交作业而做，没有质量可言。背书相当困难，几句话半天背不出来，常要留堂来背。可是她学习不入心，不管你留到多晚，来接她回家的母亲在校门外等她等得多心焦，她都无所谓，就是跟你磨时间。每次的背书作业，她几乎都是全班最后一个完成的。早上不按时起床的她经常迟到。我多次跟她谈话，指出她的缺点，希望她改正，但一点效果都没有，她仍旧我行我素。

说实话，面对这样的女孩子，我有时很没有耐心。我心想，态度是关键，这孩子没有上进心，不爱学习，没救了。后来，我反思自己在对这孩子的教育过程中，批评多于表扬；严厉的说教多过真诚的赞赏。一个老师眼里的“难看”的孩子，得不到应有的赏识与信任，就如同小草，没有得到足够的阳光的照射，怎能舒展成长呢？

一个老师对学生“爱”的表现就是信任和赞赏。自此，我用“放大镜”来关注她的优点。虽然她做其他作业马虎，但为了拿到阅读卡的满分，她每次都很努力。我给她的卡评上满分并专门找她说：“你的卡做得比一般同学的都好，字写得认真，批语也写得较有水平，看得出你是个爱读书的孩子。”听了老师的赞赏，她心里美滋滋的。每次的阅读卡她都认真做，每次都拿满分。我在班上多次表扬她的这些进步。有一天，她比较早来背书，背出来了，我马上说：“你很聪明嘛，这么快就背出来了。”她说：“老师，我来帮你听同学背书。”我说：“行啊，你以后抓紧时间把书背熟，然后帮老师的忙，当背书记录员。”以往这一工作是由副班长担任的，我现在把这一“重任”交给她，她不知有多高兴。从此，她抓紧时间背书，背完书后，她又是那么尽心尽职地帮我听同学背书并做好登记工作。为了能当上背书记录员，现在她每天一早就到学校，找班长背书，然后从班长手中接过记录本，听其他同学背书，课间休息也是如此。

她得到老师的信任与赞赏，尝到了进步的喜悦，拥有“我能行”的成功体验。我以此作为转化的基点，给她提出更高的要求。慢慢地，她的缺点改了不少，学习态度改变了，做作业的质量提高了，三门主科的成绩有了较大的提高。由于这个学期她的进步有目共睹，大家一致推选她为我班的升旗手并在全校同学面前发言。

卡耐基说：“要称赞最微小的进步，并称赞每一个进步，这往往是点燃学生的自信之火，给予进步向上之助力。”以上的例子说明：学生受到赏识，能够在心理上获得一种满足，从而产生一种积极向上的原动力，许多潜能和情感便会奇迹般地激发出来。

所以，我们老师应注意从细节处开始，心里充满爱的阳光，以一颗博大的胸怀关注

“差生”，找出其优点，对学生进行赞赏、激励，使他们处于欢乐、自信的状态之中，从而产生一种积极向上的动力，再适时地转化其缺点，定会扬起学生生命的风帆。

第四环节，活动小结。

教师与学生的关系不应该只是一桶水与一杯水的关系，教师更应该是一条河，引导学生流向大海，延伸澎湃的人生。

在这样的师德论坛上，石牌小学的市优秀班主任杨彬、罗文英老师作了经验介绍，大家心无罅隙，积极互动，畅所欲言，对案例进行了精彩的分析，既轻松又愉悦地形成了解决教育困惑的共识，同时也提出了需进一步反思的问题。

【反思问题】

1. 对于在课堂上调皮捣蛋的学生，是否只能采取请他到办公室罚抄书、读课文、外加写检讨等措施？

2. 对一年级学生的行为习惯培养很重要，请问是否在校内主要以校纪队和科任教师评定为主？而课间和放学后则应提倡学生自我管理为主？

2. 石牌师德漾芬芳：你言我语，铸就师魂

为师者具有高尚情操、渊博学识和人格魅力，会对学生的一生都有良好影响。石牌小学倡导教师成为自我更新者，就是要让每位教师都能不断地学习，积极向上，敞开心扉，协作育人。在石牌小学“无墙化”的舞台上，迸发的是石牌小学教师的师德魅力，分享的是他们的育人心经。下面几文，就是其中的一道经。

指导家庭教育：班主任该怎么做

廖国珠

班主任，是学校里全面负责班级工作的教师，是班集体的教育者、组织者和指导者。如何让家庭教育取得最佳的效果，是教育工作者，特别是班主任长期研究的问题。要能够准确地指导家长科学有效地教育孩子，班主任该怎么做？我的看法是，反思当今家庭教育存在的错位现象，寻找解决之道。

错位一：学校教育全替代的主客体错位。

部分家长认为孩子送到学校，一切任由学校教育，与自己再无关联。

我就曾经听过家长当着科任老师和自己孩子的面说：“妈妈给了老师钱的（村民认为学校是他们股权的一部分），你这样学习怎么对得起我呀，我可绝对不会再花时间和精力去管你了。”这种家庭教育可称为“放任自由型”，其形成原因有以下几种可能：①工作狂型。家长事业心重，根本没有时间和精力去教育孩子。这种家庭的孩子教育多数由代理家长来完成，大多是隔代教育，造成管得不严，而且父母大多因为愧对孩子，拼命用金钱来补偿，所以孩子的教育问题很多。当中还有许多家长认为自己文化程度也不高，照样挣大钱，所以对于孩子教育的指导思想就比较偏重于拜金主义。②有心无力型。这类家长望

子成龙，面对自己孩子的无理要求不敢说半个“不”字，时间一长，自己只能是跟着孩子的无理要求走。

针对这种家庭，班主任应该要采取以下的对策：①晓之以理。让家长明白培养孩子比其他一切都重要，只有受到良好教育的孩子，才能在今后的竞争中立于不败之地。我和家长的关系都比较融洽，所以平时在聊天的过程中就经常给他们讲一些成功教育的案例。②传授方法。每次的家长会，我都会精心准备一些有关亲子教育的材料赠送给家长，平时最好坚持每天或每周与这些家长联系，或督促学生的学习情况或鼓励学生努力学习。交流的途径也非常多，包括网络、校讯通、电话、联系本、学生手册等。班主任要及时地向家长反馈学生的思想动态、行为表现等，总之要让家长感觉到班主任最大的诚意。

错位二：家庭教育和学校教育的承受主体的错位。

部分家长喜欢将自家孩子与别人家的孩子时时处处作比较，把分数当成全家人的快乐预报指数，只要孩子考得好，全家都无比快乐。孩子稍有退步，家里便愁云密布。他们平常总是对孩子说：“你只要读好书，什么都不用管，也别理任何事情。”

有个女孩在作文中写到自己的妈妈，取的题目是《变脸》，文中写道：

“我妈妈会变脸，随着我的成绩变脸……妈妈说我的成绩就是股票，高了就让大家高兴，跌了就没有价值了。我曾经带领一名家长和一个小孩一起参加植树节的活动，当那个小男孩很自豪地将锄头抡起来给树苗培土的时候，他望着我的眼睛充满了骄傲，可是他的父亲却一把抢下他的锄头说：‘你只要读书好，这些体力活就由父母来做。’孩子马上显露出了失望和迷茫的神情。”

这类家长的另一个突出特点，就是舍得在孩子身上花钱，当然，还是花在学习上。辅导练习一大堆，还报名参加名目繁多的补习班、兴趣班，搞得孩子对学习失去兴趣，厌学情绪与日俱增。他们就像一座休眠火山，随时爆发，现在的新闻里经常有学生自杀的报道，一个个如花似玉的生命消逝于痛苦与无奈当中。

对于这种家庭，作为班主任老师，我们首先要帮助他们建立融洽和谐的家庭气氛。①让父母信任孩子，学会赏识孩子，让他们接受赏识教育，告诉他们，鼓励是这个世界上最动听、最有力的语言，信任和赏识会让孩子有无穷的创造力。并且学会从不同的角度去看问题，要善于发掘孩子的闪光点。②适时地开展有益身心的亲子活动，既能让家庭关系在愉快的活动中健康发展，又能在活动的过程中，有更多的机会让孩子和父母双方发现对方的智慧和幽默，让他们能更加珍爱家人。③尽量与家长交上朋友，以朋友的身份去提醒他们不能急功近利，让他们学会期待孩子的各式各样的成功，而不是一定以考试成绩来衡量孩子的成功与否。④送给他们一句日本的老话——“孩子是看着父母的背影长大的”。告诉他们，与其不停地指责孩子，不断地将其与别人家的孩子作比较，还不如以身作则。全家定下各自的奋斗目标，让孩子从小就明白，父母也有自己的生活，不能让父母代替你生活，也不能等待父母给你定下理想。其实，如果孩子每天看到父母为了自己的事业充实地忙碌，不断求进步，他们也一定能耳濡目染，成长为独立自主、有理想、敢做敢闯的人。⑤帮助孩子们积累好素材，在父母能够看得见的时候展示，比如每次的家长会上，我都会展示大量的学生作品，包括手工、小报、美术作品、优秀作业、红花榜、表扬信、同学的感谢信等，尽量让每个家长都能感受到孩子带来的喜悦，更加冷静地思考孩子的进步。

错位三：家庭教育中父母角色的单一化。

调查显示，不超过12%的家庭中，父亲在家庭教育中起主导作用。而科学研究证明，在孩子成长的过程中，父亲的作用是其他人不可替代的，父亲的教育对于孩子的健全人格的形成至关重要。在孩子的性格发育方面，父亲的作用首屈一指。虽然多数孩子与母亲接触时间更多，但是，父亲往往是孩子的第一个偶像。孩子最早的学习方式是模仿，对男孩子来说，模仿的对象正是父亲；对女孩子来说，父亲是自己生活中的第一个异性，是自己了解异性、学习与异性打交道的第一个老师。孩子要面对的社会是由两个性别的人组成的，自然需要父亲、母亲两位人生导师，缺其一，孩子的教育就不完整。在孩子几乎所有时间都被应试学习占有的今天，课外学习、社会能力提高，是孩子平衡发展、实用能力提高的关键，而在这些方面，父亲就是最理想的老师。现在孩子教育方面很大的一个问题是孩子普遍缺乏应对挫折的能力。传统上，提供这一教育的人也是父亲。在创新教育和自立教育方面，父亲能给孩子带来更有效的教育。这是班主任在指导家庭教育中的又一个重点问题。

明白了家庭教育中的几大“错位”后，我们接下来探讨一下班主任应该如何致力于学校教育与家庭教育以及社会教育合力的问题，在这个作为组织者和管理者的位置上，班主任究竟应该怎么努力。

2006年6月5日的《西安晚报》上，家庭教育专家们为家庭教育出谋划策。他们提出：政府应该设立专门的家庭和社会教育管理机构，来强化家庭教育工作；学校应该从服务学生向服务家长转变；抓好家庭教育，学校教育自然就更好抓；网上设立家长学校，能更好地服务家庭教育。教育专家许建国认为，家庭、学校、社会三大教育相互依赖、相互补充、相互制约，互为动态。第一是基础性体系，即家庭教育体系。它的特性是基础性和起步性，它既决定着学校教育的起点和水平，又影响着社会教育的基础与发展。第二是主体性体系，即学校教育体系。它的特性是延续性、主体性和系列性。它既对家庭教育起着支撑和导向的作用，又对社会教育起着辅助和优化的作用。第三是人文性体系，即社会教育体系。它的特性是拓展性、检验性和实践性。它既为家庭教育提供环境和条件，也对学校教育反馈信息、提出挑战。他还作了生动的比喻：子女是本书，父母是作者，老师是编辑，而社会是有责任的读者。我们说家庭教育重要，是人类教育的发展规律所决定的。换一个角度说，家庭教育所涉及的人群，它的教育时段、教育目标，以及它的基础地位，对学校和社会教育的作用，已经充分表现出来，它应该成为相对独立的体系。中国家庭教育学会会长、北京师范大学教授赵忠心认为：“把家庭和社会教育纳入国民教育的正式系列，应成为中国社会教育发展的当务之急。”美国的家庭教育方式给了我们很好的启示，我们可避免重蹈覆辙。美国的家庭教育在20世纪80年代掀起了一个高潮，它的特点是由家长提出教学计划，经所在学区教育委员会批准后才能实施，只有取得学士学位并且获得教师执照的家长才有资格担任家庭学校的教师，教学活动必须受当地教育机关的监督。这种教育方式往往以宗教为基础，注重培养孩子的礼节，让孩子从小就富于同情心和乐于助人，如爱护小动物，对伤残人士予以帮助等。

近年来，由于家庭日趋小型化，独生子女增多，以及离婚率升高，美国的家庭教育出现了危机，电视节目的泛滥使儿童在电视机前度过的时间比与父母交往的时间还要多，因此儿童大多对父母比较陌生，父子、母子关系比较淡薄。在这种家庭教育状况下，长大的孩子虽说对父母依赖性不大，独立性较强，但情感发展有所欠缺。

我们应该在前人以及外国的经验上，吸取精华，去除糟粕，利用好学校资源、社会资源，把各种力量团结起来，为家庭教育服务。合力的方式也应该是多种多样的。例如，近年来天河区的多间学校开展了经典诵读活动，我所带的班级也展开了实用有效的家庭诵读活动，举办了家长、孩子齐诵读的社区文化活动，根据“城中村”学校的特点制定了详尽的计划，每周定期开展活动。两年下来，家长的文化水平和综合素养大幅度提高，亲子关系明显改善，学生的综合竞争力也明显提高。作为班主任，我感觉到，在一次次对家庭诵读活动的指导过程中，我与家长、学生之间的关系日益密切，很多不必要的误会都能够消除在萌芽状态。学生在我和家长如此频繁的交流和配合下，没有了后退的空间，一切都向和谐的状态发展，学校与家长、班主任老师与家长、社区之间的关系也融合在了浓浓的恭谦礼让之中，这就是家庭教育在合力的作用下快步前进的最好体现。

我当班主任十多年以来，在我的班上，一直坚持家长、老师、孩子同时开展的课外阅读活动。每个新的班级，我都会先进行调查，了解家长的阅读情况、家中的藏书情况、亲子阅读的习惯等，然后制定出详尽的指导计划，分期布置阅读的任务，家长和学生同用一本课外阅读本，分别给对方打分，然后定期展出优秀的阅读积累本。这项活动对于家长素质的提高，对于班主任与家长的沟通，对于孩子的学习兴趣的提高，对于家庭氛围的优化起到了极大的正面影响。同时我们要注意，堵不如疏，学生在成长的过程中，一定会与家长产生或多或少的矛盾，班主任一定要及时做好沟通修复的工作。一方面，我们要最大限度地当好学生的知心朋友，让他们愿意向我倾诉关于家庭关系的烦恼和困惑，适当地帮助他们保守一些小的秘密和过失，以争取他们的信任；另一方面，我们要做好与家长并肩作战的工作，忧他们所忧，乐他们所乐，切实做好我们的纽带工作。

家庭教育是持续发展的、有生命力的，而班主任是学校教育教学工作的第一层面代表，我们再也不能眼睁睁地任由我们的家长在家庭教育中“摸着石头过河”。2002 年 12 月 18 日，在首届中国小学校长大会上，主题为“学校、家庭、社会的协同与教育的和谐发展”的第四分论坛上，各位教育专家提出：“和谐的社会需要和谐的人，学校的目的就是培养和谐的人。”和谐社会需要和谐的人，和谐的人是由和谐的环境培养出来的。爱因斯坦早就说过，学校的目的就是培养和谐的人。中小学班主任是学校的“首席教师”，在学校的各项工作中发挥着骨干作用。与科任老师相比，我们与学生、家长接触得较多，对学生、家长的了解更深，学生和家长对班主任也更为崇敬、信赖。

班主任是联系学校与家庭的纽带。大量的、经常性的家庭教育指导，主要依靠班主任的创造性工作，我们要当仁不让地成为学校指导家庭教育的中坚力量，为和谐班级、和谐家庭、和谐社会的构建奉献我们的力量。

用心耕耘　无私奉献

梁志涛

作为天河区石牌小学的一名教师，在我心目中，教育是一块圣土，教师在这块圣土上要用心耕耘，努力培养学生成人、成才。因此，我时常以一个共产党员的标准来要求自己，以一名优秀教师的标准来要求自己，勤勤恳恳、兢兢业业、刻苦钻研、热爱学生、团结同志。多年来，在党的培育下，我在政治思想上和业务方面都取得了一定的成绩。

一、爱岗敬业，成绩显著

在工作上，我爱岗敬业，以高度的热情和责任感做好本职工作。如，在学校开展教学理论的学习、研讨活动和中华古典文化诵读活动中，我积极主动参与。在多年的教育教学中，我多次得到上级政府的各种奖励，也得到了各级领导的认可与好评：1999 年，受到天河区人民政府的嘉奖；1994 年，被评为荔湾区“优秀班主任”；1995 年，被评为荔湾区“优秀教师”；2002 年，被评为“石牌好教师”；1995 年，《失物找主人》被评为荔湾区环市西片的优秀课例和优秀教案；2003 年，《消防安全从我做起》的活动方案获天河区二等奖；2006 年，所写论文《2006 年全国小公民建设》获得三等奖，在石牌小学市一级复评的推荐课获得优秀奖；多次被评为石牌小学“优秀班主任”。

二、为人师表，教书育人

在教育教学中，我为求一言一行都做学生的表率；平时抓紧时间认真学习教育教学理论，如《36 天，我的美国教育之旅》、《教学工作漫谈》（魏书生著）、《中国最佳教育随笔》、《叶圣陶的教育理论》、《我和毛泽东一起学习》等，并做好摘录，为学生树立一个爱学习的榜样。因此，本班同学非常喜欢看课外书，如《我爱科学》、《小读者》、《创新作文》、《演讲与口才》、《中国通史学生版》等。除了抓好学习，我还重视学生的思想教育，教育孩子关心集体、助人为乐、与人为善，促使学生养成良好的习惯，建设良好的班风。我以将学生培养成为德、智、体、美、劳全面发展的人为教书育人的目标，努力做好本职工作。在教学中，我不断更新教育观念，不断探求新的教法，并努力培养学生的自学能力、独立思考的能力、探求新知的欲望，对学困生也耐心辅导、因材施教，这些同学在思想上和学习上都有了很大进步。课堂上，我尤其注意课堂气氛，尽力使学生能在一个轻松和谐的氛围中愉快地接受知识。

所谓“一分耕耘，一分收获”，辛勤的耕耘结出了丰硕的果实。多年来，我所带的班级成绩突出，每年的教学检测都取得了良好的成绩，学生的优分率、合格率都达到了区的要求。平均分常常在年级名列前茅，所教的学生能够被推荐上 113 中学和 47 中学的试验班。

三、班级管理，突显特色

我十分注重每次班级各项活动的实效性，使每次活动都让学生得到一次思想和灵魂的洗礼，并指导以后的言行。如定期召开主题班会、组织小组合作制手抄报、“开卷是否有益”班级辩论会、“我爱读书”活动，“关心国家大事”一句话新闻演讲赛、“教你一招”活动、篮球比赛、知识竞赛等。寓教于乐，让学生充分展示一技之长，发展学生个性，培养学生才能。与此同时，我还充分利用黑板报，设计表扬栏、展示栏，让学生在活动中明理，在实践中锻炼，使学生的综合素质得到提高。我还利用评比机制来引导学生互相学习，培养竞争意识，形成良好班风。

有心理学家曾做过调查，认为孩子从同伴身上学到的东西远远大于从长辈或老师身上学到的。于是，我着重引导学生互相学习。每天中午，我要求学生按座位顺序在黑板上抄写几句名言或几个成语。上课前，由抄写的学生上讲台来作一个简单的讲解。这样，学生的学习兴趣得到提高，知识面得到扩大。另外，我还设置了红花本，上课积极发言、受到老师表扬、家长表扬等，做得好的每一件事，学生都可以获得一朵红花，期末评出“红花少年”。班主任只有调动学生的学习积极性，激发每个学生身上的优点，才能形成良好的学习氛围，逐步创建一个健康向上、团结协作的班集体。

四、与各科任老师密切配合

除搞好班级学生的思想教育工作外，我还重视与本班科任老师密切联系，及时了解和掌握班上的动态。我经常协助英语、数学老师帮助学困生，激励他们，让他们有信心、有动力去学习。当学生有进步时，我给予及时的鼓励，与他们共享进步的快乐，使他们的成绩不断提高。

教育这片沃土孕育了我，教育改革为我搭建了成长的舞台。我深深地懂得，离开了这一切，我将一事无成。作为一名教师，我将无怨无悔地在教育这片沃土上用心耕耘，无私奉献。

“∞”在向你微笑

肖彩芳

走过街角，我远远望见了那个在风中等待的孩子，他背着一个书包，静静地站在那里。其实他已经不是孩子，21 岁的他是个大人了。望见我，他跑过来，冬日的阳光在他的身后洒下一片暖暖的金黄色。记忆在瞬间涌起，那曾经是怎样一张叛逆和忧伤的脸啊！恍惚间，他已经跑到了我的跟前，握住了我的手说：“老师，我来看您了！”他灿烂地笑着，我也笑着，无限欢喜。这个我八年前教过的孩子，千里迢迢坐着火车，颠簸了几天几夜，到这个陌生的南国来看我了。

八年前，我接手一个五年级的班，班上有一个全校闻名的“问题天王”。他的爸爸因盗窃罪进了监狱，妈妈改嫁，一个脾气暴躁的奶奶带着他。周围人看他的眼光充满了嘲弄或恐惧，似乎他也是一个小偷。他打架骂人、逃课、不做作业，还会撒谎，对老师的批评报以挑衅，对同学的嘲笑施以拳脚，几乎是“无法无天”了。然而，我分明看到了他眼中的无助与伤痛，他落寞的身影是那么孤独。

我找他谈话，不管多么语重心长，他都无动于衷；我找他家长沟通，可怜的老太太只知道叫骂和流泪，而他在一旁不为所动。这真是一块“顽石”啊，还能炼成金吗？

一个周末，我邀他去我家，亲自下厨给他做了一桌丰盛的饭菜，然后让他和我一起洗碗；和他一起看当时热播的电视节目《生存大考验》；给他听我最喜欢的歌，比如赵传的《勇敢一点》、金学峰的《笨鸟先飞》等；为他洗干净脏了的衣服；把书桌腾出来让他做作业，而我在一旁静静地看书……我只希望能让他体会到一点点母爱般的温暖，尽管这远远不够。

我告诉了他我小时候的经历。我小时候曾经是一个让人头疼的孩子，可能是入学时间过早，加上母亲也在学校任教，毫无纪律观念，成绩不好又任性顽皮。有一次，大约在三年级时，因为老师批评了我，我故意在作业本上倒着写了一整页数字“8”，表达我幼稚的“反抗”。但是那位五十多岁的华发早生的班主任，他没有责怪我，只是在我的作业本里夹了一张字条：“大家都喜欢数字8，它代表吉利，可是你更厉害，让8字倒下来，变成数学符号‘无穷大’，所以，你一定会拥有无穷的智慧和力量，我坚信你是一个聪明的孩子，从明天开始，证明给大家看吧！因为那个倒下的‘8’正在对着你微笑！”我与那张字条对视了许久，忽然就开窍了，从那开始终于步入了学习的正轨。我告诉这个孩子，虽然生活只给了他一个倒下的“8”，让他没有完整的家庭，感受不到父母的关爱与温暖，但是，不幸的遭遇更能激发他的斗志，他会拥有更精彩的人生，因为“天将降大任于斯人也，必先苦其心志，劳其筋骨，饿其体肤……”，因为倒下的“8”同样在对他微笑。他似懂非懂，但终于重重地点了点头。

从那天开始，他有些改变了，虽然不是很明显，但我对他的要求也不高，只要每天都有点进步就可以了，至于成绩，可以慢慢赶上来。我偷偷地和班上的学生约定，要多鼓励他，发现他的优点，让他的身边充满友爱，充满关怀！周末，我仍会偶尔邀他去我家，偶尔买点小东西送点他：一个书包，一个本子，一双袜子……并附上一张卡片，在里面写上几句激励的话。我还特意买了几本书给他，一本散文集《每一种草都是花》，一本杰克·伦敦的小说《热爱生命》。他很喜欢看，还写了长长的读后感，看得出来他很受启发。

一个学期后，他彻底改变了，可以说是洗新革面，变得健康、自信、阳光，对家人也不再仇恨，孝敬奶奶，学会了感恩。后来，他毕业了，考上了不错的中学，而我也离开了那座城市。我们一直保持着书信联系，他在信里说，很想叫我一声“妈妈”，又怕把我叫老了，他说六年之后，一定会带着小小的成功来看我。

六年后，他考上了西安交通大学。我问他为什么选择西安那么远的地方，他说听我在课堂上说起古城西安，说起那里苍凉的秦腔、日落时的古城墙，所以便想去感受一下老师曾经去过、喜欢过的地方。读着他的来信，我禁不住泪如雨下，这孩子一路走来，是多么的艰难，但是，他终于破茧成蝶了。

是的，没有一种草不会开花，蒲公英会开出金黄的降落伞，狗尾巴草会结出绿穗子，连茇茇草都会开出露珠般的花。每个孩子都是一株会开花的草，作为教师的我们，难道不应该帮助他们开花吗?

我看着眼前的大小伙子，笑容灿烂，一脸阳光，再也找不到叛逆与失落的痕迹，这岂止是“小小的成功”啊，对他的人生来说，这真是“大大的超越”。我知道，他已经能应对生活中的一切了。

我想起了我的那位老师。20年后的今天，在那个依然闭塞的山乡村野，他已经化为了一抔黄土，但他洒下的种子，已如芳草，绿遍天涯。

我想起了陶行知先生的名言，“你的教鞭下有瓦特，你的冷眼中有牛顿，你的讥笑里有爱迪生”。我庆幸当年年轻的自己，没有放弃这个本质优秀的孩子，否则，我将是犯下了一个多么不可饶恕的罪过。对于教师这一职业，我更增添了许多敬畏。育人的职业一定要用爱去灌溉，用心去耕耘。

今天，我依然在用心感受着每一个孩子，对每个孩子都充满希望，永不放弃。我希望能成为我的学生心灵的最后一道“避风港”：“即使所有人都对我失望，还有我的老师，她一直在注视着我，用最温暖的目光……”

第二节　石牌小学：德育，课堂“无墙”

一、“无墙德育”渗透教学

（一）研活“教学”，设计课题①，关注“用”

1. 思维导图：思维图像化的工具

思维导图（Mind Map）又被称为心智图、心灵图、脑图等，最早是由英国心理学家托尼·巴赞（Tony Buzan）于1970年提出的。他在《思维导图》一书中对思维导图是这样定义的：“思维导图是放射性思维的表达，因此也是人类思维的自然功能。它是一种非常有用的图形技术，是打开大脑潜力的万用钥匙。思维导图可以用于生活的各个方面，其改进后的学习能力和清晰的思维方式会改善人的行为表现。”

托尼·巴赞发明思维导图后，由于它能提升思考技巧，大幅度增进记忆力、组织力和创造力，展现个人智力，很快就在世界各国的企业培训和教育方面得到推广和运用。一些国家（如澳大利亚、美国、日本等）还将它应用于创意的发散与收敛、项目企划、问题解决与分析、会议管理等方面，能大幅度降低所需耗费的时间，大幅度提高绩效水平。如IBM培训部门利用思维导图展示与英国政府合作的帮助人们的学习和活动，波音公司将波音飞行手册压缩成25英尺的思维导图等。

国外教育界与思维导图相似的研究还包括“概念图”（Concept Map）研究。目前，比较公认的是由美国康奈尔大学（Cornell University）教育系的Josehpd Novak教授在20世纪60年代最早提出主动自觉地在教学活动中运用概念图来帮助教师和学生提高教学质量。Novak教授认为，概念图对于学习者和教师同样重要，可以在教学活动中帮助师生的认知

---

①石牌小学“促进高级思维技能发展的思维导图学科应用研究”课题，是广州市教育科学规划“十一五”课题，本课题参考了如下资料：

1. 基础教育课程改革纲要（试行）http://www.edu.cn/20010926/3002911.shtml.
2. ［英］托尼·巴赞．思维导图——大脑使用说明书．张鼎昆，徐克茹译．北京：外语教学与研究出版社，2005.
3. ［英］托尼·巴赞．思维导图——放射性思维．李斯译．北京：作家出版社，1999.
4. ［英］托尼·巴赞．思维导图——放射性思维．李斯译．北京：世界图书出版公司，2004.15.
5. 杨兰娟．思维导图融入小学科学教学中的应用初探．中小学信息技术教育，2007（2）.38～39.
6. 熊频，胡小勇．可视化思维支架：概念图研究的新视角．信息技术教育，2005（10）.54～56.
7. 孙京丽，刘罡．“友善用脑”中思维导图的运用．北京教育（普教），2006（4）.45～46.
8. 韩振国．宏观着眼　微观入手——利用思维导图上好复习课．中国电化教育，2004（8）.48～50.
9. Visual Thinking Tools. http://www.stthomas.edu/mgmtctr/Newsletter/Articles/visual_ thinking.htm.（2005－02－15）
10. Rosenshine&Meister. Using Scaffolded Instruction to Optimize Learning. http://ericec.org/digests/e639.html. 1992.

活动。

此外，思维导图作为帮助学生认知的工具，在美国的中小学教育中得到了广泛的应用，从《美国国家教育技术标准》所提供的教案范例和软件资源目录中也可以看到许多优秀教案都使用了思维导图。

相对于国外的发展来说，国内思维导图的应用还刚起步，教育界的很多教师和研究人员也对此进行了积极的探索，在一些小学、中学、大学进行了思维导图与学科教学的尝试，使思维导图的应用无论在理论上还是实践上都有了很大的发展。

我国港澳台地区有不少学校都在推行思维导图教学，特别是语文教学。如，香港卫理中学的何嘉华老师，在香港大学举办的2000年国际语文教育研讨会上宣读的《帮助学生提升写作能力的捷径——思维导图教学》的论文。还值得一提的是澳门大学图书馆文献中心收藏的梁佑澄所著的《以思维导图（Mind Map）为核心的学习辅导课程对初中学生之学业成绩提升之研究》。

关于思维导图应用于教学的研究，我国大陆起步较晚，但发展迅猛。现在据互联网信息，河北省唐山市开滦二中的齐伟老师把思维导图应用于物理学中取得了一定的成果，桂林市中山中学一级教师石向东开展了"'思维导图'优化教学过程提高思政课实效"的课题研究等。目前中文互联网上有不少关于思维导图的论坛，有利于人们互相切磋。可以肯定的是，在明确的可以预见的时间里，思维导图必将有更加广泛的应用，也必将更加深入到教学的各个环节中去。

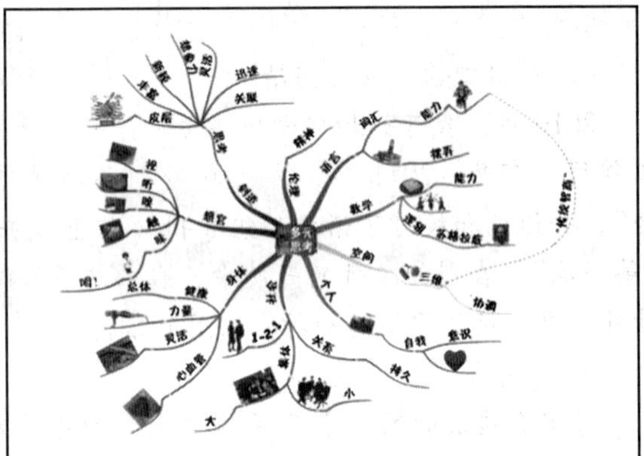

多元智力的观念符合我们揭示的大脑的工作方式和大脑皮层的能力（参见第1章）。我们在这里有必要说明，这些智力都与肌肉类似，可以培养和训练：每个人都有能力把每种智力发展到一个更高的水平。

这些智力包括：

·语言：培养"词汇能力"和摆弄字词无限组合的能力。

·数学：培养"数字能力"和摆弄无限的数字世界的能力，以及逻辑思维的能力。

·空间：处理三维空间的能力和协调三维空间内物体的能力。

这三种智力构成了传统智商测试的大部分。但是，要提高你的脑力，你还需要确保培养下列同样重要的智力。①

①[英] 东尼·博赞. 思维导图使用手册. 丁大刚，张斌译. 北京：化学工业出版社，2011.

2. 思维导图：校本化课题的设计

为了有效提高学校的教学质量，学校依托“促进高级思维技能发展的思维导图学科应用研究”课题，扎实推进研究，把思维导图与学科教学相结合，培养学生的高级思维技能和知识建构能力，提高学生的学业成绩。

课题选题意义与研究价值体现在：

（1）有利于教师切实掌握将思维导图工具与各学科课程相整合应用的能力，通过在学校开展思维导图各类教学应用实践研究，切实提高教师的综合能力，并使之成为学校整体发展特色之一。

（2）思维导图以直观形象的方式表达知识结构，有利于引导学生进行意义建构，有助于在新授课中建构知识结构，在复习课中建构知识体系，作为教学评价的工具能有效地评价学生创造性思维水平，能有效呈现思考过程及知识的关联，有助于培养学习者的高级思维技能和知识建构能力。

（3）思维导图不仅能够作为辅助思考的工具，贯穿大脑信息加工的各个阶段，同时可以作为学习知识的有效的新方法，直接应用到知识学习过程的整理（如笔记）、记忆、复习、交流、写作等过程中，从而有效提高学生的学习成绩。

其学术理论基础主要有三：

（1）视觉教育理论：1946 年，美国专家戴尔在他的《视听教学法》一书中，研究了录音、广播等视听教学手段如何运用于教学，会产生怎样的教学效果等一系列问题，总结了视听教学方法，提出了视听教学理论。也就是说，实物与模型等视觉符号更有助于人们对事物的理解。思维导图就是通过把教育内容通过图形的视觉形式来表现，可以促进对事物的形象认知和加深对知识的深度理解。

（2）思维可视化与认知工具观：可视化（Visualize）是指一种通过可以觉察的视觉方式将思维进行外化呈现的过程。事实上，可视化能够大大提高学习者思维认知的表现绩效，使他们的认知水平提升到一个新的层面上，从而解决各种更加复杂的问题。思维导图就通过将思维以视觉化的方式呈现，从而通过智力相关的图形化符号来连接创建一种对概念的信息和知识的认知模式。通过应用可视化思维工具，将能提高问题解决能力，并增加学习者的满意度。认知工具（Cognitive Tools）由美国著名教学设计专家乔纳森（Jonassen，1996）提出，是指可以帮助人们完成认知任务，增强思考问题、解决问题以及学习认知能力的工具。在《Computer In The Classroom：Mind Tools for Critical Thinking》一书中，列举了包括概念图在内的八种常见的认知工具，把思维导图看作是一种属于促进认知和语义建构的认知工具。

（3）学习支架/支架图式论：作为一种教学策略，支架教学（Scaffolded Instruction）从维果斯基（Vygotsky，1978）的社会文化理论和临近发展区中发展而来，是指教师等人在支持学习者发展的过程中，提供支持结构以让他们进入下一阶段或水平的角色。主要是通过一个更有知识的人提供支架或支持来促进学习者发展，让学习者能够完成自己无法独立完成的任务，由此通过临近发展区。当学习者的知识和能力增加，越来越对自己的学习负责和自治时，教学者便渐渐减少了所提供的支架支持。如果用教学支架的观点来分析思维导图的教学应用，意味着它应该体现为一种支持结构，而这种支持结构将能够有效地促进学习者的思维支撑和能力自治。图形组织器（Graphic Organizer）是一种思维导图作为思维可视化支架的典型表现形式。图形组织器能够通过特定的图示来隐含特定的组织类型和结构关系，为教学者和学习者提供了一种使用信息和认知加工的思维支持框架。

其研究内容从两个方面进行设计：

（1）教师方面：探索最有利于提高学生的高级思维技能的思维导图教学的课堂组织形式；调查学生的学习方法及要求，确定思维导图教学的重点和难点及针对性；对思维导图教学成果的反馈分析；依托校本研修，为学校教师专业发展提供服务，产生一批有代表性的优秀教学案例，提升教师思维导图教学研究能力，形成天河区域教研特色。

（2）学生方面：学会画思维导图，扩展思维导图的用途，在课堂上熟练运用思维导图，利用思维导图充分发挥学生主动探究、合作学习的能力。

其研究对象为学校全体学生及教师。研究方法主要有：文献调查法、调查研究法、行动研究法、案例分析法。

（二）研活“教学”，活化学习，关注“能”

1. 运用思维导图，提高教学质量

如何把握课程进度，明确教学的重点和难点，提高课堂效率，加强学生的学习效果等，都是教学工作中要考虑的问题。通过思维导图的绘制，从总体上来把握课程的进度以及每节课的重点和难点，再通过思维导图的方式来展示教学内容，分析复杂知识的结构，能大大提高课堂学习效果。

教师以思维导图的形式备课比写出来更快，而且可以让讲课的人和学生始终都能掌握全盘内容，也能使教师的教案不仅不会随着年岁增加而变得相对僵硬，反而会更有弹性，更容易更改。

语文：教师引导学生运用思维导图对全册教材进行归类分析，可以使学生对全册教材内容做到“一览无余”。

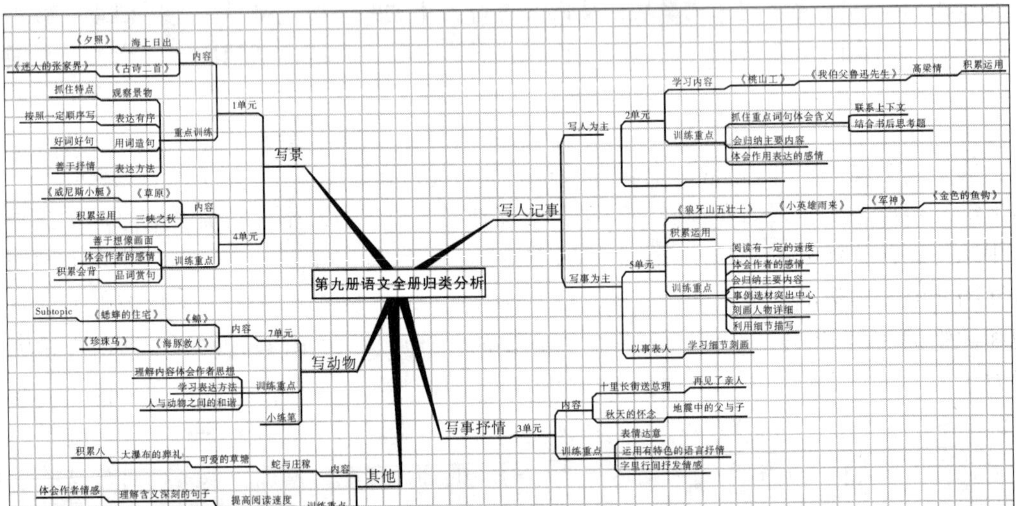

数学：教师引导学生运用思维导图进行复习，可以使学生对所要复习的内容做到“一览无余”。

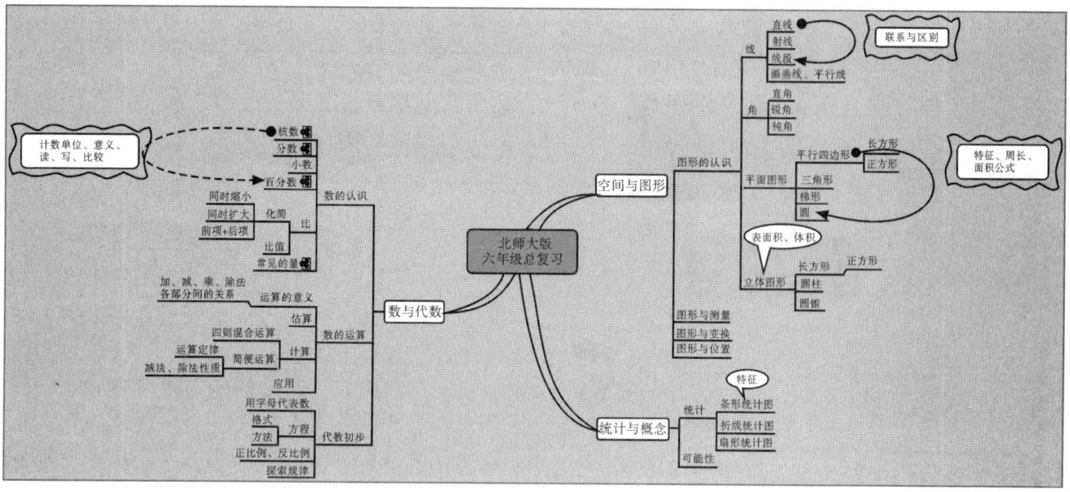

英语：教师引导学生运用思维导图学习“询问天气及温度的句子”，可以使学生借助这一根据进行操练。老师一边展示形容天气的图片，一边引导学生说出相关的英语句子。先是老师与学生操练，再是学生与学生操练。

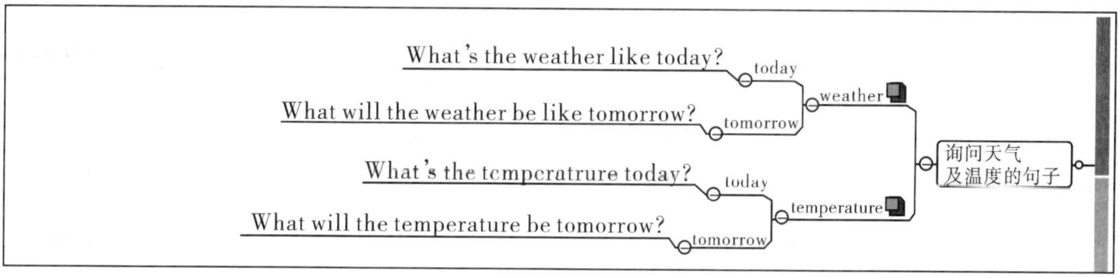

如三年级语文上册《四字词语》复习课。本课是基于电子白板和思维导图交互工具支撑下的复习课，根据复习课的特点，教学整体框架分为三大模块：梳理分类、归类识记、应用练习，并具体划分为相应环节。课前学生运用思维导图整理初步分类；课堂上利用思维导图和电子白板的交互功能，引导学生自主探究识记、记忆。这充分体现教师的主导作用和学生的主体作用，在师生互动、生生互动中提高课堂效率，提高学生的高级思维能力。

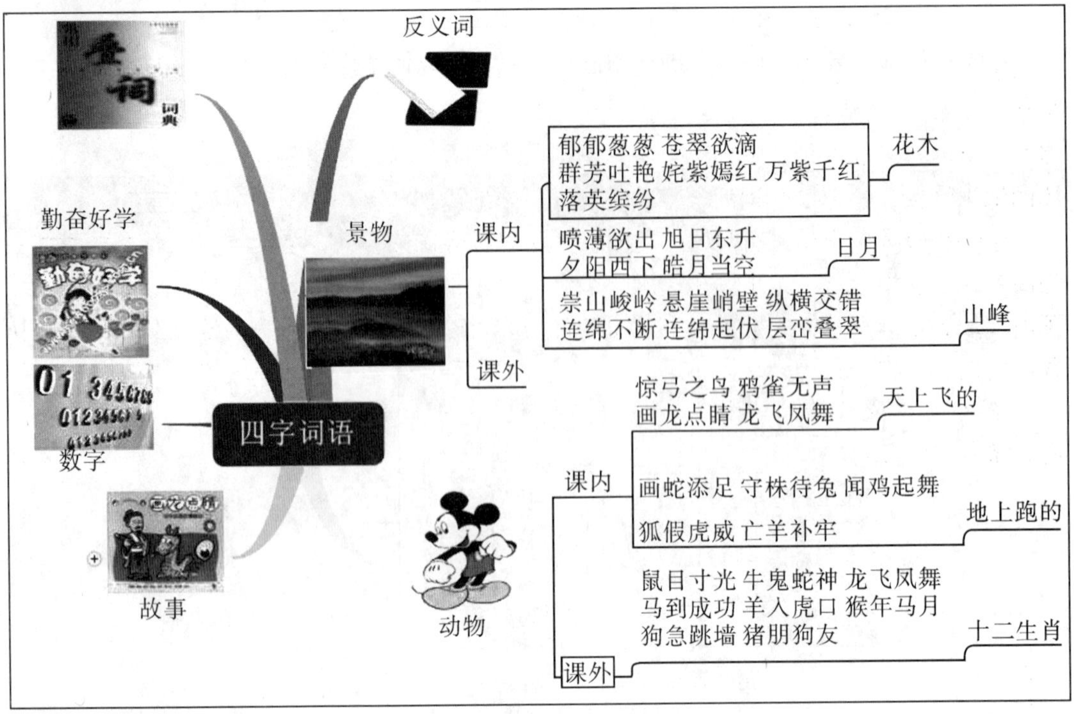

复习数学（北师大版）三年级下册第四单元《年月日》时，利用思维导图进行梳理，比传统的复习效果更好。课前通过思维导图对年、月、日的知识进行整理与归纳，让学生自主探究单位之间的区别与联系，从而达到帮助学生梳理已有知识的目的，并让学生对已学的知识有整体性的认识。在梳理过程中，能真正体现知识的整理和提升。这既唤起学生心中已有的知识，又让他们自己把诸多概念回忆出来，激发了学生复习的自主性，调动了学生的积极性，提高了课堂教学的效率。再通过合作学习，利用知识间的联系整理成知识网络结构图，能使学生不但对本系列知识加深理解，还学到了如何整理知识的技能。

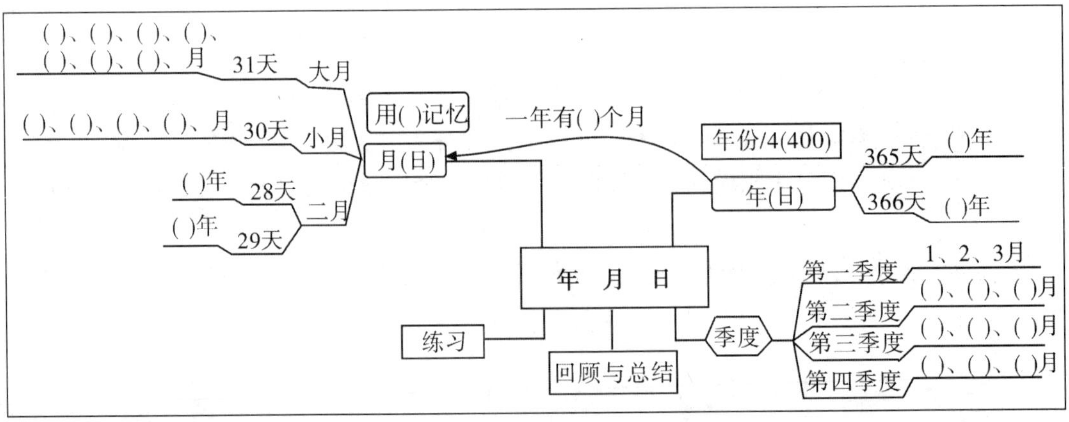

2. 运用思维导图，培养自学品质

思维导图能够在理清思路、组织信息、加强记忆、提高学习效率等方面提供强有力的帮助。思维导图是将主题置于最中心，用线条和图画进行分支的绘制，在这个过程中，将多个零散的知识点进行了整理，从纷繁的信息中找到信息之间的内在联系。不仅把握了整体的知识结构，整理了知识的框架，还通过不断地添加分支，把握了细节。

学校积极推进学生进行自主学习时，采用思维导图的方式，会使学习更有目的性、更为高效，学校很早就开始了运用思维导图进行自主预习，颇有成效。学生可以在进行自主预习前用思维导图的方式勾画一下预习的计划和目的等，会使预习更高效。在预习后对所预习的内容再次进行思维导图的绘制，使学生的思维更为活跃，许多好创意油然而生。

语文：学生按照思维导图预习模版进行预习，能有效地提高预习质量，提升预习信心，培养自觉预习的习惯。

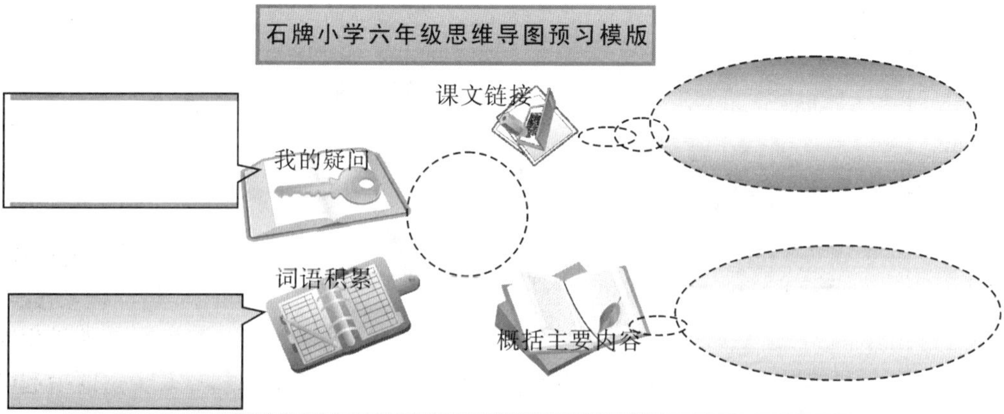

姓名：	较好完成	部分做到	仍需努力
善用不同色彩			
善用识记符号			
以关键词代替句子			
掌握及归纳课文重点			
有组织、层次分明			
总体评价：			

数学：在数学（北师大版）六年级上册第一单元《圆的认识》的教学中，让学生进行课前小研究。学生已养成利用思维导图思考的习惯，因此研究方向明确，条理清晰，从而锻炼了学生思维的灵活性，提高课堂学习的有效性。

运用思维导图对《圆的认识》进行课前小研究，学生 1 的方法如下，并形成了相应的思维导图：

利用平行四边形推导 ─┐
　　　　　　　　　　├→总结得出圆面积公式
利用长方形推导 ───┘

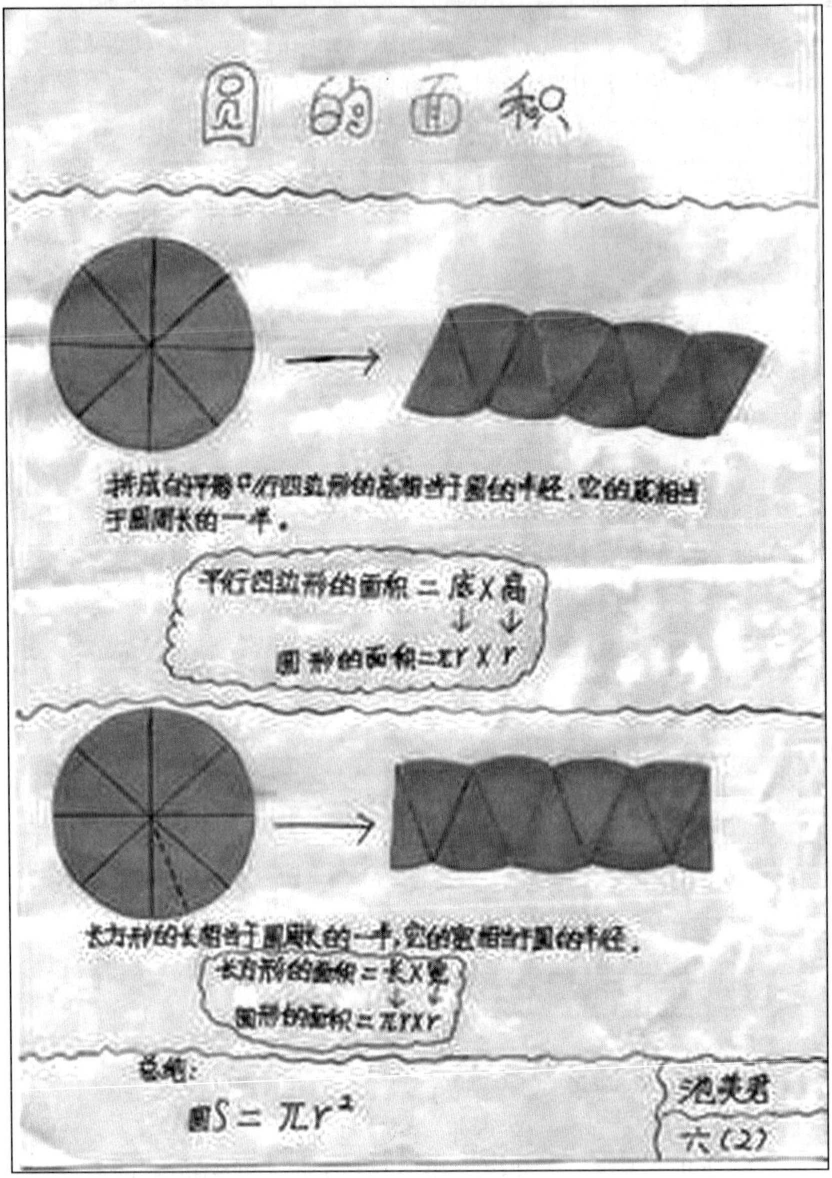

学生 2 的方法是：图解→文字表达→总结→重难点。相应地，形成了如下所示的思维导图：

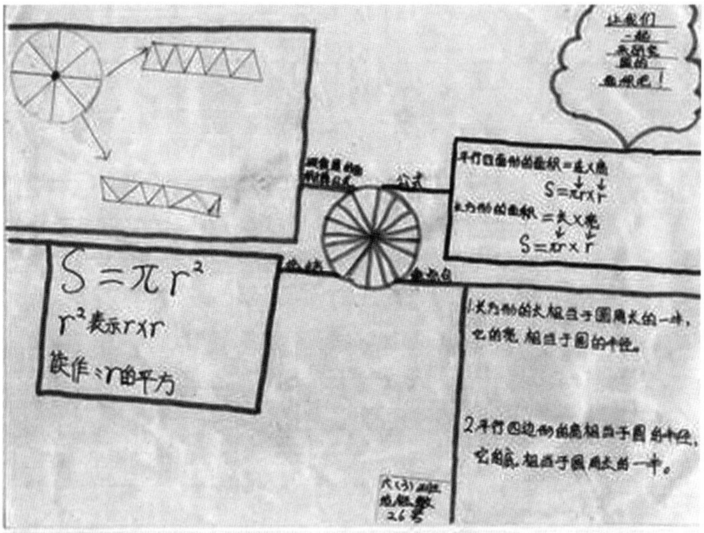

复习时，学生可以采用思维导图的方式。学习不能靠死记硬背，更多的是对知识的灵活掌握，所以对知识点的融会贯通非常重要，思维导图的使用使这样的复习变得简单而有趣。通过对同一主题思维导图的多次绘制，不仅可以加强记忆，更能激发创造性思维。

语文：学生根据思维导图复习模版，能有效地基于模版展开复习。

如，师生先讨论出《四字词语》思维导图复习框架：

学生再由这一框架出发，对四字词语进行归类式复习，大大地提高了复习效率。经由这一类学习，学生掌握了运用思维导图复习法，有利于他们举一反三，积极自觉地进行有效复习。

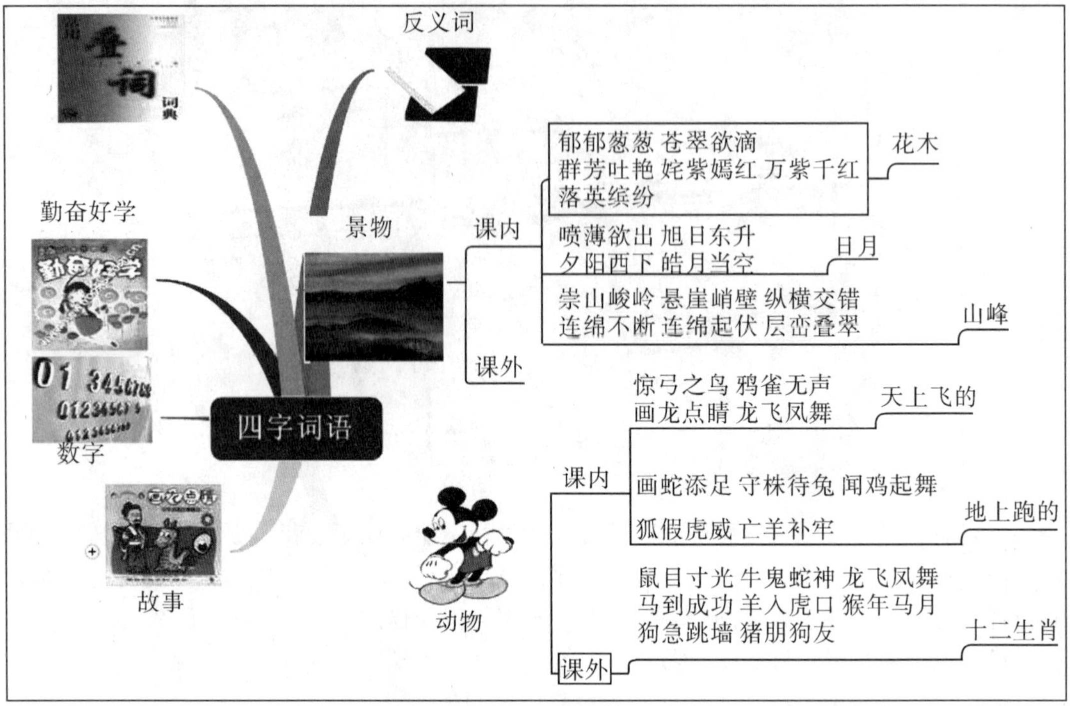

3．运用思维导图，培养合作品质

思维导图特别适合作为集体合作学习的工具。通过把学生分成几个小组，每组成员之间合作制作思维导图，有助于小组成员共同掌握知识和解决问题，自动地形成一个越来越清晰的统一的思想，建立起团队精神，大大有助于师生互动和生生互动。

如，学习了数学（北师大版）五年级下册第二单元《长方体（一)》与第四单元《长方体（二)》的知识后，让学生利用思维导图整理两个单元所学图形的面积，适宜地让学生自主探究，经过个人梳理，小组交流，对比归纳总结，再加上老师的点评，将知识完善。通过分析对比知识之间的异同，加深对知识的理解，提高教学的有效性，这比教师直接把知识灌输给学生有效得多。

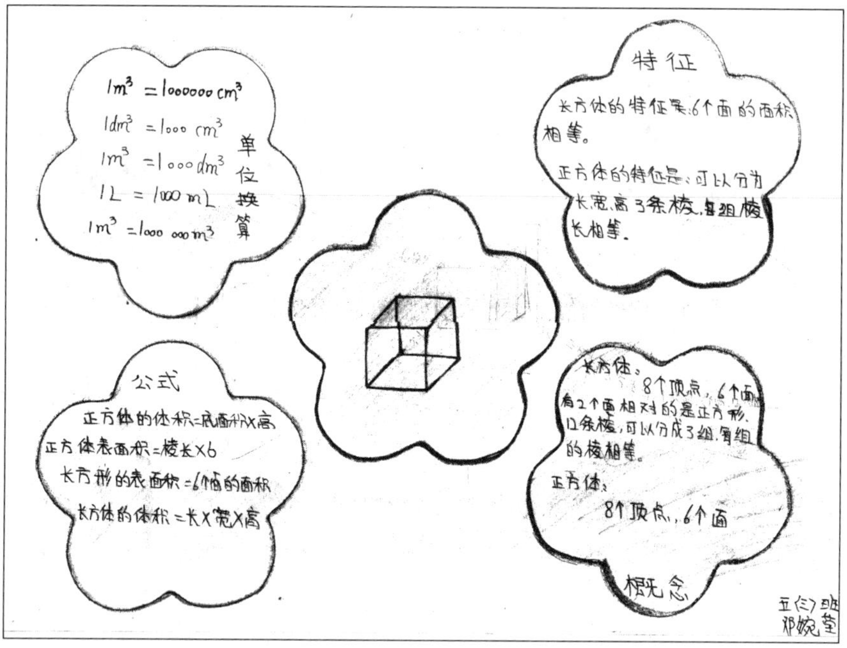

4. 运用思维导图学习，提高综合能力

学校各科组结合学校每年的读书节开展了“给思维插上想象的翅膀”活动，学生利用思维导图进行学习，如语文科的“预习卡”、“阅读卡”，数学科的“复习卡”、“单元整理卡”，英语科的“前置预习卡”、“写作卡”，对知识进行梳理和复习，自己填充颜色，简单便捷又实用，深受学生欢迎，也提高了学习效率，成为学生学习的好帮手。

学生语文作品：下面的左图是学生利用对比图比较两组单元写人记事文章的异同。下面的右图是学生利用思维导图对四字词语进行分类。

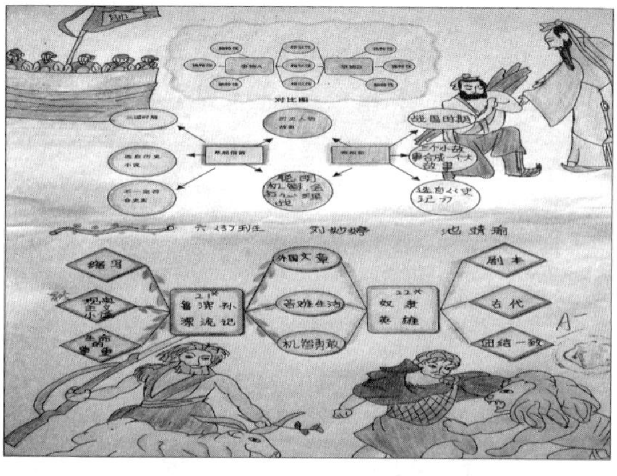

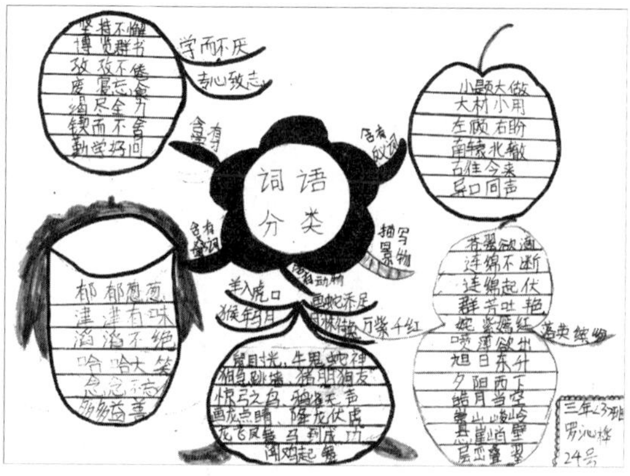

学生数学作品：下面的左图是学生在学习三角形知识后，自己出的练习题。下面的右图是学生对单元知识进行梳理。

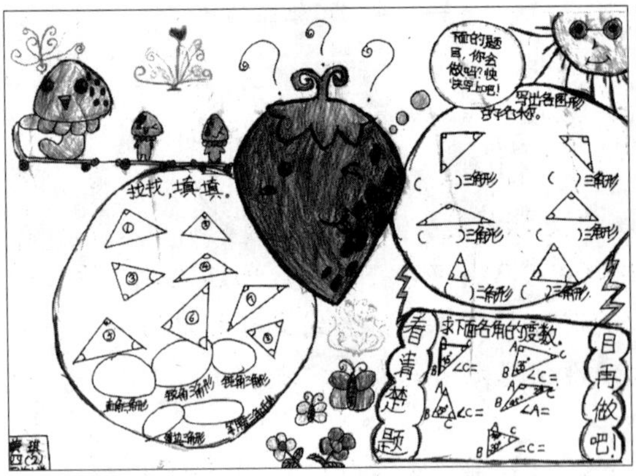

学生英语作品：下面的左图是学生使用思维导图训练写作——“种树”，下面的右图是学生英语前置性学习——“预习卡”。

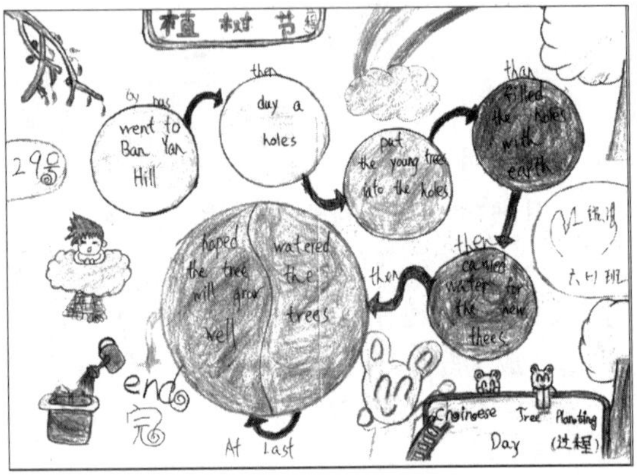

5. 运用思维导图，默化人文熏陶

单元整体教学是提高整个单元学习效能的重要方式，而运用思维导图对于提高单元整体教学的效率大为有益。以下课例设计，不仅体现这一特点，更重要的是，人文熏陶得到有效的“潜移默化”。

父母情，寸草心

——“第六单元整体回顾”教学设计

肖彩芳

【设计理念】

究竟要呈现给学生怎样的语文课堂？学习语文，完全不是阅读枯燥的文字，而是咀嚼丰富的精神食粮，品味甘醇的心灵鸡汤。因此，语文课堂，不仅要让学生在轻松氛围中掌握语文的“工具性”，更要在潜移默化中受到“人文性”熏陶。本堂课，意在让学生采用绘制思维导图的方式轻松梳理单元的知识点，又以动人的情境引领学生深入表达自己的感受，让其对整个单元的理解掌握更上一个台阶，即“内化”。

【教学内容】

人教版小学语文第九册教材第六单元整体回顾。

【教材分析】

人教版小学语文第九册教材第六单元，以“父母之爱”为主题，选取了《地震中的父与子》、《慈母情深》、《“精彩极了”和“糟糕透了”》、《学会看病》四篇文章，旨在通过对这个单元的学习，让学生体会到父母之爱的深沉与宽广，体会到父母之爱的不同表达方式，并学习作者通过外貌、语言和动作描写表现父母之爱的表达方法。

【教学目标】

1. 回顾、盘点第六单元的学习内容，包括文章字词、思想内容、人物感受、表达方法等，从单元整体性学习的角度进一步巩固和掌握单元要点。

2. 通过绘制思维导图，梳理单元要点，提高抓住关键词语、归纳整理的能力。

3. 在创设的情境中，学生通过练笔与表达，进一步体会父母之爱的深沉与宽广，理解父母，并学习运用作者通过外貌、语言和动作描写表现父母之爱的表达方法。

【教学重点、难点】

知识梳理与归纳；情境引领，深入表达。

【教学准备】

1. 教师：多媒体课件。

2. 学生：将学习本单元后自己感受最深的方面制作成思维导图。内容包括：父母之爱的不同侧面，表达方法如语言、动作、外貌等描写，字词句，课外阅读积累，可参考《走进书里去》。

【教学过程】

一、导入：整体把握，深入领会

导语：同学们，在第六单元的学习接近尾声时，我的脑海中浮现出毕淑敏说过的一句话，“有些事情，当我们年轻的时候，无法懂得。当我们懂得的时候，已不再年轻。世上有些东西可以弥补，有些东西永无弥补”。这句话让人有些伤感，所以，请你们大声朗读下面这句话：让我们在年少的时候就懂得，让我们不留遗憾。比如，理解父母，学会感恩。

所以，今天我们要对这个单元进行一次整体回顾，希望我们会有更深的感悟。先读读这几句话吧。（教师依次出示四句话，学生说出与之相关的本单元课题，然后回顾文章主要内容，试着给文章换一个题目。教师将适当的题目板书在黑板上的思维导图分支上。）

四句话：

（1）在漫长的黑暗中，我并不绝望，因为，你的爱是超越生死的温暖的光。

（2）让我拥有一朵最美丽的花，送给我那瘦弱、贫苦、辛劳却通情达理的母亲。

（3）我一直在奔跑，朝着理想的方向，不自傲，也不自卑，因为有你们在身旁。

（4）小鹰说："妈妈，我想去山那边看看，您带我去好吗？"妈妈说："山那边风景很美，自己去看吧。"过了几天，小鹰学会了飞翔。

【设计意图】

呈现单元内容，引领学生深入思考，培养学生归纳概括文章主题的能力。

二、绘图：交流探讨，精彩呈现

（1）这个单元的学习重点是什么？（学生参考书上的"单元导学"回答）

（2）在小组内交流自己绘制的思维导图，评选出最优秀的作品上台展示。

要求：归纳知识点正确、表达完整、构图美观。

（3）学生上台展示、介绍。作品以实物投影展示。老师点评，板书在黑板上。

【设计意图】

学生对于思维导图已不陌生，且经常在学习中运用，所以这里将"选择单元要点的一个方面用思维导图进行梳理归纳"的任务放在课前让学生自主完成，课堂上主要是交流和展示，这样既培养了学生自主复习、归纳整理和创造性思维的能力，又扩大了课堂容量，提高了教学的有效性。

展示环节，各种各样的思维导图，体现着学生独特的思考，哪怕只是一幅中心图。通过介绍分支内容、给导图命名等方式，不仅对单元进行了整体梳理，更能体会到思维导图的"简约美、精致美、思维美"。

三、分享：情境引领，真切表达

（1）小组交流。

依次呈现巴迪、梁晓声、马克、小胖现在的样子，他们都功成名就，可是都已不再年少，甚至已经老去。如果你是今天的他们，你会对父母说点什么呢？

小组交流后，派代表汇报交流情况。

（2）用最美丽语言歌颂父母的爱。（用比喻句的形式，口头表达）

父爱如（　　），（　　　　　　　　　　　　）。

母爱如（　　），（　　　　　　　　　　　　）。

（3）用最真切的感受书写父母的爱。

出示两小节诗，分别用动作、语言、神态等描写表现父母的爱，让学生联系生活进行仿写——

有一个很热很热的夜晚，我从梦中醒来，妈妈正给我扇着扇子，汗水却湿透了她的衣裳。啊！妈妈的爱是清凉的风……

有一天，我打破了暖瓶，对爸爸又说了谎。爸爸的批评叫我脸红，我不敢抬头看他的眼睛。啊，爸爸的爱是责备的目光……

【设计意图】

语文教学的终极目标还是“说和写”，所以，此环节以情境引领，让学生真切地“说”，真切地“写”，通过说和写，进一步加深对文章的认识，和联系自身实际的思考。

四、表达：总结拓展，升华情感

（1）总结：短短40分钟，我们不仅回顾了单元要点，也让我们更了解了父母的爱。谁言寸草心，报得三春晖。不用再多说了，让我们再次读这句话吧：有些事，让我们在年少的时候就懂得，让我们不留遗憾。比如，理解父母，学会感恩。让我们从现在做起！

（2）推荐阅读（观看）。

书：《谁是世界上最疼爱你的人》、《繁星·春水》（冰心）；

电影：《世界上最疼我的那个人去了》。

【设计意图】

升华情感，让学生将更多的体会和感悟留到40分钟之外，并且用到行动中。

二、“无墙德育”聚焦思品

（一）教活“思品”，追求创新，夯实“课”

1. 思品教学：用思维导图创教优学

如何运用思维导图于思品学科教学，以提高创教优学的成效？我们进行了大胆的尝试。

如，《环绕地球看世界》（选自小学六年级《品德与社会》下册第五单元《地球真美丽》）一课时教学，通过对思维导图的恰当运用，帮助学生找到教材与学生生活之间的联系，并且选取科学有效、富有童趣的方法，呈现教学内容之间的有机联系。这不仅激发了学生学习思想品德课的兴趣，还提高了学生的探究能力及交流、互动的合作能力。其教学分三大环节进行：

第一环节：图文引路，兴趣敲门。

围绕“环绕地球看世界”这一主题，教材呈现了既有的内在联系，又各自精彩纷呈的内容。初步浏览课本内容后，学生感觉内容很多，学习无从入手。为了让课文内容更贴近学生的认知水平，唤醒学生已有的知识，以激发学生学习新知识的兴趣，教师尝试用思维导图架起兴趣的桥梁，充分而有效地调动学生的学习兴趣，激发学生的思维。

导入课文后，教师首先通过课件设置一个在茫茫宇宙中旋转的地球，随着地球的旋转，课件不断展示出一幅幅的各国风光图片，吸引学生一起领略异域风光。随后，教师用“猜一猜”的方式，让学生通过课件呈现的图片，联系自己大脑中对各国已有的知识存储，引导学生列出八个国家和地区。如，课件展示出“美丽的富士山”、“缤纷的樱花”等图片时，学生联系已有知识，猜出“日本”这个国家，教师随机以地球为中心引出第一条射线，输入“到纯子学校看一看”（日本）。同样，由“足球王国”、“热情奔放的桑巴舞”引出“巴西”……

在呈现了教材中出现的国家和地区后，教师进一步引导学生，通过各国具有代表性的事物，引出更多的国家（如“思维导图一”）。课堂上思维导图中那一条条射线，如同学习的引路人，不仅有效地拓宽了学生的视野，更激发了学生学习与探究的兴趣。

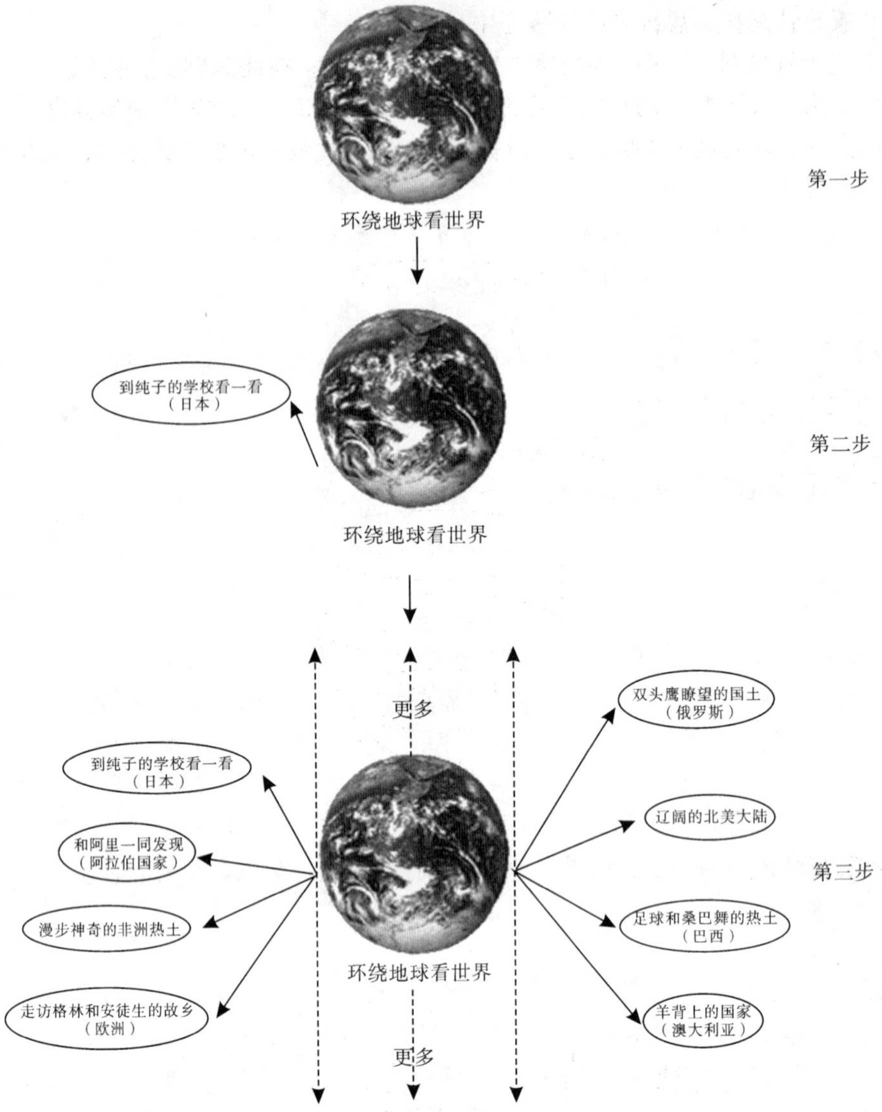

思维导图一

第二环节：提供支架，主动探究。

为了进一步提高学习效率，有效推进学习过程，优化学习效果，促进学生的深度认知和积极思维，在品德课的教学中，教师突破常规，通过搭建“脚手架”的方式，引导学生自主探究。让学生借助“脚手架”完成自己平时无法独立完成的学习任务，并有效地显现思考过程及知识之间的关联，以此来提高学生的学习能力。

在呈现“思维导图一”后，学生在教师的引导下，以日本为例，从教材及搜集的资料中了解日本社会概况，了解“日本是一个地狭人稠的岛国”、“日本是世界上最发达的经济大国之一”、“日本有着悠久的文化传统”等几个方面的知识。在教师的点拨、归纳下，呈现“思维导图二”中“脚手架”的主体部分：“了解社会概况”、“了解人民的生活方式”、“了解风俗习惯”、“形成开放的国际意识和理解”。同时，把富有特色的日本文化如茶道、和服等补充在“思维导图二”之中。

形成“思维导图二”中“脚手架”的四个主体后，在此基础上，把学生分成七个小组，开展攀缘“脚手架”的小组学习，通过“思维导图二”的学习支架，自学其他国家和地区的内容，以此进一步提高学生对资料的归类、比较、再加工的能力，从而促进学生思维能力的发展。

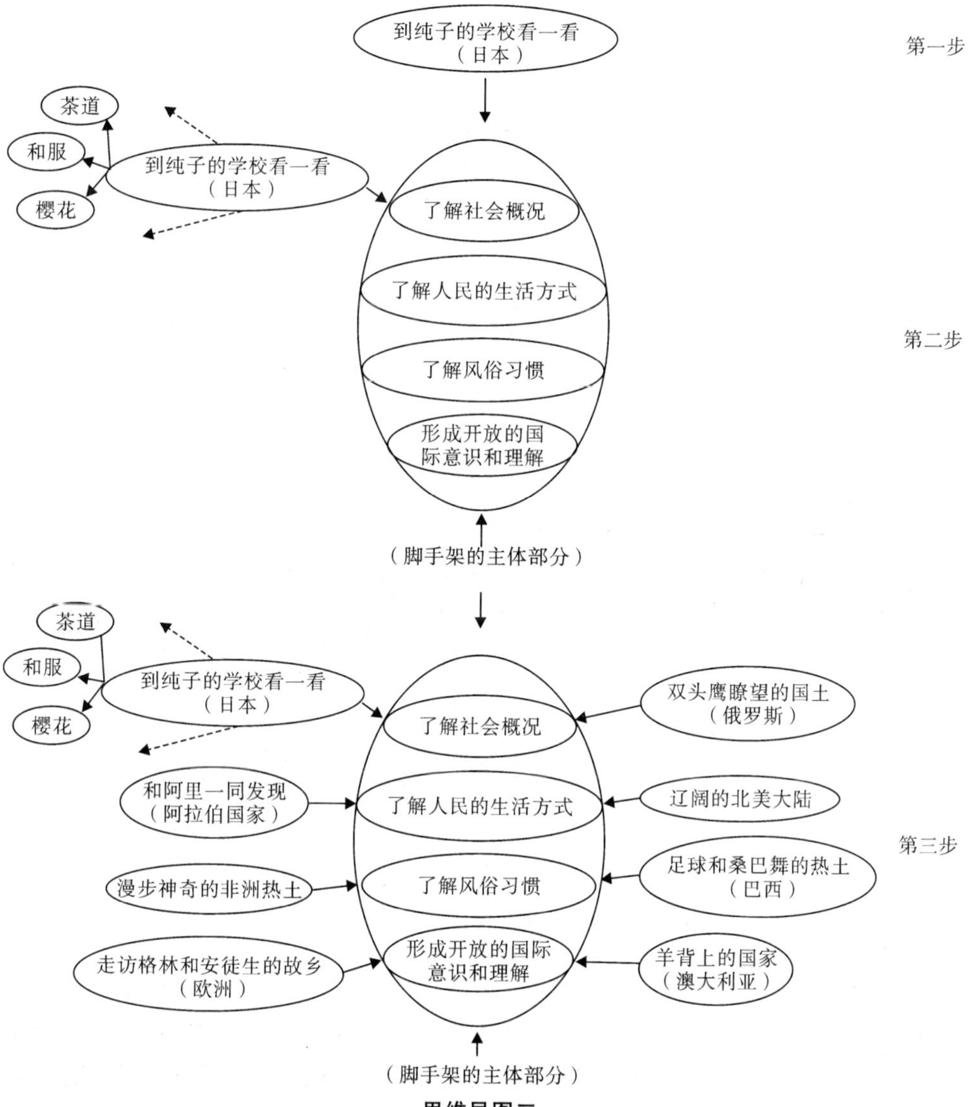

思维导图二

第三环节：分享互动，促进生成。

通过“思维导图二”的架构，教师组织学生小组进行合作学习，完成对“思维导图二”中所列国家、地区的了解。在此基础上，教师引导学生借助“思维导图二”来理清学习的思路、脉络，帮助学生完成新旧知识的自然迁移与联系，再通过四人一个小组的合作交流，师生之间、生生之间的分享互动，促进知识的生成。

教师进一步鼓励学生结合自己搜集到的资料，以四人一个小组的形式，上台联系“思维导图二”，分享学习成果。在分享过程中，小组或派一人主讲，其他人作补充的形式进行分享，或每组成员各负责一部分内容，逐一分享。学生在分享过程中，进一步感受不同国家和地区的文化，在教师适时的点拨和引导下，懂得尊重不同国家和地区的文化差异，再请全班同学对汇报内容进行补充或质疑，形成新的知识链。

如，在小组汇报完“双头鹰瞭望的国土——俄罗斯”的有关材料后，有同学骄傲地站出来说：“我知道俄罗斯，还是体育强国，它的艺术体操、花样滑冰久负盛名……”还有的同学补充“俄罗斯是个军事强国，它的……”，通过同学们的补充或质疑，四人小组进一步完善相关思维导图（如“思维导图三”），进一步丰富了已有知识，并进行了很有意义的拓展。

由此可见，运用思维导图来教学，有效地优化了学生学习的过程，提高了学习效率，促进学生的课堂认知与积极思维。学生在开放的学习环境中，通过小组学习，进行组内交流、组间交流、师生交流、网络交流，进一步提高了学习的实效性。

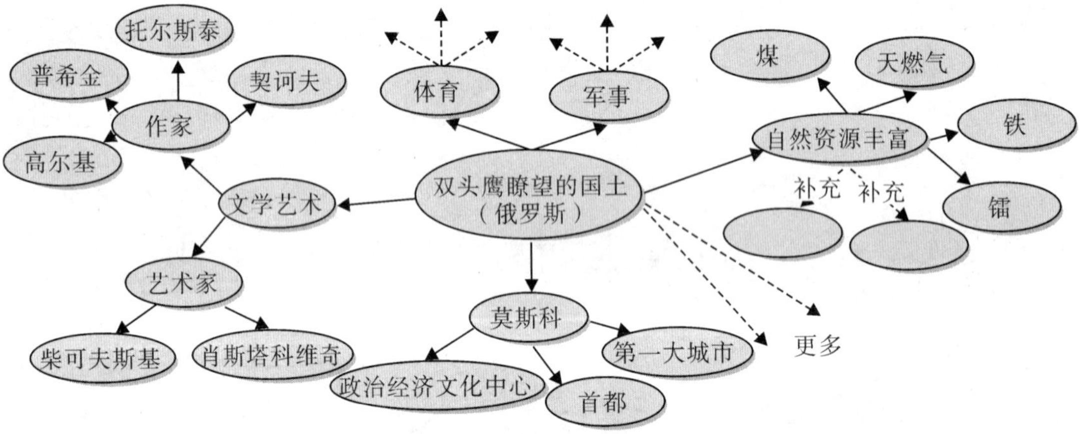

思维导图三

2．思品教学：在品德课堂直抵心田

随着新一轮课程改革的不断深入，新课程犹如一艘扬帆远航的巨轮，平稳地驶进学校、课堂。每一个学科，每一个课堂都蕴含着新课程的生长，新课程如同一股和煦的春风吹绿了教学改革的这片沃土，呼唤并培育了丰富多彩、独具个性的新课程！

沐浴新课程理念，品德课的教学方式也发生着质的变化：教师在教学过程中与学生积极互动，共同发展，倡导学生自主参与，积极探究，乐于合作，培养学生在思索中探究、在合作中学习的良好习惯。

（1）课前先学，点燃学生智慧的火花。

从儿童的认知规律出发，课堂教学立足于学生的发展，把学习的主动权还给学生。品德课要提倡让学生在活动中学，在生活中、在自己的成长历程中感悟学习。

课前先学，就是把学习的自主权更多地交给学生，挖掘学生的内在潜力，让学生自行、主动地遨游于知识的海洋，鼓励学生主动地寻找并探究问题，激发学生的潜在欲望，点燃学生智慧的火花，这不仅是提高他们学习主动性的有效途径，而且有利于增强学生自主学习的能力，促使他们不断地去探索、积累、创新。

如，在六年级品德课《水的危机》一课的教学中，为了让学生更进一步了解水资源的现状，更加珍惜和爱护水资源，教师提前布置前置性学习内容：①通过各种渠道查找中国七大水系的相关资料，尤其是它们的污染程度和污染原因；②了解自己所在地区水资源的状况。

前置性学习能最大限度地把学习的主动权还给学生，有效激发了学生学习的兴趣。学生只有对学习发生兴趣时，才会产生学习探索的内驱力，才会去思考，去发现。当学生学习的积极性被调动起来时，他们的思维处于兴奋状态，如同点燃了智慧的火花。

（2）自主探究，星星之火可以燎原。

苏霍姆林斯基说过：“在人的心灵深处，都有一种根深蒂固的需要，这就是希望自己是一个发现者、研究者、探索者。在儿童的精神世界里这种需要特别强烈。”苏霍姆林斯基强调的是儿童在学习中的主动探究精神。

这与新课程与石牌小学的教学研究有着异曲同工之妙，都是力图从尊重学生的这种内在需要出发，充分调动学生学习的主动性，鼓励他们自己发现问题、自主解决问题、自由抒发感受，实现个性自主发展。新课程要求的是学生问、学生议、学生辩的自主探索的新境界。自主探究开启了学生思维的闸门，让星星之火可以燎原。

同样在《水的危机》这一课的教学中，学生在前置性学习的基础上，对中国的七大水系有了初步的了解，在课堂上交流先学习的资料，同学们胸有成竹，个个踊跃发言，各抒己见。如有的学生介绍：“我是海河，发源于太行山和燕山，流经25个城市……请关心我的同学，告诉我，我的身体为什么会变臭？”一石激起千层浪。顿时，学生们围绕这个问题各抒己见，表达了对水资源的忧虑，并提出建议。这样，学生的思维在学习探究过程中碰撞出了激烈的火花。

（3）合作学习，燎原之火持续传递。

新课程标准积极倡导“自主、合作、探究”的学习方式，按照最优化的教学过程，即信息量沟通的最佳过程的原理，合作学习无疑是一种极佳的教学方式。它能使学生互相启发，互相帮助，对不同智力水平、思维方式、认知风格的学生实现互补，拓宽学生学习的渠道，让星星之火持续传递，从而达到全班同学共同提高学习能力的目的。为了使合作学习更加高效，还必须注意以下几点：

一是精心选择合作学习的内容。合作学习的内容一般应是教学重点或难点，是学生靠个体自主学习很难解决的。在合作学习时，学生可以发挥各自的特长，把个体差异变成教学资源，有机地训练学生形成“集体为我，我为集体”的互动式学习方式，实现资源共享、优势互补的学习过程，以此促进了学生积极参与合作学习，达到互相启发的效果。

二是正确选用合作学习的方法。合作学习可以在学生四人小组内进行，也可学生根据喜好自由选择合作伙伴。在合作学习时，给每一个学生自由表达自己见解的机会，在伙伴发表见解时，同组其他同学要认真听取，并帮助修正，形成小组意见。在集体交流时，教师要引导学生做到先肯定别人的优点，再发表自己的观点，使每一个学生都感到自己是被尊重的，学生的积极性、主动性、创造性和合作精神就能发挥出来，从而提高合作学习的效果。

三是加强对合作学习的有效性指导。在学生合作学习时，教师要从讲台上走下来，真正关注学生。学生合作学习时，教师不能袖手旁观，而要深入其中，了解学生合作学习的情况、讨论的重点、思考的疑难点，给予学生必要的点拨、引导，使学生在合作学习中收获更大，感悟更深。通过对合作学习有效地指导，学生集思广益，形成小组意见，使学生感受到合作的力量，培养了学生团队意识，增强合作学习的自信心。

“自主、合作、探究”的学习方式，触及学生情感的琴弦，激发了学生学习的欲望，引发了学生学习的兴趣，扬起了学生自信的风帆，使新课堂充满了蓬勃的生命力，闪烁着智慧的光彩！

（二）教活“思品”，学生为主，夯实“学”

1. 课前先学：学生为主

课前预习，是培养学生学会自学的关键环节。思想品德学科教师要重视与学生共同商讨课前预习的内容，通过商讨，让他们明确“为何预习，如何预习”等，激发课前先学的动力。

如，《品德与生活》（人教版）二年级上册第五单元《水和我们的生活》的教学。开启课前先学时，学校的廖国珠老师征询学生的意见，问他们是愿意先了解水还是先了解水的重要性。学生通过讨论后决定：先了解水，看哪个小组能通过组员的合作了解到最多关于水的知识。

于是，师生一起完成课前预习任务，其中含有学习目标，学生便热情高涨地先学：

（1）在家里尽可能找到水的踪迹。

（2）大胆地对自己所找到的水进行实验。

（3）查找有关水的资料并进行分类。

（4）用自己喜欢的方式表达自己和水的关系。

学生收集了矿泉水、自来水、饮料、酱油、冰块等各种形态颜色的含水物质，同时收集了水在人们生活中、大自然中、生产中的各种用途的资料，并查找了关于水的歌曲和诗文。

一个女生与母亲一起改编了一首歌：

小水滴

（用《我有一只小毛驴》的曲子）

我是一颗小水滴，
我一直都在变，

有时我是一股湿气，
有时变成冰，
小草没我会枯黄，
花儿也会谢，
叮叮咚咚我穿过树林流进大海里。

这位教师便以这个女生扮演“水姑娘”为课堂情境导入。学生们很快就被“水姑娘”的水滴头饰、水蓝色裙子吸引住了。歌曲中所蕴含的水的知识，也轻松地化在学生欢唱歌曲中。

让学生参与备课时，师生共商课前预学，学生成为学习主人，学习质量更胜一筹。

2. 课中探究：学生为主

为学而教，因主体在场而积极学习，是当代课堂的追求。思想品德学科教师尊重学生的主体地位，在课堂中，要充分关注学生自主探究的学习活动，要让学生在生动有趣的生活化情境中体验学习的过程。

如，《品德与生活》（人教版）一年级上册第一单元《遵守交通规则》的教学。一位教师在教学第二环节时，在课件中展示出大量的交通、安全方面的标志，而这些对于一年级新生来说，很陌生，教师的教学目标又距学生较远，学生很快就没有了学习兴趣和耐心，各自在座位上玩起了小动作，教师一心急，就只能自问自答。这里的关键问题是教师没有从学生的生活经验和已有的知识体验出发，进行教学预设与课堂生成。

对于课堂中的举例说明式教学，教师常运用小品表演、小组合作、角色塑造等方法进行，其内容与形式贴近学生的生活，反映学生的需求，是学生喜闻乐见的学习方式，有利于学生观察、感受、研究生活与社会。

如《品德与生活》（北师大版）二年级上册第三单元《爱护我们生活的环境》的教学。一位教师成功地借用了一只可爱的小绵羊作为串线角色，学生跟着这只小绵羊走进不同的“环境”，学得兴致盎然。

3. 课堂评价：学生为主

思想品德课堂的评价方式多种多样，有选择性反应评价、论述式评价、表现性评价和交流性评价等。

如，《品德与社会》（北师大版）六年级上册第一单元《我们健康成长》的教学，如果运用论述式评价得当，能很快就判断出学生对于诚信的真实看法，进而据学情而教。

同时，教师要善于和学生一起，创设评价载体。如一位教师在三年级上册进行期末评价时，与学生共同设计评价表，将学生本学期的知识、能力和情感态度的表现，分为三星、四星、五星三个等级，在分别由家长、学生和教师进行对应的表现性评价。

交流式评价则贯穿于小组合作、师生互动、生生互动之中。多种评价方式在课堂交织进行，共同促进学生学习。

4. 课后反思：学生为主

课后反思的落脚点是学生的进步。也就是说，思想品德学科的教学反思，教师不仅要反思课堂教学的精彩与否，更要反思学生经由课堂学习，是否达成学习目标，并在多方面获得发展。

具体地说，我们要反思思想品德学科课堂是否只是“金玉其外，败絮其中”；反思学生在参与合作学习过程中，是否“有名无实”；反思学生在探究学习中，是否存在“伪探究”；反思学生是否感受到教师对于学生个性和知识、经验差异的关注；反思学生的品德修养是否得到提升；反思师生经历课堂教学是否共同成长等。

尤其是课后反思，教师能够与学生共同进行，学生参与其中，与教师交流学习体验，这不仅有利于教师更全面地把握课堂教学的真实效果，而且有利于学生进一步内化品德知识与能力，进一步促进情感态度、价值观的形成。

思想品德课堂是学生培养品德素质的磁场，当教师预设教学与推进课堂教学，都能高扬学生的主体精神，让学生成为学习的主人，其磁力是激烈迸发而多姿的。

第四章　实践提升：德育“无墙”的融通

人勤春早，夏美果实。

立等可取，即做即用，我们总是这样期望；互携互助，共兴共生，我们总是这样实干。当你踏入石牌，一座人才济济的城中村，不经意间，自然地，你便进入一个海纳与百兴的共同体，一个个勤奋殷实的“无墙”场景，便因你的加入，而更加丰富！

于是，从第一双小脚到校的那一刻，清晨的石牌小学，一颗颗聪慧的小脑袋，便盼望着一天的计划；一张张鲜嫩的小嘴，便吮吸着一天的期待。于是，暖暖的心扉间，荡漾着一个个“无墙”的故事；清清的甘泉里，倒映着一道道“无墙”的风景……

第一节　石牌小学：德育，活动“无墙”

一、主题活动，让潜能“无墙”

（一）催活“潜能”，化于日常，乘风“翔”

1. 争当升旗手，爱我红五星

学校举行升旗仪式，不仅是一项简单的活动，而且更能实现其特有的教育价值。“升旗手制度”是实现升旗活动价值的切入点。通过争当升旗手的制度的建立与实施，培养学生的自信、自律、自强的品质，从而实现国旗的道德教育作用。

（1）有利于培养学生的爱国之情。利用升旗仪式，以争当升旗手为契机，对学生进行爱国主义教育，激发学生将自己与祖国紧紧联系在一起，立报国之志，激报国之情，效报国之行，进而爱集体、爱父母、爱自己，增强荣誉感和使命感。

（2）有利于为学生树立榜样。石牌小学的“升旗手制度”规定：凡是受到学校或上级表彰的优秀学生，特长明显并参加各级各类竞赛活动并获奖的突出者，思想品德高尚、知恩感恩、勤俭节约等典型人物，学习成绩进步明显并受到师生好评的学生等才能当选为升旗手。学校利用这一特性，抓住时机，树立典型模范，引领学生往好的方向发展，让心中的榜样、不朽的精神转化为爱国、学习的动力。

（3）有利于展示学生的个人风采。在升旗过程中，学生举手投足间，尽显个人魅力，展现语言美、心灵美、仪态美等，从而增强自信心，加强和周围人的交流，展示自我风采。

如何有效实施“升旗手制度”，以实现其教育价值，创新是关键。

（1）模式创新：多方参评，民主推选。石牌小学升旗手的产生是经过层层选拔，民主推选产生的，即经过“自荐——考察——当选”的模式。升旗手在本中队先提出申请，并填写《升旗手申请表》，此表不仅要填写本人的主要事迹，还要有本中队队员、任课老师、下级行政及家长签署意见。接着是考查阶段，对队员的思想、学习、文明、卫生、纪律方面进行考查。最后是当选阶段，最终征得师生、家长一致同意的队员才能当选为升旗手。在这个过程中，多方参与评选，多方监督，使民主集中制深入人心。

（2）内容创新：发掘长处，彰显亮点。学生在学校“七色舞台”上，通过自我介绍，陈述自己的优秀事迹，从中突显自己的亮点，涉及思想、学习、能力、生活四个方面，让更多的人认识不一样的自己。

（3）情景创新：视听结合，庄严肃穆。升旗仪式不仅是对学生进行爱国主义教育的重要途径，也是少先队开展其他活动的一个得天独厚的好时机。开展升旗手展示活动，是一周之首，首天之晨，全体师生集中在一起，阵容整齐、庄严肃穆，视听结合，尽显学生言行的风采，因而容易给队员留下深刻的印象。

（4）展示创新：全面展示，增强自信。其一，语言美的展示。升旗手在众人面前叙述自己的先进事迹时，语言表达能力强，语速适中，声音响亮，具有艺术性，在众人羡慕的眼光中深感荣耀，树立自信心，备受鼓舞。其二，仪态美的展示。升旗手穿着整齐干净的校服，佩戴鲜艳的红领巾，敬着标准的队礼，昂首挺胸地扛起国旗，迈着矫健的步伐，雄赳赳、气昂昂地走到升旗台升国旗，言行举止、仪表仪态尽显优美，让全校同学热血沸腾起来，从中获取自信、快乐。其三，乐感好的展示。升旗手踏着出旗曲的节拍，在国歌奏完之前，将国旗刚好升到旗杆的顶部，且是匀速上升，展示了队员良好的音乐素养。

自 2009 年以来，石牌小学每周一升旗手评选活动具有榜样性教育，得到师生、家长、社区良好的反响，为爱国主义教育的推动、民主集中制的建立、自信心的树立等起到了正面和积极的作用。这一制度成效明显，已成为学校德育特色教育的品牌项目之一。

（1）爱国主义教育得到有效实现。爱国主义是中华民族的光荣传统，是推动社会前进的巨大力量，是各族人民共同的精神支柱，是社会主义精神文明建设主旋律的重要组成部分，也是我国培养“四有新人”的基本要求。爱国主义教育是提高全民族整体素质的基础性工程，是引导人们特别是广大青少年树立正确理想、信念、人生观、价值观，促进中华民族振兴的一项重要工作。“升旗手制度”作为爱国主义教育的一部分，学生在升旗仪式上变得更加庄严肃穆，热爱祖国的情感伴随着冉冉升起的国旗自然地渗透到每个孩子的心中。

（2）引发学生积极向榜样学习。人生没有榜样是不行的。榜样教育是促进受教育者思想品德发展的行之有效的教育活动。没有“榜样”，就少了前进的方向。学生有榜样就可以明确自己的追求目标。被其他同学视为榜样的学生，心里能萌生一种荣誉感，在这种荣誉感的鼓励下，他们会更加努力地做好“榜样”这一角色。

（3）学生自我管理意识明显增强。通过升旗手的评选活动，学生自我反省、自我管理的能力得到加强，学生变得更加自律，得到健康发展。

2. “六个一”活动，多方面提升

“六个一”活动，是提倡学生全面发展，主张学生走出校门进入社会实践，提高综合素质的一种社会实践活动。在开展这一活动方面，石牌小学形成了自己的操作办法。其活动内容颇为丰富，一般安排在暑假进行。

（1）读一本好书，写一篇学习心得。

暑假期间，学生根据教师推荐的好书自选阅读：一年级 2 本，二年级 3 本，三、四年级 4 本，五、六年级 5 本；也可以自己买喜欢的书阅读。学生可自行前往石牌街图书馆和石牌文化站图书馆借阅，或组成阅读小组，分享一本好书，交流读书心得。每个学生多读几本好书，制作至少 3 张阅读卡或好书推介卡，写一篇读书心得或体会，开学上交。表格如下：

<table>
<tr><td colspan="4">好书推荐阅读　共享读书快乐
——石牌小学 2009 年暑假“六个一”活动之一</td></tr>
<tr><td>班级</td><td></td><td>姓名</td><td></td></tr>
<tr><td>阅读书名</td><td></td><td>作者（国籍）</td><td></td></tr>
<tr><td>阅读心得体会</td><td colspan="3"></td></tr>
<tr><td>家长寄语</td><td colspan="3"></td></tr>
</table>

（2）唱一首好歌。

一年级：《义勇军进行曲》。

二年级：《义勇军进行曲》、《中国少年先锋队队歌》。

三年级至六年级：《少年，少年，祖国的春天》、《春天在哪里》、《歌声与微笑》、《同一首歌》、《种太阳》、《共产儿童团歌》、《让我们荡起双桨》。

（3）拜访一次“五老”老人。

少先队大队部准备在暑假期间，带领在石牌小学实习的美国大学生，一起前往拜访多年来作为学校校外辅导员的老红军、老干部王儒君爷爷，以及学校退休教师陈鸿英（94岁）。通过对老红军的拜访，学生了解了新中国的诞生是无数先烈抛头颅、洒热血换来的；通过对老教师的探望，学生充分了解石牌小学的昨天和今天的发展变化，以此更深入感受改革开放三十多年来广州的喜人变化。

（4）做一件好事。

暑假期间，学校积极倡导学生参加社会公益实践活动，支持学生积极参加街道、小区、居委组织的各项文体活动和公益活动，做些力所能及的事。进而，培养学生助人为乐、关心他人的良好道德情操，以及对社会的认同感和归属感。

学校利用暑假引导少先队员向长辈学技能，为家庭、为父母做力所能及的事，提醒学生为长辈尽一份孝心，让他们利用假期每天学做一件家务，培养劳动能力、自理能力和健康向上的兴趣爱好。

学校红领巾小社团（射击、武术、乒乓球以及龙狮队），将在学校进行训练。

开学后，少先队将以级组形式按计划开展各种各类的校内外和社区的好人好事活动，好事不分大小，力所能及就行。

（5）做一次社会调查。

此项活动安排在五、六年级进行。如学生以“迎亚运·争做文明小公民”活动为契机，做一次社会调查，并按表格的形式进行调查。表格如下：

迎亚运·争做文明小公民 ——石牌小学2009年暑假“六个一”社会调查活动	
班级：	姓名：
1. 广州城市道路交通有哪些变化？	
2. 为迎亚运，广州新增了哪些体育设施？	
3. 广州市民文明行为有哪些喜人变化？	
4. 你还有什么好建议？请谈一谈。	

（二）催活“潜能”，化于节庆，载乐“飞”

石牌小学的节日活动，包括中国传统节日和学校特色节日。中国传统节日可以让家长和学生参与到学校的德育活动中，在参与的过程中增进父母与子女之间的感情，并培养他们的环保意识；学校特色节日包括“读书节”、“体育节”、“艺术节”，这些节日不但提高了学生的能力和增强了学生的信心，也提高了家长对孩子和学校的信任度。节日活动的开展推动了学校“无墙德育”思想的践行，为学校的德育工作增添了亮丽的一笔。

1. “社节”与“校节”共舞

节日活动具有趣味性、实践性、体验性，是小学生乐于参加的。将中国的传统节日活动和学校开发的特色节日活动结合起来，让学生、家长共同参与其中，不仅可以弘扬中国的传统文化，还可以培养学生和家长的爱国热情，提高学生各方面的才能。

（1）传统节日：重环保，同参与。

中国是一个有着五千多年悠久历史的多民族国家，在不断向前发展的历史进程中，形成了很多独具特色的传统节日，如清明节、端午节、中秋节、重阳节等。传统节日是中华民族精神和情感的重要载体，是中华民族灿烂文化的珍贵遗产。石牌小学非常注重开展这方面的活动，对学生进行熏陶与教育。

第一，共同参与，共同分享。每一项传统节日活动的开展，都是学校精心策划，师生、家长义工和社区共同参与的。

2008 年 2 月 21 日，家长义工与师生们一起参与了主题为“甜甜的元宵节　圆圆的奥运梦”的活动。孩子们带来制作汤圆的材料，家长义工们统一收集粘米粉并搓成面团，手把手教孩子制作汤圆的技巧。各班分组进行活动，各组组员都使出浑身解数，各出其招。活动结束后，同学们还把汤圆带回家，让自己的亲人一同分享自己的劳动成果，体验成功的快乐。

2008 年 9 月 10 日举行的“民族魂　精神颂”系列活动之“我爱我师”主题活动，让学生通过不同的方式表达对老师的感恩之情。家长义工代表也来到现场，帮助学生制作精美的爱心卡、爱心手绢、插花……和孩子们一起表达对老师辛勤付出的无限敬意。在学校布置的“特别的爱给特别的你”大型展示台上，有心愿卡、教师专刊、敬献诗词、花篮……二年（1）班的展板上，一个写着祝福老师语句的红彤彤的太阳上面，贴满了鸽子。孩子们在飞翔的鸽子上分别签上自己的名字，家长也在旁边写着“谢谢老师的辛勤付出”之类的话。二年（3）班的一位家长从自家公司里搬来了一棵祝福树，学生在树上挂满五彩的爱心卡，卡上写满了他们对老师的祝福。还有天河区人大、天河区教育局、石牌街道、石牌三骏企业集团，都派代表送上了对老师们的祝福。

第二，注重创新，体现环保。多数活动都与“环保教育”相结合，是石牌小学节日活动的一大特色。近年来，环境问题已经成为世界性的热点问题，坏境保护刻不容缓。因此，学校利用一切可能的机会对学生进行环保教育。

2010 年 1 月 4 日，学校举行了以“新年到，迎亚运，学环保，乐无限”为主题的迎新年活动，可谓精彩纷呈。

环节一，新年狂欢。知识渊博的小博士、姿态万千的环保小天使、勇敢的飞侠佐罗、超级英雄蜘蛛侠、神秘的小魔术师、可爱的小精灵和齐天大圣孙悟空……孩子们的想象力是那样丰富。他们在家长的帮助下完成夸张造型，妙趣横生。

环节二，新年游戏。青蛙过河、环保分类小卫士、珠江水清赛龙舟、绿色亚运圣火传、抢占绿草地、回收小能手等游戏活动，紧扣环保主题，孩子们玩得开心，又增强了环保意识。

环节三，环保拼图。孩子们用环保材料在操场上绘制出一幅幅美丽动人的图画，表达着自己的美好心愿。如六年级的学生用黑色的塑料袋和废弃的烟花棒等拼成一只展翅翱翔的雄鹰，好一番“鹰击长空”的少年气概！在丰富多彩的活动中，迎新形式显得别具一格，环保的意识深入人心。

为了庆祝国庆节，2009 年 9 月 29 日，石牌街社区和学校一起合作开展了“千花贺中华”手工制作活动。孩子们把在家里收集的环保材料如鸡蛋包装纸托、红色的广告卡纸、胶水、蜡笔等制作工具带来学校，在老师们的指导下，制作出一朵朵红艳艳的木棉花，并在花瓣上写下祝福语，以此表达对祖国最真诚的祝愿。国庆长假期间，这些木棉花展示在岗顶地铁站前，为节日的广州增添了亮丽的色彩，过往的市民都被这富有创意的作品深深吸引，不由地驻足观看。

在这些活动中，师生关系、家长与孩子的关系更加融洽，彼此的距离更近。社区与街道也更加深入了解了学校的状况，更懂教育了，“隔行”不再如“隔山”。丰富多彩的活动，让孩子的环保意识得到潜移默化的熏陶。这个“教育共同体”的氛围是那样其乐融融，每一个成员都充满了参与感与归属感。

（2）特色节日：齐携手，绽异彩。

几年来，石牌小学“读书节”、“体育节”、“艺术节”三大活动一次比一次精彩，已经成为学校的一大亮点。

一个爱阅读的民族是最有生命力、最有希望的民族，爱阅读的社区、校园、班级也是最有活力和希望的。阅读习惯的养成对孩子们来说尤为重要。因此，学校确定每年举办一次大型的“读书节”。

读书节区别于其他两项活动的地方是持续的时间长，一般都是在新学期开学典礼上就启动。当学校发出倡议，提出要求，各年级、班级、老师、学生及各位家长去实施自己的读书计划，最后再进行表彰与成果展示及汇报演出。

2007 年 10—12 月，学校举行了“与经典同行，共享读书之乐”首届读书节活动。在两个月内，开展了“百名优秀小读者”、“书香班级”、“书香家庭”等系列评比活动，与家长携手共建书香家庭和书香社区。各年级都开展了竞赛活动：一、二年级的经典诗文朗诵比赛，三、四年级的成语竞赛、故事比赛，五、六年级的思维导图比赛、作文比赛等。各年级以思维导图为架构的读书卡及各班的成果集，展出在“风雨操场”上让孩子们参观。在成果展示汇演上，学校首先表彰了各个奖项的获得者，然后表演了精彩的文艺节目。值得一提的是，在这次活动上家长义工队宣布成立，这是学校“无墙德育”的又一个有效载体。

2010 年 2—5 月，“相约诗书，畅游书海”第三届读书节活动，历时三个月，在启动仪式上，主持人借用雪莱的诗，发出了“让读书的号角奏鸣”的倡议，号召大家要与书为友，通过读书，成为一个快乐的、心灵富有的、高尚的、不断完善的有价值的人。首先，师生畅谈读书体会。其次，各个年级的孩子进行诵读名言的互动活动。最后，全校师生齐诵毛主席的诗词《卜算子·咏梅》，意在要珍惜美好的时光，勤奋读书，真是“石牌盈盈春色，校园处处书香”。展示活动上，各年级不仅设置读书作品展位，还以各种表演形式展示了读书节班级读书成果：课本剧表演、快板串烧、诗歌朗诵、成语串联……由始至终，孩子们都积极参与活动，家长、老师也不甘示弱，与孩子们一起分享读书的快乐。六年级的诗朗诵《中华少年》更是将演出推向了高潮，“少年智则国智，少年强则国强”，孩子们的铿锵誓言，加上老师们的深情寄语，令人动容。颁奖仪式则穿插在文艺表演中，激起了一次又一次高潮，振奋人心。

“与书同行，收获满园书香，与博览同行，为人生奠基”、“读好书、习美德、立品行”等这些理念一直贯穿读书节活动，以“读书节”为载体调动学生的阅读积极性。所以，学校才会相继被评为“广州市首批书香校园”、“广东省首批书香校园”；才会涌现出一大批爱读书、会读书的“书香少年”，如荣获“广东省百佳阅读之星”的程令等同学；才会有越来越多的教师浸润书香，收获累累硕果，如荣获“广东省十大读书教师”的杨彬老师等。

2. “艺节”与“时节”齐飞

（1）艺术节：石牌合力，别样精彩。

艺术节，石牌小学是承办者，而参与者是整个石牌社区，包括石牌小学、113 中学、石牌三骏幼儿园三个教育单位，以及学生家长、石牌街道、石牌社区、石牌三骏企业集团公司的代表，还有天河区教育局的领导代表。

在艺术节展示活动中，首先会表彰石牌教育的优秀学生和优秀家长代表，主要是对石牌小学和 113 中学的学生和家长进行表彰。嘉宾们在为学生和家长们颁奖的同时，都感慨石牌教育这几年的确是取得了长足的发展，同时作为石牌教育的参与者和支持者、见证者，也不禁为之感到骄傲。

活动的另一“重头戏”是文艺表演。演出节目精彩纷呈，学生、家长、老师纷纷上阵，呈现了一场场“视听盛宴”。

2009 年 5 月 22 日晚，“倾情颂祖国　欢乐石牌行”之石牌社区第三届艺术节暨石牌社区庆“六一”表彰联谊晚会举行。晚会分为“序曲”、“书香石牌”、“缤纷社区”、“尾声”四个篇章，以和谐石牌为主线，以壮观的大型歌舞剧《祖国颂》拉开序幕。表演的节目有英语剧、舞蹈、合唱、舞台剧、三句半、粤剧、武术等，形式多样。精彩的演出赢得台下同学、家长们热烈的掌声。但天公不作美，突降大雨，晚会被迫终止。当学校于 5 月 27 日再次续演联欢会时，家长参与的热情丝毫不减，几百名家长又重聚石牌小学，尤为感人的是四年级一位家长在表演的前两天不小心扭伤了脚，但她依然不顾老师的劝阻坚持表演。最后是新队员入队仪式，随着身穿红色鼓号服的仪仗队铿锵有力的演奏，全校齐唱队歌，在催人奋进的队歌声中，80 面迎风招展的中队旗依次进入会场。霎时间，石牌小学沉浸在红旗的海洋中。

通过这几届艺术节的成功举办，学校、家庭、社区更加紧密地联系在一起，更进一步营造了石牌小学“成长自由自在，未来海阔天空”的育人氛围。

（2）体育节：亲子互动，其乐融融。

体育节，是孩子们最向往的盛会，因为可以和父母一起参与，共同体验成功与失败，拉近孩子与家长的距离。在加油声中，在大手与小手的紧握中，在飞扬的笑脸中，运动场变成一片欢乐的海洋。

2007 年 12 月 29 日，“阳光石牌　家校牵手　喜迎奥运”之石牌小学首届体育节暨亲子运动会举行，参与者为全体师生及学生家长。出场式上，同学们矫健的步伐、嘹亮的口号声、各具特色的列队造型使整个操场沸腾起来。运动场上，在家长和孩子的呐喊助威声中，各年级的二人三足、亲子运球比快、蚂蚁搬家亲子行、亲子二人行、亲子踏石过河、亲子障碍接力赛、亲子篮球运球接力、亲子背对背夹球比快、亲子蜈蚣行比快等项目中高潮迭起。在亲子二人三足比赛场地，一位年过七旬、白发苍苍的爷爷和他的孙女协调一致，遥遥领先，引来观众席上一片欢呼：“真是宝刀未老啊！”在亲子障碍接力赛中，有位妈妈的鞋子都跑飞了，她二话不说，拎起鞋子赤足坚持跑到终点。她毫不气馁、顽强拼搏的体育精神深深感染了同学们。此次体育节，为迎接 2008 年北京奥运，写下了快乐的一笔。

2008年12月31日，“与亚运同行　共享健康和谐”之石牌小学第二届体育节暨亲子趣味运动会举行，参与者同样为全体师生及学生家长。爸爸妈妈一起牵着孩子的手来了，鹤发童颜的爷爷奶奶也来了。扛着“长枪短炮”的爸爸加快步伐跑来了，拿着各式各样道具的妈妈三五一组紧随其后赶来了。有的帮忙摄影，有的验收门票，有的维持秩序，更多的是回到孩子所在班级忙前忙后……各个班级在服饰、道具、队列造型、比赛竞技等方面，都下了不少功夫。比赛场上，不时看到这样的风景：父子、母女围在一起或喃喃细语，或一起试跑试跳，琢磨着哪些环节需要默契配合才能取胜等。尽管当天上午刮着丝丝寒风，下着点点细雨，但是丝毫没有影响师生、家长的参与热情。尤其是下午进行的团体亲子面对面夹球项目和老师们的呼啦圈接力项目，将活动推向了高潮，家长和孩子们的欢呼声似乎驱赶了冬日的寒冷。总分第一名的五年（3）班，赛前已在家长义工们的带领下在暨大操场进行多次操练，真是“众人划桨开大船”。

三大活动的成功开展，都得到了家长的积极响应与热情的参与。特别是家长义工们，一大早就来到学校配合组织活动，令人感动。活动中，家长、老师与孩子们的心贴得更近了，家校联系更密切了。这些活动都得到了社区、街道、三骏企业集团的大力支持，不仅出钱出力，还参与其中。

这种“小手”拉“大手”的形式，以孩子带动家长，以家庭影响社区，三大活动进一步弘扬了团结、奋发、执着的石牌精神，凸显了传承、开放、兼容的石牌文化，营造了石牌社区和谐、充满生机的教育环境。

二、主题活动，让国界“无墙”

（一）跨越“国界”，欢畅交流，心扉“开”

1. 中美教育交流：欢迎“词”

“无心插柳柳成荫。”石牌小学的中美教育交流活动，源于非常偶然的一次谈话。2007年12月的一天，华南师范大学的王红教授到石牌小学进行调查研究。一开始，她是小心翼翼地“试探”石牌教育，但随着谈话的深入，她对石牌小学“无墙教育”的办学追求有了浓厚的兴趣。后来，王教授怀着对“颠覆性”石牌教育的惊喜之情，以一种探寻教育本质的执着精神，促成了石牌小学的中美教育交流活动，并得到天河区教育局的大力支持。

一次次中美教育交流活动，宛若一条神奇的纽带，将关注石牌教育的每一个人的心紧紧地连在一起……

2009年6月2日，在石牌小学关于美国教育考察团到访的接待会上，时任校长周洁发表了热情洋溢的欢迎词。

尊敬的美国朋友们、各位领导、来宾及各位家长：

早上好！

中国有句古话：“有朋自远方来，不亦乐乎？”首先，我代表石牌小学的全体师生及家长欢迎各位的到来！

由于我校特殊的地理位置，学生来自于不同层次的家庭，为了每一位学生都能拥有更广阔的未来，我们提出了“无墙化”的办学思想，期望把石牌小学办成“没有围墙”的学校，让这里的每一个人的发展都“没有围墙”，让出身于不同文化背景的家庭的学生们在尽可能最好的环境下获得知识，帮助他们克服成长过程中的阻力，为他们开创一片自由自在的学习天地，使他们成长为自我更新者，快乐地走向海阔天空的未来。

为此，我们一直致力于拆除禁锢我们教育思想的“围墙”、围困师生身心的“围墙”和学校、家庭、社区之间的“围墙”，积极整合学校、家庭、社区的教育力量，通过构建学校、家庭、社区一体化德育网络，形成了学校的发展优势。

多年的实践证明，人之学习需要“无墙”，学校发展应该“无墙”，学校教育应该“无墙”。这是开放的办学思想的体现与落实，也就是一种“无墙化”办学思想的彰显。

而我们，每一个人都是一个个“无墙”的元素：

我们的老师，是一个个大爱的“无墙”元素。他们用吹绿小草、融化坚冰的“无墙”大爱，在学生的心里播种希望。

我们的学生，是一个个发展的“无墙”元素，他们自由自在地学习，潜能得以激发，快乐地走向海阔天空的未来。

我们的家长，是一个个无私的“无墙”元素。他们是学校工作最默契的合作伙伴，是实施“无墙教育”时，最靓丽的一道风景线。

我们的社区，是有力的“无墙”元素。他们达成了教育优先发展的共识，成为学校工作有力的支持者，为我们实施“无墙教育”注入了强大的动力。

我们的教育局，是“无墙教育”的引领者。他们为学校的发展搭建了平台，并引领学校步入了可持续发展的道路。

我们一起把学校打造成学生喜爱、家长放心、社区满意的一所“无墙型”优质学校。我们的学校成为学生、家长两代人共同成长的乐园。学校因此被誉为石牌社区“传播知识与文明的殿堂”。

而你们——尊敬的美国朋友们，感谢你们的到来，让我们更多地体验到穿越时空、跨越国界的“无墙教育”的快乐，也衷心地欢迎你们再来，为我们实施“无墙教育”注入更多的内涵。

谢谢！

2. 中美教育交流：回忆“录”

“快看，快看，美国校长来啦！美国校长来啦！”这是家长们兴奋的叫喊声。石牌小学师生和家长以最隆重的礼仪形式迎接来自大洋彼岸的美国校长教育考察团。

几年来，学校接待了来自美国、英国、挪威、中国香港地区等国内外教育界同行520多人的到访，为学校的办学打开了一扇“往外望远”的窗户。

【镜头回放一】

2008年6月17日，石牌小学迎来了美国校长考察团的第一次莅临。

为了增强中美两国之间特色教育的探讨与交流，学校采用了图文并茂的故事形式，清晰明了地再现了石牌小学的昨天、今天和明天。

学校家庭诵读小组的孩子和家长们，为美国客人表演了他们自己创编的小品《家校撑起爱的天空》，朴实的表演、耐人寻味的故事情节，再现了学校在创建广东省书香校园活动中，以书香校园建设带动书香家庭、书香社区建设的感人故事。

当家长和孩子们把他们前期共同完成的福娃刺绣赠送给客人们时，他们高兴极了，相互传阅、欣赏着刺绣作品。当得知这些作品是在妈妈带着孩子一针一线刺绣，而爸爸却承担了所有家务的基础上完成时，在场的美国校长们感动不已，他们用掌声和激动的泪水向在场的家长和学生们表示感谢。

生动有趣、充满快乐的剪纸活动里，不需言语，只需一个眼神、一个微笑，孩子、家长和美国校长们用一双双灵巧的手折折剪剪，就折剪出一幅幅活灵活现、栩栩如生的剪纸作品。

在交流活动中，石牌小学特色队伍精彩的武术和舞龙狮表演，将武术精髓和龙狮文化展现得淋漓尽致，令在场的观众如痴如醉，流连忘返。

而互动体验环节，活动推向高潮。在龙狮、武术队队员的引领下，外国客人们跃跃欲试，很快就加入到特色队伍中去体验，他们舞起龙狮，玩起刀棍来，真是像模像样，别有趣味。在一片欢声笑语中，活动圆满落幕。

美国田纳西州纳什维尔市教育局局长杰生教授参加完活动后颇有感慨，他表示石牌小学推动家庭、社区积极参与学校教育教学工作，并与之高度融合，令人感动。他非常羡慕，甚至有点嫉妒！他认为："石牌小学是一所很有民俗味的社区学校，石牌小学之行是一次富有文化味的教育考察活动。"

【镜头回放二】

2009 年 6 月 16 日一大早，美国校长考察团一行 30 多人，再次莅临石牌小学。

参加此次交流活动的有天河区外事办李笑娟主任、天河区教育局卢琳副局长、石牌街办事处陈云娟副主任、石牌三骏企业集团的领导和家长义工们。

举着各色"蝴蝶"的学生小导游，用流利的英文解说了美丽的校园，让美国客人们初步了解了石牌小学的办学追求——"无墙化"——就是开门办学，让人的发展"没有围墙"，让人发展得"没有围墙"。美国客人们观赏着一张张反映学校精彩瞬间的各类活动图片，他们不时发出赞叹声，并不时驻足，与小导游、家长义工合影留念。一路上，五彩的"蝴蝶"、孩子们可爱的笑脸、家长们热情的接待、客人们的兴味盎然，形成了一道动人的校园风景线。

活动中，孩子、家长以古筝、书法表演，传递了友好的心声。随着家长和美国校长的激情互动，一只只毽子——被誉为"生命的蝴蝶"——在空中划出一道道五彩的弧线……

美国校长们还参观了石牌人祖辈读书的地方——祠堂。今昔对比，使他们更进一步感受到石牌社区崇文重教的传统及石牌人奋发向上的精神。

活动进入尾声时，中美双方将感言写在心形的卡片上，并贴在友谊之树上，寓意中美友谊之树长青。一位美国校长说："经历石牌小学的所见所闻，很受启发，我有一种冲动，想尽快回到自己学校，将石牌小学这种办学模式在我们学校实施。”校长们还纷纷用“爱”、“惊喜”、“兴奋”、“卓越”、“荣耀”等词语来形容本次交流活动。

尤为感人的是，其中一位校长把一颗来自美国白宫的蓝色星星贴在友谊树上，她表示要用蓝色星星的珍贵来表达她对石牌小学之行的感受。

（二）跨越“国界”，经验分享，甘泉“涌”

1. 中美教育交流：引发无尽启迪

在多次中美教育交流活动中，美国校长举手投足间，体现出的对孩子的尊重，对孩子的爱，对孩子的真情流露，都是那么毫无保留，他们完全沉浸于与孩子、家长、教师的互动中。

这给石牌小学的教师带来极大的触动，让教师的教育观念得到了深层的洗礼。教师更加相信，只有加倍尊重孩子，信任孩子，才是真正地热爱孩子，才是真正的教育。

在每一次的中美教育交流活动中，石牌小学的学生自信大方、快乐自在，尽情地展示着自己的才能，愉悦地融入与美国客人的交流与互动中。每次中美教育交流活动的导游任务，完全由学生承担，原先在外国人面前不敢开口的学生，现在能用流利的英文向客人们介绍美丽的校园，也正是学生童真有趣的讲解，让美国校长们初步了解了石牌小学的办学追求。学生也由胆小畏缩变得越来越大方自信。他们已经由封闭走向开放，在“事事关心”中日渐成长。

这让我们更加确信，课堂教学不是教育的全部，孩子的成长在课内，更在课外。在教育者为他们创造尽可能多的成长时空，他们的学习自主性在互动活动中会得到更大的激发。他们在自由自在的教育氛围里实现自我更新的不断提升。

经过多次的中外教育文化交流活动，我们发现，由于家长广泛地参与，进一步了解了学校的办学理念、办学目标，从而更加理解和支持学校的教育教学工作。

学校通过有效地开展各种活动，极大地丰富了学生、家长的精神内涵，营造了家庭、社区和谐的氛围，促进了家长教育综合素质的提高。如今，我校家长关注教育、理解教育、支持教育、参与教育的呼声越来越高，他们已经由原来教育的旁观者变为亲身实践者。

这让我们更加确信，一所学校，一旦与家庭、社区相互融合，家庭和社区就会成为学校教育的积极力量。三力迸发，学校教育一定会更精彩。

2. 中美教育交流：坚定教育信念

一次交流，就有 N 种收获；一次活动，就有 N 种创造。

通过中外教育文化交流活动的契机，石牌小学为学生的发展打开了一扇“往外望远”的窗户，营造了一种开放、包容和多元文化融合的氛围；为教师的专业成长开拓了一块崭新的空间，它让教师多了一点思索，多了一点压力，更多了一股工作动力和接受挑战的信心与勇气；为家长参与学校教育提供了一个活动的场地，让所有关心、支持石牌教育的人同呼吸、共命运，成为学习共同体，更成为成长共同体，一起执着坚韧地寻求学校教育发展的精髓。

中美教育交流活动，可谓“一石激起千层浪”。石牌小学正是抓住了国际交流机遇，体验着穿越时空、跨越国界的“无墙教育”带来的快乐，全面促进了学校、家庭、社区教育的和谐发展共赢。这让我们的心境从“随遇而安”、“埋头拉车”达到了“不求自得”的超越，让我们更加坚信，一所学校，应该跨越“围墙”的限制，把教育延伸到一切空间和时间，建构没有围墙、没有国界、没有时空的广阔学习空间，让学校的教育价值在校内外延展，为学生开创一片自由自在的学习天地，使他们成长为自我更新者，快乐地走向海阔天空的未来。

几年的实践证明，在“无墙教育”的思想统领下，石牌小学打破了学校教育的封闭状态，形成了以学校为核心，以家庭、社区为两翼的教育态势，强化了学校、家庭、社区各要素之间的优势互补，整体优化了学校、家庭、社区的力量，进而以发挥整体大于部分之和的作用，提高了学校教育变革的整体效益，推动了学校的整体发展，促进了学生的健康成长，同时推进了石牌文明社区的建设工作。

第二节　石牌小学：德育，社团“无墙”

一、社团活动，让文化“无墙”

（一）传承“文化”，诵读经典，书香“燃”

1. 经典社团：读经典，培性灵，启心智

多年来，“书香羊城”全民阅读活动持续开展，成效明显，社会影响越来越大，全社会的阅读氛围越来越浓厚。石牌小学结合地处“城中村”的情况，把握发展机遇，确定了“书香进校园”的工作重点，建立健全工作机制，广泛挖掘和利用各种社会资源，开展经典诵读活动，经过不断努力，力争办出效应，形成品牌，推动学校发展的特色之路。

（1）浓厚诵读氛围，垦殖心灵沃土。

中华经典诗文是中华民族文化的精髓，也是中华文化艺术宝库中的一颗灿烂的明珠。优秀经典诗文蕴含着丰富的哲理，它所产生的辐射力可以为人的一生奠定幸福根基。

为营造书香氛围，学校进行了大量的宣传活动，早在2004年初，就与石牌幼儿园及113中学一起，以“小手”拉“大手”的方式开展系列活动。学校进行的三届“读书节”活动，每一届都有不一样的精彩和感动；每个周二下午的“亲子共读经典”活动时间，校园里到处书声琅琅，长吟高诵，蔚为壮观；在经典的熏陶下，孩子们的视野开阔了，知道的历史事件、诗人多了，他们的文笔不自觉地变得生动起来，举手投足之间也变得更加有涵养；还有各个诵读小组、学生团体在市、区活动中闪动的身影和取得的骄人成绩，甚至连学校的每一个角落、每一处墙壁等校园文化建设，都洋溢着浓浓的书香之气……“最是书香能致远”，所有这些都共同彰显着石牌教育的特色。

（2）挖掘学校潜能，丰富“无墙”内涵。

著名作家余秋雨说过，在孩子们还不具备对古诗文经典的充分理解力的时候，就把经典交给他们，乍一看莽撞，实际上是文明传承的绝佳措施。

经典诗文语言精练优美，意蕴深刻，它们穿越历史的隧道，保留到如今，是老祖宗留给我们的宝贵财富，它足以使每一个中国人引以为自豪。借助经典诗文对青少年进行爱国主义教育、文明礼貌教育，即在未成年人的血液里融入民族最精华的部分，能帮助学生初步树立正确的人生观和价值观，有助于学生健康人格的养成。

当经典诵读活动在学校深入地开展起来，融合于“无墙德育”的“*N*个相信”之内，学生的精神面貌得到较大的改观。每一天，学生都放开喉咙大声诵读，心灵慢慢得到熏陶，良好的校风、学风、班风渐渐形成。每一次的经典诵读，学生都能近距离与大师对话，聆听到的是智慧的声音，感觉到的是自己的灵魂在经过洗礼之后的澄澈与安静，有效地促进了学生养成教育的全面实施，推动了学校未成年人思想道德建设和德育工作的发展。

诵读是最好的领悟。儿童处于一生中吸收能力最好的时期，从儿童时期就诵读经典，是一种意义深远、合乎人性的素质教育。“经书不厌百回读，熟读深思子自知。”通过诵读大量经典，学生在自我理解与感悟中，去培养领悟语言的灵性与润泽自我的人格。带着对诵读的虔敬和热爱，浸润在琅琅的诵读声中，学生的思维能力、协调能力、艺术鉴赏力等，都得到了极好的锻炼，可谓一举多得。

作为教育的有力后备军和实施者的家长，加入诵读经典行列，如参加学校隔周进行的《弟子规》家长班。父母们深知，和子女一起诵读经典，更能增进父母与子女之间的感情，是最好的亲子活动。

（3）诵读开启智慧，经典涵养德行。

以《弟子规》为例，自从开展了经典诵读，孩子们身上有了许多可喜的变化：他们学会感恩父母、感恩老师，课堂上开小差的情况少了，爱随便说话的情况少了，小手端正地放好，腰板挺得直直的，精神抖擞地看着老师。课后，他们会关切地说一句“老师，您辛苦了”，会主动地和每一位老师打招呼。课上，那些平时胆小、回答问题小声的同学，在“凡道字，重且舒，勿急疾，勿模糊”的提醒下，回答问题积极而响亮。课间，爱打闹、爱追逐的同学能规规矩矩地玩耍了，因为他们知道“宽转弯，勿触棱”、“身有伤，贻亲忧”……即使同学之间有点小的磕磕碰碰，也因为“凡是人，皆须爱”，彼此之间能很快地化解矛盾。甚至于一直最难管理的教室卫生，许多同学也自觉地行动起来，一整天下来，教室里几乎看不到一片纸屑，校园变得越来越美丽洁净。日常的教学中不时有这样让人惊叹的瞬间，最大的感觉是“孩子们越来越灵巧了”！

王××，上课注意力不集中，一向我行我素，对于老师、家长的教导置若罔闻，但是课后，打架闹事却少不了他，成绩一直拖班级的后腿。针对这种情况，老师们商量，首先要让他静下来，决定从培养其耐心入手，因为只有一个能静得下来的人，才能听得进别人的意见。在老师和家长的密切配合下，他能够从开始一接触书本就烦躁不安，到安安静静地读完整本《弟子规》，最后在某些必要的时候，他还能引用其中的名言警句。对于他的变化，不能不说让人振奋。有人说“诵读，让我们诗意地栖居”，的确，在那些美好元素的影响下，我们的心灵变得柔软而细腻。

诵读，给我们的精神增添“钙质”。经典诗文蕴含着许多美好的人性元素，站在孩子们中间，倾听着他们一声声稚嫩的诵读，遨游在美妙的文字世界里，不自觉地陶醉在中华民族五千多年的文化积淀中，真是一种美的享受。诵读经典，学以致用，受教育者的人格情操、信仰追求就在日久天长里渐渐铸就。

华××，一个娇小玲珑的小女孩，小小的脸蛋上，一双乌黑的大眼睛，让人打心底就喜欢这个小女孩。以下是摘录华××妈妈的日记：

“你何其幸运，分到一年（2）班。妈妈以前也在网上看到全国有好多的学校在开展传统文化教育，学习《弟子规》。没想到你一进小学就碰到这样的好机会。爸爸妈妈也去听课了，受益匪浅，就不知道你这个小脑袋瓜有什么反应。”

“不知道从什么时候起，你变了，变得比以前开朗了。以前妈妈喊你的时候，你要么不声不响地过来，要不就轻轻地‘嗯’一声。而现在，妈妈一喊你，你会像小燕子一样飞到妈妈身边来。家里来客人了，你不再像以前一样躲起来，而是会主动打招呼了。而且有什么好吃的，你总会想到爸爸妈妈。今天老师奖励你两颗糖果，你带回家给了爸爸妈妈一人一颗。妈妈问：‘那你自己不是没得吃吗?’你直说：‘没关系。’妈妈知道，这又是《弟子规》的功劳。从开学到现在，爸爸妈妈觉得你一天比一天懂事，一天比一天有进步。感谢《弟子规》，感谢所有的老师。真的感谢!”

“今天，妈妈带你去上舞蹈课。地铁里很多人。忽然你拉着妈妈的手站起来。妈妈开始还莫名其妙，再仔细一看，妈妈面前站着一位老爷爷。原来你是要给老爷爷让座啊！妈妈真惭愧。向你学习。”

“学习了《弟子规》，你会学以致用了。爸爸冲凉找不到衣服，你会说：‘置冠服，有定位……’妈妈匆忙中忘了带手机，你会说：‘事勿忙，忙多错……’你甚至监督爸爸妈妈的一言一行了。说真的，爸爸妈妈非常乐意接受你的监督。我们互相监督，一起学习，一起成长，好吗?”

阅读了以上日记，老师不由得感叹：“是呀，学习《弟子规》的孩子，他的学习成绩不一定次次考第一，但是，他会认真读书，让爸爸妈妈放心；学习《弟子规》的孩子，他知道做人的本分，会做力所能及的家务；学习《弟子规》的孩子，他会孝顺父母，尊敬长辈，心里不再只想自己，还装着别人；学习《弟子规》的孩子，他的德行会不断提升，虽然效果不见得立竿见影，但是坚持下去一定能行。当他的德行不断提升的时候，他也会更谦虚，更会处处为别人着想。这个世界会因为有越来越多这样的人而变得越来越美好。”

同时，在各自的教学园地里，我们的老师自主开发经典教育课程，让学生悠游于经典诗文的时空，畅想于经典文化的传承。

肖彩芳老师这样与学生一道开发“若水”课程：

“若水”课程：漾化经典涟漪

肖彩芳

（一）

武汉大学欧阳祯人教授在一次作《论语与中国文化》报告时，他感慨的一段话在我心中久久萦绕：“天地很大，人存在于世间，应该忠于自己的本心，忠于生命的本质，忠于精神世界的澄澈空明，高远无极……要将超越时空、超越地域、超越阶级党派的精华文化教给学生，要勤奋好学，在精神世界中追求自己的圆满。”他的话乍一听似乎过于理想化，在这个碌碌营营、物质泛滥的时代，浮躁、焦虑、欲望充斥着我们的内心，哪里还有一个角落去盛放我们曾期待过的澄澈空明，哪里还能有真正的精神圆满？

我们可以自嘲，孔子之所以有“发愤忘食，乐以忘忧，不知老之将至”的境界，那是因为他是圣人，圣人的出现是以千年为单位计算的。然而，我们都妄自菲薄了，就如欧阳教授所说，人是具有神圣性、不可替代性、不断发展的可能性的。我们虽平凡如蝼蚁，但谁又不是独一无二的个体呢？在天命面前人人平等，我们拥有同样的使命。

生命，只是一段以时间为单位的过程，在时间之维里，一切物质、地域、执念都可以成为幻影，得到了，只是暂时的寄存；焉知失去，不是永远的解脱？我们拥有的，只是一段时间，只是，我们应该设法在这段时间记忆里，留下属于自己的痕迹、独有的痕迹。

感恩节那天，我引导学生口头表达诗句：

“感恩父母，因为……

感恩老师，因为……

感恩祖国，因为……

感恩每一棵大树，每一棵小草，每一朵鲜花，因为……

感恩日月星辰，感恩雨雪风霜，因为……

感恩我们拥有一副健康的躯体，因为……

感恩每一本凝结了他人智慧的书，因为……

感恩我们来到了这个世界，因为……”

学生说得非常好，但过程给我自己的感触尤其深，我们有那么多拥有的，有那么多值得感恩的。我对他们说，也对自己说：“我们都是大富翁，我们都是大财主，但同时，我们不能光是享有，我们都还欠着许多债，必须去还予父母，还予祖国，还予这个世界……”他们懂了——他们不懂，但也许将来某一天，他们都会懂！

我，是一个普通的小学语文教师。但是，我期待自己的精神世界趋于圆满，期待“一箪食，一瓢饮，在陋巷”而“不改其乐”的洒脱快意，期待我的学生们都能拥有一份如水般的澄澈空明。所以，我期待在经典文化中去寻找憧憬，浸润生命；我期待能做一个“怀揣儒家情怀的现代儒职人”，这目标看起来遥远，然而万里长征，我们总要迈出第一步。何况，经典从来就不是阳春白雪，而是冰山融化的清流，是江河之源。它一直在我们身边，陪伴了中华儿女几千年。

于是我翻开了以前从未静心读过的《论语》、《大学》、《孟子》、《中庸》，翻开了尘封已久的《道德经》、《庄子》，翻开了束之高阁的《古文观止》，翻开了给孩子们启蒙的

《弟子规》、《三字经》、《笠翁对韵》、《幼学琼林》，我不择学派，不究版本，且先让我空洞的经典领域，先来一点不求甚解的普及吧！有了了解，才知如何取舍；有了研读，才能悟其精华。而在此之前，我更愿选择的是于丹们的“白解”，易中天们的“水煮”……

（二）

我开始在班上和学生们一起诵读，从启蒙读物开始，再选读《古文观止》。诵读方法就是简简单单地带着读一读，试着想一想，一起解一解，最后背一背。

作为天河区经典教育课堂实施的中心组成员之一，对于“要为区内老师呈现一种经典教育的课堂教学模式”这一要求，我心中是无比忐忑的。头啖汤美味，但何尝没有风险？我的教学对象是小学六年级学生，他们即将小学毕业，我和他们相处的时间已经不多。如何利用这样的机会，为他们准备一顿经典教育的大餐？如何借此让自己的精心准备变成一颗经典的种子，种入他们的心田，让他们在获得深刻的体验后，留下难忘的印象，因而爱上经典——我万不能草率，绝不能走形式。

我努力在脑海中回味着孩童时偶尔与经典有过的交集，年年岁岁啊，我再也回不到那些年少时光，怪不得孔夫子也会在川上叹喟：“逝者如斯夫，不舍昼夜！”如斯，如斯，除了时光，还有什么“如水”呢？

我的脑海中猛地闪过“水”这一意象，于是僵沌的思维瞬时有了方向。我已经和学生通读过庄子的《秋水》，他们已经学过许多含“水”的诗文，我决定要充分相信他们的智商与接受能力，呈现给他们一个大容量的能提升他们对经典阅读兴趣的诗意课堂。

于是我开始准备，和学生一起读背了《老子》第八章，《孟子·告子》篇的论水片段，还有《庄子·外篇》的《秋水》，然后将公开课上要和学生分享的新内容定为《孔子集语》的“论水”部分。

目标就此拟定：通过诵读历代文人笔下含“水”的句子和诸子代表关于“水”的言论，体会“水”不仅是生命之源，更是文明之源、精神之源；通过诵读《孔子集语》中孔子论水的片段，进一步体会水之内涵，激发学生阅读经典的兴趣。

公开课上，我和学生导演了一部关于水的“大片”。既然是“大片”，就一定会有精彩的起承转合。

【起】文明之源——从甲骨文的“水”字出发，一路经篆书过隶书至楷书的“水”，来到了尼罗河、印度河、黄河及幼发拉底河、底格里斯河边，感受伴水而生的文明脚步，在大禹治水、诺亚方舟的传说与神话里，感受人类对水的敬畏。

【承】诗人之思——在李白、崔灏、李清照、骆宾王、陆游、李煜、朱熹、白居易等诗人的诗句里感受着诗人的情感之“水”：“抽刀断水水更流”的愁闷；“日暮乡关何处是，烟波江上使人愁”的苍凉；“花自飘零水自流”的情深意长；“白毛浮绿水”的童趣盎然；“山重水复疑无路”后的豁然开朗；“流水落花春去也”的亡国遗恨；“为有源头活水来”的智慧；“春来江水绿如蓝”的无尽追忆……还有“蒹葭苍苍，在水一方”的相思；“逝者如斯夫”的惆怅……

【转】哲人之论——这是“大片”的主体部分，我们先回顾了诸子百家中几位伟大的代表人物关于水的言论：

（1）孟子之“性善若水”：“人性之善也，犹水之就下也。人无有不善，水无有不下。

今夫水搏而跃之，可使过颡；激而行之，可使在山。是岂水之性也？其势则然也。人之可使为善，其性亦犹是也。”

（2）老子之“上善若水”：“上善若水。水善利万物而不争，处众人之所恶，故几于道。居善地，心善渊，与善仁，言善信，政善治，事善能，动善时。夫唯不争，故无尤。”

（3）庄子之“谦怀若水”：“秋水时至，百川灌河。泾流之大，两涘渚崖之间，不辩牛马。于是焉河伯欣然自喜，以天下之美为尽在己。顺流而东行，至于北海，东面而视，不见水端。于是焉河伯始旋其面目，望洋向若而叹曰：‘野语有之曰：“闻道百，以为莫己若者。”我之谓也。且夫我尝闻少仲尼之闻，而轻伯夷之义者，始吾弗信。今我睹子之难穷也，吾非至于子之门，则殆矣，吾长见笑于大方之家。’”

（4）孔子之“君子若水”：我们来到了春天的泗水边，那里正涨春潮，阳光普照着大地，桃红柳绿，草色青青，有琴声般优美的习习春风，给翩翩到来的春天伴奏。我们聆听着孔子向弟子们解释他为什么总爱在水边徘徊、沉思：“夫水者，启子比德焉。遍予而无私，似德；所及者生，似仁；其流卑下，句倨皆循其理，似义；浅者流行，深者不测，似智；其赴百仞之谷不疑，似勇；绵弱而微达，似察；受恶不让，似包；蒙不清以入，鲜洁以出，似善化；至量必平，似正；盈不求概，似度；其万折必东，似意。是以君子见大水必观焉尔也。”

在以现代文《孔子游春》导入后，我们依次完成了“七读”：读通——读懂——读趣——读记——读用——读背。我们读懂了“水乃真君子也”：拥有君子般遍予无私的德行、哺育万物的仁爱、无形和顺的情义、深浅自如的智慧、赴渊不疑的勇敢、绵弱微达的慎察、受恶不让的包容、鲜洁始终的善化、至量必平的正直、盈不求概的分寸以及万折必东的意志。并且，我们学以致用，将拥有各色品质的人物一一对应于水的不同特征：诸葛亮的“智”、张飞的“勇”、包拯的“正”、雷锋的“德”、名侦探柯南的“察”……

【合】内省之叹——最后，我们深情地喟叹着：水是有形的，她无处不在；水是无形的，她变化万千；水是刚毅的，可以滴水穿石；水是温柔的，有如母亲的爱抚；水是纯洁的，可以洁净万物；水是浪漫的，不同的笔下，承载着不同的情怀；水，用宽阔温暖的胸怀包容着人间万物，用豪迈奔放的气概涤荡着世间污浊。水，是生命之源，是精神之源。

在经典的土壤里，我们把对“水”内化成了润泽生命的甘霖和养分。

从此，只要立于水畔，我想，学生一定会想起——上善若水，水乃真君子也！

是的，我只是选取了一个意象，然后在一部部经典里截取相关的内容进行组合，可是，在详细诵读这些经典的时间有限的情况下，这样的选择，无疑是可以让学生更好地接受的，是更有效的，起码，他们是有兴趣的，他们是思考了的，他们是的的确确由此对《庄子》、《孟子》、《老子》、《孔子集语》等产生了阅读期待的！在他们将要毕业的前夕，我想，这样就够了！

而对于我来说，这准备与上课的过程，又何尝不是对自己精神的洗礼？君子若水，上善若水，作为教师的我们，也当有水的品质啊！

（三）

我由此开始了我的“主题诵读”尝试，李清照专题、苏轼专题、辛弃疾专题、“仁”专题、学习态度专题、如何“交友”专题……这一个个的诵读主题，不仅给学生带去了丰富的精神大餐，也让我自己得到了提升。

于是，在我和学生的共读里，经典不再是高山仰止，而是在不经意间变成了我们身边最亲切的部分。它是那么的淡雅与清浅，带着绕梁的余音，带着回旋的香味，让不同的读者有着不同的体会。

是的，我是最平凡的一位老师，我的学生是最平凡的学生，我们无法创造那么多惊喜。那么，就让我们淡淡地、一点点地、慢慢地与经典靠近吧，没有太多硬性的指标，没有太多量的要求，没有太多形式的考核。让我们带着一颗开放而谦卑的心，走近经典，走进经典。或许在某个不经意间，我们能看到经典的种子已经发芽，已经悄然绽放出一朵淡雅的花，已经潜移默化地提高了我们生命的质量。

仁者乐山，知者乐水，我们虽远未成“知者”，但让我们亦以水一样的态度和胸怀，去修炼水一样的品质，去汲取水一样的经典养分，在有限的时间之维里，走一段水一样的历程，留下水一样的印记。

若水，若水，“人性之善犹水之就下”，让我们带着“天生性善论的圣贤追求”与“天生有罪论的救赎冲动”，以“出世”的情怀，行“入世”的责任。

天下有道，进而行之。让我们以“水”之道，行之！勉之！自省之！

2. 书香校园：四步曲，三方创，一生香

多年来，石牌小学坚持以经典诵读为引领，以“学校、家庭、社区三位一体化”德育网络为依托，以“诵读中华经典文化，建设石牌学习之邦”活动为载体，以“四步曲，三方创，一生香”的模式，走出了一条打造书香校园，带动书香家庭、书香社区建设，推动学校发展的特色之路。

第一步曲：立足学校，引入诵读，找准书香校园之入口。

第一，确定目标，明确重点。根据学校周边环境缺乏书香氛围这一状况，石牌小学以爱国主义教育为核心，以弘扬中华传统美德为重点，确定了“读圣贤书，立君子品，做有德人”的工作目标，与石牌幼儿园及113中学一起，以“小手”牵“大手”的方式，积极开展“诵读中华经典文化，建设石牌学习之邦”活动。同时，学校制订了相应的方案，将活动分为三个阶段：筹备和启动阶段——成立工作小组，进行教师培训和资料准备；初级阶段——开展班级诵读、学习资源分享活动，同时开展专题系列活动；深化阶段——巩固成果，向家庭、社区拓展延伸。

第二，营造氛围，渲染书香。为了营造书香氛围，学校进行了大量的宣传活动。无论是学校宣传栏里的宣传语，还是校园随处可见的宣传小标语，一言一语尽显诗书之气。多姿多彩的宣传栏吸引了众多的学生和家长观赏，走廊墙的国画、书法、剪纸，即使是稚嫩之笔也洋溢着浓浓的书香。学校不仅在每个班设置了图书角、图书交换站，还将固定的图书馆变为流动的图书站。学校在每层教学楼拐角处设置了五个图书角，使其成为流动的“图书驿站”。图书角造型亮丽，色彩纷呈，充满着阳光朝气。学生课间可自如地取书和阅览。这种时时与书为伴、处处与书为友的场景，如同珍珠镶嵌在学校的每个角落，闪闪发光，熠熠生辉。学生徜徉其间，浸润其中，让书成为学生最好的朋友，让读书成为学校特色发展的基础。

第三，班级诵读，开启书香之门。学校一直坚持每天下午用十分钟的时间，组织全校学生诵读经典美文：《三字经》、《弟子规》、《小学生必背古诗80首》、《笠翁对韵》（选读）和经典名言警句，甚至阅读《论语》、《大学》等。每天同学们都自觉地利用时间进行诵读。久而久之，同学们识字量加大了，理解能力加强了，普通话水平提高了，文化素养也提升了。

第二步曲：课题引路，载体创新，丰富书香校园之内涵。

第一，分层阅读，科学引导。学校根据学生年龄的特点安排推荐书籍：一至三年级使用学校经典诵读校本教材《诵经典美文　做少年君子》1～3册，以此启蒙养德、陶冶情操。四至六年级开展分层大阅读活动：老师根据教材的内容引导学生课外拓展阅读；学生在课外阅读基础上，通过各类读书活动交流分享读书的心得体会。学校建立了科学的小学生课外阅读评价体系。评价主体多元，有教师、学生、小组、家长。评价方法多样，有口试、笔试或形成性评价和终结性评价相结合的方法。课外阅读评价形式采用星级制，通过学生自评、小组互评、家长补评和教师总评的方式，分别评出“三星级阅读标兵”、“二星级阅读标兵”、“一星级阅读标兵”。同时，学校把课外阅读情况纳入到学生综合素质的考核之中，总结经验，推出典型，解决困惑，以保证学生读书行动方案的顺利实施，使教师与学生共同播撒读书的种子，共同欣赏书中风景，共同收获读书成果。

第二，思维导图，深化阅读。学校各科组借助思维导图的课题研究，设计了各种各样、富有特色的思维导图“先学卡”、“阅读卡”、“复习卡”、“整理卡”。形式活泼、激发学生无限遐想的各类思维导图卡片，极大地激发了学生的阅读兴趣，提高了学生的阅读效率。学生边读边画边设计，兴致盎然，爱不释手。学校、年级、班级定期适时地组织“阅读给思维插上想象的翅膀”、“思维导图打开阅读之窗”、“书海遨游图作舟”等系列读书成果展，从而有效地借助思维导图的课题研究，深化阅读活动，使思维导图成为学生遨游书海的快乐之舟。

第三，丰富载体，拓展阅读。每学年，学校都循序渐进地开展各类读书活动，如“经典美文大比拼”、“讲故事比赛”、“阅读手抄报”、“读书交流会”、“课本剧表演”、“家庭诵读朗诵会”等，并通过每年一次的“读书节”这个窗口，展示学校读书活动的成果，让师生、家长共同品味阅读的盛宴。

第三步曲：三位一体，诗书传家，拓宽书香校园之平台。

第一，多方携手，共育书香。学校积极与石牌街道党工委、石牌三骏企业集团公司联系，寻求支持，并与之达成共识：只有学校、家庭、社区携手孕育书香，共同为未成年人创造一个有利于他们不断进步和成长的学校、家庭和社区融洽无间的环境，才能培养出符合时代要求、适应社会需要的人才。石牌街道党工委、石牌三骏企业集团公司明确由街道“关工委”副书记及三骏集团的一位董事专门负责此项工作，形成“协调统一、齐抓共管、各负其责”的工作机制。石牌三骏企业集团公司每年投资数十万元为学校购买图书，更新校园文化，举办“相约石牌，唱响和谐”等大型活动，展示书香校园的成果，表彰在书香校园活动中表现突出的学生和家庭。石牌街道也长期搭建平台，展示书香校园成果，帮助学校主动引进社区所属高校的大学生指导学生阅读方法，还无偿提供在学校附近小区内的一百多平方米的办公用地，作为学校向社区拓展读书活动的场所，更将其街道文化站、图书馆长期义务为社区百姓开放，尤其在节假日及寒暑假里成为石牌小学孩子们的精神乐园。

第二，诗书传家，蕴育书香家庭、书香社区。几年来，学校制定“以点带面、统筹安排、逐步推进”的原则，以诗书传家的形式，推动书香家庭、书香社区的建设。班级诵读、家庭诵读、社区诵读蔚然成风。每天十分钟班级诵读，潜移默化地影响了学生的气质，激发了学生学习的兴趣。家庭诵读小组在热心家长们的带动下不断扩展，人数不断增加，效果越来越好。同时，学校将这一活动推向社区，在家长委员成员的组织下，家庭诵读小组向社区延伸并开展活动。他们利用双休日，将诵读地点选在几个宽敞的祠堂、社区文化站，并将诵读内容进行拓展，老师为家长们准备丰富的诵读资料包，包括名言佳句、古诗词、经典故事、成语等。诵读之风在石牌悄然兴起，书香之气在学校、家庭和社区荡漾。

第四步曲：成效显著，辐射延伸，形成书香校园的特色。

第一，特色鲜明，交流互动。“嘤其鸣矣，求其友声。”石牌小学书香校园活动吸引了海内外同行的友好交流和互动。在天河区、广州市德育工作经验交流会、江苏镇江举办的“全国‘营造书香校园’研讨交流会”、“国际儒学联合会暨全国第二次儒学普及工作座谈会”和美国校长考察团到校考察的交流会上，石牌小学通过开展书香校园系列活动，推动书香家庭、书香社区的建设这一做法得到了上级领导及海内外同行的极大肯定。

第二，书香弥漫，成果显著。学校通过书香校园系列活动的有效开展，极大地丰富了学生、家长的精神内涵，营造了家庭、社区和谐的氛围，提高了家长教育的综合素质。家长关注、理解、支持、参与学校教育的呼声越来越高，由原来教育的旁观者变为参与实践者。学校诵读小组积极参加各类活动及比赛，无论是学校还是社区的大型活动，由师生、家长原创的诵读节目，始终是一道独具特色的亮丽风景线，也获得多项奖励。书香校园的建设，同样推动了学校各项工作的开展，提高了学校的教育教学质量。“桃李不言，下自成蹊。”石牌小学开展家、校、社区的经典诵读活动，营造书香校园、书香社区氛围，在社会上引起了极大的反响，得到普遍关注。广州日报、羊城晚报、南方都市报、中国少年报、共鸣和广州电视台等媒体先后对此活动进行了报道，得到了社会的认同。学校因此成为“广东省首批书香校园”、“广州市首批书香校园”、“天河区书香校园”。杨彬老师被评为广东省“阅读之星”优秀指导教师、“广东省十佳阅读教师”；程令同学被评为广东省“百佳阅读之星”。

因为“学习共同体”的打造，我们每一个人都浸润于书香。

因为阅读，教师悦心。分享与孩子共读时光，肖彩芳老师如是说——

拥抱阳光

——和学生一起阅读的日子

肖彩芳

一、我读，故我在

“阅读的最大理由是想摆脱平庸，早一天就多一份人生的精彩；迟一天就多一天平庸的困扰”，我非常喜欢余秋雨的这段话，“腹有诗书气自华”，在书中，我可以体验“观古今于须臾，抚四海于一瞬”的心灵穿越。因为爱读书，所以，我虽然平凡，却绝不平庸。因为爱读书，所以，我渺小的身躯里，拥有着丰富的内心。

在鸟语花香的清晨，在雾霭萦绕的黄昏，在夜阑人静的深夜，在开心时，在痛苦时，在寂寞时，在迷惘时，书都是我最好的伴侣与慰藉。有书，不觉苍山远；有书，不觉白屋贫；有书，不觉天欲冷；有书，不觉人生寒。

我喟叹着屈原的沉郁悲怆、李白的浪漫豪迈、鲁迅的怒发冲冠、冰心的温婉亲切……我思索着杰克·伦敦的《热爱生命》、海明威的《太阳照常升起》、陀思妥耶夫斯基的《被侮辱和被损害的》、托尔斯泰的《战争与和平》……

我读，故我在！

二、师生共读，其乐融融

我庆幸自己是一名教师，因为在阅读的路途上，有学生相伴。我们一同分享，一同感受，也一同成长！

制定计划，有的放矢。每学期开学初，我和学生共同制定阅读主题，每周至少一节阅读课，每周一、三、五中午阅读 15 分钟。每个阅读小组，每个学生都根据班级阅读主题制定计划，包括书目、每天的读书时间、亲子阅读次数与时间，学期末评选“阅读之星”、“书香家庭”等。

以身作则，潜移默化。“想有好学的学生，须有好学的先生。”因此，要想让学生对阅读感兴趣，教师自己首先要有兴趣。我和学生一起早读，在课堂上根据学习内容进行丰富的知识拓展，和学生分享自己的阅读感受，学生在我的课堂上，兴致盎然。他们说，上语文课是一种享受——这是对我最好的回报与褒奖。同时，他们对我看的书、我感兴趣的话题都非常感兴趣，争相去了解。教师的榜样作用是巨大的。

多彩活动，激发热情。班级经常开展一些读书活动，如开展辩论会、演讲会、读书故事会、人物评论会、佳作欣赏会、读书知识竞赛，制作古诗名句小书签或座右铭、制作书香手抄报、展览作文集，进行“成语王国”、“名人名言”、“漫游古诗园”、“歇后语世界”等主题活动。这些活动很好地激发了学生的阅读热情，也丰富了他们的学习生活。

营造氛围，浸润书香。在班级创设良好的阅读环境，有书香氛围的班级文化，丰富图书角的书量书类。阅读课上，我们带着喜爱的书去校园的天台上、大榕树下、池塘边，共同交流与分享，在此类形式下，学生俨然一个个“书香少年”！

三、有效的方法，是“开往春天的地铁”

我校处于广州市有名的“城中村”内，村民自身的文化素养不高，对孩子缺少必要的引导和监督。身边的社区环境缺少“书香味”，人口巨多，环境复杂，喧嚣不已，身处其中，情绪难免浮躁，难求安静一隅得以静心阅读。学生从小没有培养阅读兴趣，没有掌握好阅读的方法，这就造成了学生阅读量匮乏，思维局限，不能充分体会到阅读的乐趣。

为了克服这种“外忧内患”的局面，使学生阅读习惯得以改变，从阅读的“公交车效率”变为“地铁效率”，我采用了用思维导图来促进阅读效率的方法，这是一种非常有效的教学工具，能够很好地为教学服务。事实证明，学生从烦阅读、苦阅读、被动阅读，已经转变为现在的爱阅读、乐阅读、主动阅读。

我现在任教的六年（2）班，是从五年级开始接手的。我采取了以下策略：

（1）对于课内文章的阅读。

一是利用思维导图让学生进行有效的课前先学。

“以学生为主体”的教学理念，提倡学生进行充分的课前先学，解决自学能完成的问题，培养学生的自学能力，课堂上则侧重于交流汇报、质疑解惑、品析欣赏等。所以，我让学生利用思维导图“预习卡”进行课前先学。为了减轻学生的负担，预习卡的形式由老师统一提供，包括统一的中心图与统一的分支内容。参见下图：

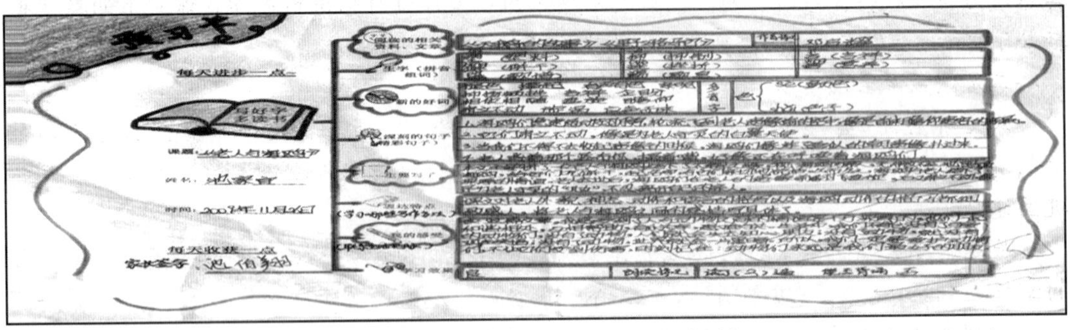

预习卡：六年级上册课文《老人与海鸥》

有的学生具有创新精神，想全部自己创作，我当然更乐意他们能这样做。参见下图：

预习卡：六年级上册课文《老人与海鸥》

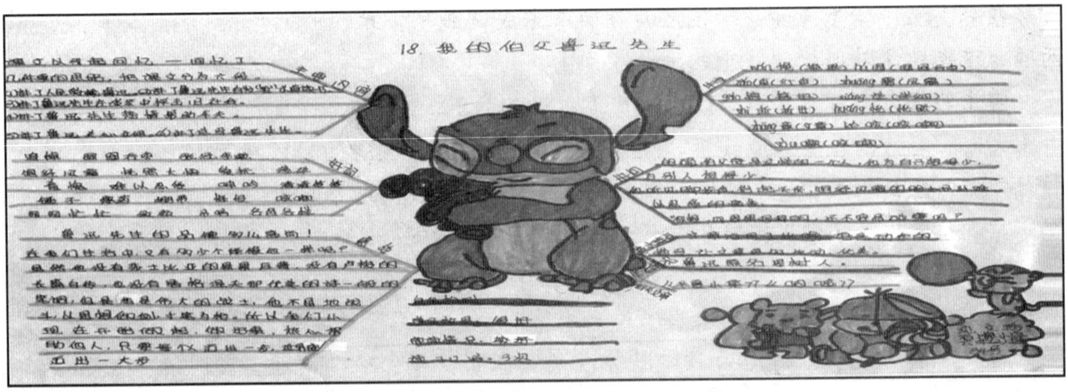

预习卡：六年级上册课文《我的伯父鲁迅先生》

采用这种方法后，学生的课前先学变得有目的性、条理性，效率得到了很大的提高。思维导图的分支，包括生字词（生字的音形义、形近字区分、多音字辨别等）、精彩句子（修辞句、用词优美的句子等）、含义深刻的句子（自己初步体会所得）、主要内容、表达方法、读后感受等，这些内容基本上涵盖了所要掌握的知识点与情感体验要求。其中，前两项分支的内容是要求学生要很好完成的，后四项分支则根据学生的阅读水平，能理解多少就理解多少。学生很喜欢做这样的作业，尤其喜欢写“我的感受”一项，极大地调动了其想象力与积极性。此外，对于老师的教学来说，有了这样的课前先学，课堂上的教学也轻松了许多，可以充分体现“以学生为中心”这一教学理念。

二是学完课文后再对“预习卡”进行修改补充。

课文学完后，学生对文章有了深入的理解和体会，这时再让学生拿出自己的“预习卡”，对之进行修改补充。这样，既能让学生发现自己阅读的不足，又能对文章有更好的巩固复习。

长期这样训练，学生的阅读水平有了明显的提高，对阅读方法、答题技巧都有了更好的掌握。

（2）关于课外文章的阅读。

语文课本为学生提供的阅读内容毕竟是非常有限的，需要大量的课外阅读来提高自身的语文素养，扩大各方面的积累。为此，我布置学生定期完成阅读“缤纷卡”。与课内阅读“预习卡”不同的是，“缤纷卡”完全由学生自主完成，包括绘制中心图、制定分支内容等，可以根据自己的理解侧重于一个分支，老师只提出一些要求，如“文章至少整体看两遍，再根据需要局部看”；“中心图要体现文章的中心思想、意境等”；“‘感受’一项必不可少”；“有明显的表达方式上可以借鉴的方面一定要写上”；“好的词语一定要积累”等。

我要求学生每天阅读一篇课外文章，一周完成两份“缤纷卡”，基本上三天一份，选择近来阅读的三篇文章中给自己感受最深的一篇来制作“缤纷卡”。

学生很喜欢这项作业，尤其是“中心图”的创作，极大地调动了学生的积极性，激发了学生的想象力。他们往往会花较多的时间来构思这一方面，有的用卡通形象，有的用风景，甚至有的用漫画等，“中心图”真是“五彩缤纷”，大部分还能切合文章的主题，“一幅图画抵得成千上万个词汇”。在画图的过程中，他们对文章的理解又深入了一层。

在分支上，学生普遍花了较大的版面来完成“精彩词语、句子积累”和“我的感受”两项，这也是课外阅读最注重的两个方面。

学生的部分“缤纷卡”。参见下图：

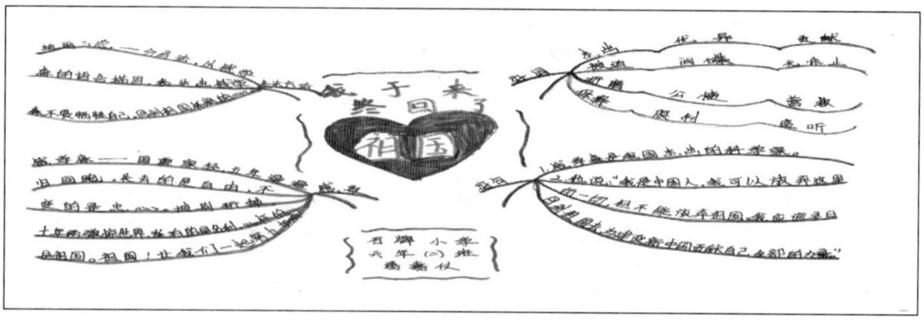

缤纷卡：阅读文章《祖国，我终于回来了》

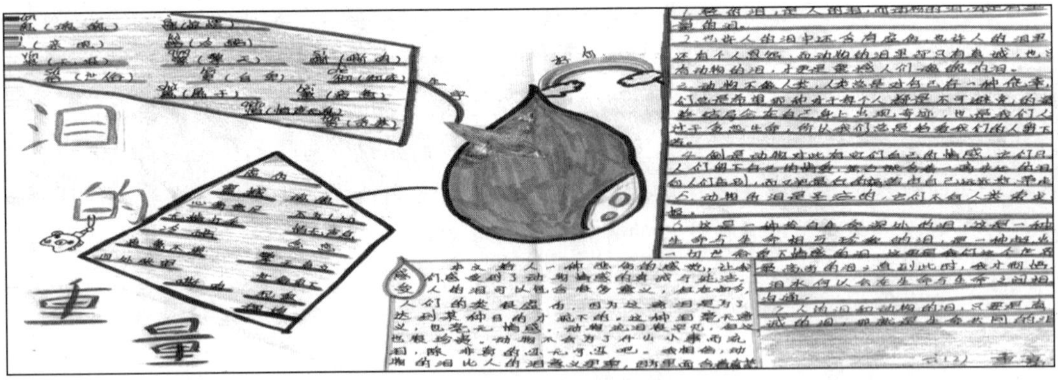

缤纷卡：阅读文章《泪的重量》

缤纷卡：阅读文章《留给孩子的是笑》

每个学生阅读的课外文章是不相同的，于是我让学生之间互相观摩、评价“缤纷卡”，取长补短，激发兴趣。有的学生看了同学的作品后，觉得很感兴趣，马上去找那篇文章来阅读。因为不仅老师会评价，同学好友也要写评语，所以激励学生每一次都认真完成“缤纷卡”。

优秀的“缤纷卡”，我们分类装订成册，成为我们班的“好文推荐册”，在班上传阅。

如果学生看的是一本本的书，如小说之类，那么在看完整本书之后，我都要求其完成一份“缤纷卡”，集结成我们班的“好书推荐册”，在班上传阅。

这样的做法我坚持已有一年，班上的读书之风日渐浓厚，“小书虫”渐多，有几个学生在这一年甚至看完了《史记》、《明史》等对他们来说很深奥的书。课堂上，学生的精彩回答让我感受到“腹有诗书气自华”，学生的写作水平也有了很大的提高。

“大脑的力量是我们未来成功的金钥匙”，而思维导图正是激发了学生“大脑的力量”。犹如一列崭新的地铁，载着我们的孩子们，驶过阅读的严寒酷暑，带着欢笑和希望，开往春天。

是的，书，是一代人留给下一代人的精神财富，是将逝的老人对刚刚开始生活的青年人的忠告，是准备去休息的哨兵向前来代替他岗位的哨兵的命令，所以我会一直热爱读书。书让我的生活轻松，帮助我了解复杂的思想、情感和事件，教导我尊重别人和自己，它以热爱世界、热爱人类的情感滋润着我的心灵。

池莉说过，如果把生活比喻为创作的意境，那么阅读就像阳光。我愿意让书伴着我走完人生之路，我愿意和我的学生一起，在书的世界里，去寻找和超越自己，去发现自己就是“世间唯一最美的花”，有着独一无二的存在！我愿意去采撷、去拥抱最温暖灿烂的阳光！

因为阅读，学生怡心。感悟阅读之乐，潘嘉仪同学如是说——

我读书，我快乐，我成长

广州市天河区石牌小学　六年（2）班　潘嘉仪

一、读书：我的快乐之源

“生活中没有书籍，就好像没有阳光；智慧里没有书籍，就好像鸟儿失去了翅膀。”我是一个12岁的阳光、乐观的女孩，我希望自己的生活天天充满阳光，希望自己能像一只鸟儿，在蓝天上自由自在地翱翔，所以，从小我就很爱读书。如今，读书更是我的一大嗜好。读书太好了——这是我内心的真实想法。

我爱读书，我喜欢借助书的力量登上进步的阶梯，更喜欢在书中尽情畅游知识的海洋。“书山有路勤为径”，从我第一次接触书时，便与它结下了深厚的情谊，我拼命地买书，拼命地读书，家里书架上所有的书我都看过。机智勇敢的诸葛亮，知错能改的廉颇，爱国诗人屈原，直率勇敢的孙悟空，憨厚老实的沙和尚，命运悲惨的卖火柴的小女孩，乐观勇敢的鲁滨逊，淡泊名利、献身科学的居里夫人……每个人物都熠熠夺目，给我留下了深刻印象。

我爱读书，因为书让我了解到两亿年前地球的主宰——恐龙的灭绝，让我知道了中华民族五千多年灿烂文化的源远流长，让我懂得了环境对人类生存的重要性，如果我们再破坏环境，美丽的地球将无一棵树、一株草、一朵花、一滴水……是书，让我学会珍惜，珍惜文明、珍惜生命；是书，让我学会保护，保护环境、保护自然；是书，让我学会挑战，挑战自我、挑战未来。

我爱读书，因为书，我觉得每一天都是那么朝气蓬勃，充满希望！

二、读书：我的收获之源

六年的小学生活转瞬即逝，回想起来，我并没有留下什么遗憾。相反，我觉得自己收获了累累果实。因为爱读书，我的知识面比较广，思维活跃，表达能力比较强，尤其是写作方面经常得到老师的表扬，我的作文几乎每次都被老师当成范文在班上交流；我的阅读理解能力较强，考试时含义比较深的文章，我也能解读得比较到位。我的语文成绩在班上一直是拔尖的。

从小学一年级开始，我先后担任过班长、读书队长、语文课代表、宣传委员、中队长和学校大队长等职务，不管对待哪项工作，我都认真负责，深受老师和同学们的信赖。每个学期，我都会被评为学校的“三好学生”、“优秀干部”等。

尤其是“读书队长”这一职务。谢谢老师对我的信任，将“组织全班同学以小组为单位进行阅读”的重任交给了我。为此，我需要制定计划，查资料，组织班上的阅读交流分享会、主题班会及每节语文课前的“课前三分钟”等，我从一开始的“力不从心”到现在的“轻车熟路”，自己的能力得到了很大的锻炼。更让我高兴的是，现在班上的同学都很爱读书，经常在一起交流读书心得，每次公开课的表现都非常棒，听课的老师们称赞我们“腹有诗书，出口成章”，我窃以为这里面也有自己的一点点功劳。

2007—2010 年，学校先后举办了三届“读书节”，每次我都被评为校园“十佳阅读之星”。

2008 年，我荣获“天河区小学生课外阅读比赛”活动一等奖、“小学生课外阅读读书笔记和读后感比赛”活动一等奖。

2009 年，我荣获天河区六年级语文能力竞赛三等奖；同时，我积极参加广东省“粤星杯”作文大赛、“南方阅读读后感”比赛，投稿数篇，获得好评。

2010 年，经过学校的评选、推荐，在荣获“天河区优秀少先队员”之后，我又光荣地获得了“广州市优秀少先队员”的称号。

通过读书，我认识到一个人必须要全面发展。所以，各项活动我都踊跃参加，如天河区无线电组装比赛、航模比赛、合唱比赛等，并且获得优秀的成绩，全面提升自己各方面的能力。

我要感谢书籍。它让我学会自信、勇敢，学会挑战自我、不断反省，它是我孤独时的伴侣、伤心时的慰藉、迷惘时的星光。它为我点亮了一盏盏温暖的心灵之灯，给予我充足的养分，让我茁壮快乐地成长。它是我的收获之源。

三、我的读书方法

在平常的阅读中，我都会右手握一支笔，左手捧一本书，带着一本笔记本，开始我的快乐阅读之旅。当看到一些优美的句子和词语时，我会画上横线、波浪线、着重号，并且把这个句词摘录在笔记本里。遇到不懂的字，我会查找字典。当看到一些让我感动或让我受益匪浅的段落，我便在旁边写下我的感受。我会上网查找关于文章的时代背景、作者、简介，并自己归纳主要内容。有时，我还喜欢把书中那些复杂的事情、人物关系用思维导图表示出来，这大大提高了阅读的效率。

此外，我还会做精美的读书卡片，并为它涂上颜色，写读书笔记。这些事不需要老师布置，没有人强迫，全因我乐在其中。

每读一本书，都让我感触深刻。如，当我读《安徒生童话》时，我曾为卖火柴的小女孩的命运做过祈祷，为海的女儿哭泣；当我读《红岩》时，我为小萝卜头的命运担忧，对革命先烈的英雄壮举感叹不已，从而更体会到今天美好的生活来之不易，要加倍珍惜；当我读《三国演义》时，我对诸葛亮的雄才大略钦佩不已，真想跨越时空，到三国时期，与之“煮酒论英雄”；当我读《鲁滨逊漂流记》时，我佩服鲁滨逊的乐观、聪明、能干和他那不畏艰险的精神，从而暗暗告诉自己，一定要做一个坚强乐观的人；读《昆虫记》时，我认识了许多关于昆虫的知识，晚上做梦，我都在与昆虫为伴……

于是，我经常会和老师、同学们一起讨论自己的阅读心得，我们互相推荐好的书籍，一起交流观点。我把这些感受化为了一行行的文字，在我的日记本上，在我的读书卡里，在我的作文集中……

四、我的读书梦想

教室的读书角里贴着“好读书　读好书”的标语，这也是我的目标。今后，我会更加努力、积极地去阅读一本本书。书，是我生命的一部分，我要扬起书的风帆，遨游在知识的海洋里；我要插上书的翅膀，飞向更高的成长天空；我要爬上书的阶梯，迈向未来的梦想。

是的，我有一个梦想，那就是在有限的生命里，去读遍古今中外的好书，让我的目光变得深远，让我的思想变得睿智，让我的人生之旅，因为有书的陪伴，变得精彩纷呈！

我读书，我快乐，我成长。

（二）传承“文化”，创演粤剧，薪火“传”

1. 粤剧入校：引粤剧，建社团，传文化

文化是教育的根，缺乏文化根基的教育是无法让学生健康快乐地成长的。石牌小学重视岭南传统文化的教育作用，通过引进粤剧、传授粤剧课、成立“石牌少儿粤剧社”，让粤剧这种富有岭南特色的文化在学校“萌芽、长叶、开花、结果”。

随着城市化进程，石牌村村民生活条件得到整体改善，但“仓廪实而知礼节，衣实足而知荣辱”，在村民文体活动中，粤剧粤曲节目是重要的内容。村民把传统文化中最具有魅力的品种——粤剧，做了极好的传承与发展。曾在20世纪50年代，石牌村的粤剧粤曲爱好者，自编自演一些现代剧本和创作粤曲；1953年石牌村成立分馆，促进了石牌文化室的建设和石牌业余剧团的发展。

在开展传承岭南艺术工作中，石牌小学清醒地认识到只有找准自己的定位，才能有目的地形成自己的传承艺术项目的优势。据此，学校把传承艺术项目的目标确定为：把石牌小学打造成一所学生喜爱、家长放心、社区满意的“显童韵、重开放、创特色、有品位”的中华优秀文化艺术传承优质学校。2008年，我校在天河区委区政府的正确领导下、区教育局的关心下、天河少年宫的协助下成立了“石牌少儿粤剧社”。石牌社区对学校“石牌少儿粤剧社”的成立给予极大的支持与肯定。如今，“石牌少儿粤剧社”在各方关心与支持下，不但丰富了学校的第二课堂，也成为学校传承岭南文化的重要特色队伍。

2. 粤剧社团：演粤剧，唱生活，美人生

粤剧，形成于广州地区，流行于广东省、广西省和香港、澳门地区，并传播到中国以外的华人华侨聚居之地。粤剧音乐，丰富和多样。它以不拘一格的综合唱腔，形成了独具特色的粤剧体系。

学校定期邀请广州市粤剧学校的专业教师对学生进行专门训练，在训练中让学生知道，戏曲是一门综合的艺术门类，它包含了唱、念、做、打、舞各种技术技巧，一个戏曲演员必须受过这些方面的严格训练，才能担负起舞台上的角色创作任务。戏曲艺术的传承和发展应顺应时代的要求，从小抓起，以戏曲艺术的传统魅力宣扬世间真、善、美，揭露假、丑、恶。专业老师根据学生的年龄特点，对在粤剧方面像一张白纸的学生开始进行严格的训练。一招一式要横平竖直，一戳一站要规矩大方。老师们树立基础第一、质量第一的训练目标，让学生有了明确的奋斗目标。训练是枯燥无味的，但老师们注重调动学生的学习兴趣，课堂气氛生动活泼，使学生越来越喜欢粤剧艺术，自觉投入到学习中，使教学达到事半功倍的效果。

石牌小学粤剧社的学生群体都是6～9岁的小学生，学生的理解能力比较有限，加上小孩的天性就是活泼好动，上课时注意力容易分散。特别是在练功课上，主要针对学生的腰腿部软开度和灵活协调性进行训练，刚开始学生在训练过程中会出现不适应的状况和怕辛苦的心理。这时，老师想尽一切办法帮助学生解除思想顾虑，使学生学会勇于面对困难、解决困难。通过基本功和身段功的训练，学生们技艺得到进一步的提高，学生的表演能力不断地增强。同学们亲身接触和体验到中国独特的传统艺术之美！

“石牌少儿粤剧社”搭建了学校、家庭、社区弘扬中华优秀传统文化艺术的平台，营造了整个社区都来关心教育的良好氛围。在短短的两年中，学生已经排练出多个节目，并参加多项交流活动。如，粤剧小曲《红豆发新枝》节目参加学校第三届艺术节，粤剧社三十名小演员一同参加了演出，一群孩童活泼、天真地跳上舞台，展现孩子好动、可爱的天性，男生们动作刚劲有力，一投足、一举手显示出男性的阳刚之气。一群柔情似水的花旦们的出场，使在台下观看的领导、嘉宾、家长眼前一亮，赢得响亮的掌声。此节目还参加“润物无声　以德育人”石牌街社区教育成果汇报暨迎新年文艺演出，还代表天河区参加俄罗斯叶卡捷琳堡市奇卡洛夫区文化交流演出。一首经典粤剧小曲《荔枝诵》唱出了岭南佳果的甜美。小演员们边唱边跳，展现出荔枝丰收的喜悦之情，更带领大家一同回味荔枝果香肉甜的美味。这一节目在学校第四届艺术节中演出，给领导、家长、嘉宾留下深刻的印象。孩子们向家长展示了训练的成果，得到家长的肯定与支持。这一节目更与社区“粤剧社私伙局”的公公婆婆们同台演出，参加美国校长考察团访问交流活动。外国朋友们和孩子们一同翩翩起舞，接过孩子们手中的岭南佳果，品尝荔枝的美味。外国朋友们还向社区老人学习演奏中国传统乐器如锣、鼓、镲、扬琴、二胡等，让外国朋友们体验中国传统文化艺术的博大精深，领略岭南文化的精髓。

二、社团活动，让技艺“无墙”

（一）锤炼“技艺”，龙狮乒乓，德艺“馨”

1. 醒狮彩龙社团：彩龙舞神采，醒狮跃光辉

在中国文化中，龙、狮代表了吉祥、尊贵、勇猛，更是权力的象征。如今，舞龙、舞狮已发展成为集武术、鼓乐、戏曲与艺术于一身的文化艺术，并成为一种具有观赏性的竞赛运动。至今，石牌村还保留着着浓厚的舞狮与舞龙传统。

为了将这种传统文化引入校园，让学生感知龙狮文化的精髓，并将这种文化发扬光大，在石牌村领导和学校领导的支持下，石牌小学于1998年9月组建“醒狮社团”，于2002年9月组建“彩龙社团”。

这两个学生社团，旨在继承中华民族传统文化，弘扬源远流长的舞龙舞狮艺术，锻炼学生身体，丰富课余生活，营造形式多样、精彩纷呈的校园文化氛围。社团的成员由一至六年级有兴趣舞狮、舞龙的学生组成。在带队辅导员以及社区龙狮教练的训练指导下，社团发扬了团队精神，取得了不少好成绩，处处展现了社团的魅力。狮队队员董铭康在日记中如是写道：“很多人不懂得舞龙舞狮的意义，并不重视。其实舞龙舞狮是我国历史悠久

的文化，我们不应该忘了本。对于传统的东西，我们都应该重视，不然我们会失去它……”

龙狮队的奋斗口号是：“彩龙挥舞添神采，醒狮跃动增光辉。”每个队员都必须严格遵守纪律和要求自己，因此龙狮队培养出一批批有诚信、有时间观念、负责任、能吃苦的队员。这一口号与学校校训相得益彰，充分体现了龙狮队的奋斗精神。

为了不影响正常的学习，龙狮队通常利用寒暑假时间进行训练，并参加比赛。特别是暑假，为了参加广东省体育局主办的“广东省传统舞龙舞狮锦标赛”，队员们整个暑假都坚持每天起早贪黑地练习。在高温的露天环境下训练的艰辛，是很难用言语表达的，但是没有人抱怨。因为刻苦的训练、团结协作的精神和对舞龙舞狮文化的热爱，给他们带来了喜人的成绩。

“虽然我们背后的辛苦与付出是超乎常人的，但现在回想起来，我发现这其实是一件很美好的事，还给我的小学生活增加了许多美好的回忆。”龙队队长陆永豪说。龙狮队有特别多重要的表演，自己能够在其中担当这么重要的角色——“龙头”，而且表现也得到大家的肯定，他觉得很幸运，也感到挺光荣。

在龙狮队，强调最多的，就是“一条心”。舞龙舞狮是一种集体项目，龙狮的每一个部分都很重要，有一点失误都会导致动作失败，甚至队员受伤。

龙狮队是一个相互配合和信任而组成的整体。刚开始的时候，大家因为技艺不成熟等原因，总是会发生一些矛盾，但是经过一段时间的磨合，再发生失误的时候，每个人都会首先从自己身上去找问题，然后作检讨，一起商量如何解决问题。例如，为了做好向后压底的动作，队员们一个接一个地向后靠，靠在下一个队员的身上。一旦其中一个人没有撑着，倒了下去，整条“龙”都会跟着倒下去。不过，发生这些事情的时候，队员们并没有互相责备，而是在嬉笑中又开始了重复训练。“龙狮社团之所以被公认为学校最团结的一支特色队，我觉得最主要的是因为我们懂得互相宽容与体谅。”龙队队员池冠桦说。

狮队的训练也是如此。舞狮的拜狮、采青等动作，都非常讲究队友间的信任，不然舞起来就会缩手缩脚。狮队队员池炜康说：“参加训练后，我收获了许多。其中很重要的一点就是做事要有大局意识，否则就可能前功尽弃。”

指导教师傅立宏感言：“在组织龙狮社团这几年，我们很高兴看到了一批批的龙狮社团成员在这个大家庭里健康、快乐地成长。我们参与这个社团，是希望青少年通过醒狮、舞龙训练促进自己的心智发展和养成健康的生活习惯。在龙狮社团，这个愿望我们实现了，我们会继续当好我们指导教师的角色，陪着他们一起快乐成长。”

志愿辅导员参加特色队活动感言：“石小龙狮，龙精狮猛，蒸蒸日上，明天会更好！”

社团成员的感言：“我一开始加入是觉得好玩，进入训练，才发现很辛苦，蹲马步、舞狮头、敲锣打鼓等，这些功夫都需要规规矩矩地练习，让我一时很难适应。经过一段时间的训练，在龙狮社团这个大家庭里，大家一起流汗，一起欢乐。后来有了第一次正式表演，第一次获得掌声，第一次被人肯定，第一次感受到了集体荣誉感和自豪感，从此我喜欢上了龙狮社团，而且慢慢也有了自信，学习也勤奋起来。”[六年（3）班潘俊健同学]

“在龙狮社团，通过舞龙、舞狮的训练，不但能强身健体，而且还学习了很多相关的传统经典文化知识，所以在体能上得到锻炼的同时，在德智方面也有提高。龙狮社团是一

个可以让我们德、智、体全面发展的集体。”［四年（3）班池俊霆同学］

“在这里，辅导员的谆谆教导，队员间亲密无间的合作，让我倍感亲切。龙狮社团是一个热闹而且温馨的大家庭。”［五年（1）班池志烽同学］

龙狮社团参加过的活动及获得的荣誉：

2002 年，广州市申办亚运会活动表演；

2003 年，天河区迎春花市暨表彰大会醒狮表演；

2004 年，“联通杯”2004 雅典奥运会亚洲区拳击资格赛开幕式表演；

2004 年，广东省传统龙狮、麒麟锦标赛小学组醒狮一等奖；

2005 年，国际儒商学会十周年庆典；

2005 年，广东省传统龙狮、麒麟锦标赛小学组醒狮二等奖；

2005 年，广东省传统龙狮、麒麟精英赛小学组醒狮第二名；

2005 年，广东省传统龙狮、麒麟锦标赛小学组男子舞龙二等奖；

2005 年，广东省传统龙狮、麒麟锦标赛小学组女子舞龙二等奖；

2007 年，第二届全球中华经典文化诵读大会一等奖；

2007 年，第二届全球中华经典文化诵读大会特等奖；

2007 年，广东省传统龙狮、麒麟锦标赛小学组男子舞龙一等奖；

2007 年，广东省传统龙狮、麒麟锦标赛小学组女子舞龙三等奖；

2007 年，广东省传统龙狮、麒麟锦标赛小学组醒狮一等奖；

2008 年，社团参加香港教育体验团到访时的表演活动；

2008 年，广州市传统龙狮锦标赛舞龙一等奖；

2008 年，广州市传统龙狮锦标赛舞龙三等奖；

2008 年，广州市传统龙狮锦标赛醒狮表演奖；

2009 年，广州市传统龙狮锦标赛醒狮三等奖；

2009 年，广东省传统龙狮、麒麟锦标赛小学组女子舞龙二等奖；

2009 年，广东省体育大会，舞龙比赛二等奖；

2008 年至 2010 年，社团参加美国校长考察团到访时的表演活动；

2010 年，广州市传统龙狮锦标赛醒狮三等奖；

2011 年，广州市传统龙狮锦标赛醒狮三等奖；

2011 年，广州市传统龙狮锦标赛舞龙表演奖。

龙狮社团参加过的社区活动：

2005 年 5 月 31 日，石牌社区“学校、家庭、社区”德育网络签约仪式暨欢庆“六一”汇演表演；

2005 年，石牌村“迎新年联欢晚会”；

2006 年 10 月 13 日，广州市少先队建队日活动；

2006 年，天河区中小学运动会开幕式表演；

2007 年 2 月 6 日，石牌街文艺演出；

2007 年，天河区中小学运动会开幕式特色队展演；

2008 年，龙狮社团参加北京奥运会圣火传递广州站时的表演活动。

龙狮社团参加过的校内活动：

2000 年，欢迎香港校长来我校交流；

2001 年，石牌小学与日本小朋友文化交流活动；

2000—2006 年，石牌小学欢庆“六一”活动表演；

2007 年，石牌小学首届艺术节暨学校、家庭、社区庆“六一”表彰联欢晚会表演；

2007 年，石牌小学首届读书节启动仪式表演；

2007 年，石牌小学首届读书节成果展活动表演；

2007 年，石牌小学首届体育节表演；

2008 年，石牌社区庆“六一”表彰联欢会暨石牌小学第二届艺术节表演；

2009 年，石牌社区庆“六一”表彰联欢会暨石牌小学第三届艺术节表演；

2010 年，石牌社区表彰联欢会暨石牌小学第四届艺术节表演。

一次次的比赛，一次次的演出，不仅提高了醒狮彩龙社团成员们的舞龙技术，还锻炼了他们的意志，培养了他们良好的集体观念，提升了他们的创新精神与创造力，让队员们在愉快的活动中积极上进，健康生活。如今，醒狮舞龙已成为市、区、石牌社区、石牌小学以及兄弟学校盛大节日、隆重庆典、迎宾、巡游等必备的表演节目。

2. 乒乓球社团：转动乒乓，旋转快乐

在校乒乓球队的建设过程中，我们非常重视球队的队风、学风的建设和德育的渗透。乒乓球队的训练，一般都是利用下午放学后的一个小时来进行的，如何让这短短的一个小时得到更有效的利用，从而提高球队队员的技能，这需要良好的队风、学风作保证。而良好的德育则是良好队风、学风的坚强后盾。

（1）进行感恩教育，让队员学会感恩身边的一切。

随着经济的发展，人们的物质生活水平在不断提高，再加上一些“再苦也不能苦孩子”的思想作用下，家长对孩子的需求，可以说是有求必应。孩子在成长中不再知道什么是苦，什么是感恩。在蜜罐中长大的孩子只知道无论自己想要什么，父母那里都会有。别人为自己所做的事都是应该的。试想，这样的孩子在学习上能吃苦吗？他会珍惜学习的机会吗？他懂得关心他人吗？答案是否定的。所以，乒乓球队建设的第一课就是感恩教育。

第一，学会感恩，学会珍惜。通过感恩教育，让队员知道能加入球队是幸运的，是难得的学习机会，这样他就不会轻易放弃学习的机会，懂得坚持学习；让队员知道球队所用的球、球台等是学校提供的，是公共财产，数量有限，且损坏必须赔偿，这样他就懂得珍惜球室里的所有公物；让队员知道老师在上完课后已经很累了，再来给他们训练是很辛苦的，他就懂得尊敬老师，体谅老师的辛劳，而能做到专心听讲，认真练习，珍惜学习机会。由于懂得珍惜，所以队员们一到球室，在老师还没集中安排练习内容前，总能自觉地拿起球拍相互练球，而不会去追逐打闹或闲聊。由于懂得珍惜，队员们都很爱护公物。

第二，学会感恩，学会做人。由于球队的人数比较多，一至六年级的学生都有，老师为了让队员们能有更多时间利用到练习球技上来，在分组练习时都会要求“以大带小”。如果没有感恩教育在前，有些高年级的队员可能就会不愿带小队员。学会感恩的队员会想到自己也曾经是由高年级的队员带着练习的，如果没有高年级的队员带自己练习，自己的球技也不会提高得那么快，因此也就会乐于带小队员了。学会感恩的队员都懂得关心和帮助别人。例如，我们在分组进行多球练习的时候，一般都会在练习完一盘球之后再一起捡球，由于有些小组队员的动作慢一点，捡的球自然就会少一些，这时捡得多的小组总会很乐意地把多捡的球分给捡得少的小组。由于懂得关爱小队员，所以有些队员已毕业离开学校了，还会常回来和小队员们一起切磋球技，帮助小队员们提高水平。

（2）引导学生学会分析、学会学习，培养观察能力和自我反思的能力。

乒乓球运动是一项对球技和战术要求比较细腻的球类运动，这是由乒乓球体积小、速度快和旋转变化丰富等特点决定的。由于队员的年龄较小，理解能力和学习能力有限，所以我们在手把手地教队员打球动作时，就要先教他们感受做每个动作时手臂上的肌肉怎样收缩，球拍怎样去摩擦球，用球拍的哪个地方擦球的哪个部位等。尽管队员的动作做得基本对了，但面对来球的时候，队员还是常会把球打飞或落网。这时候就需要老师引导队员进行正确的分析，和队员一起寻找成功的因素是什么，失败的原因又在什么地方，回忆自己刚才的动作，是球拍后仰了，还是击球太早了，还是站位不合适等。在教会队员练习方法的同时还要教会队员如何观察分析自己的动作，如果没打好的话，自己应该怎样去调整等。例如，在对发球机进行攻球练习时，有些小队员为了让自己能进步快一点，就对着发球机练到累得动作都变形了还不愿休息，这时就必须让队员懂得停下来，让他们懂得什么是劳逸结合，学会观察和反思自己刚才的动作有没有做对，球有没有打好，是什么原因使自己没打好，并让队员自己说出来。又例如，队员在练习接发球时，如果队员不会观察对方的来球，就肯定接不好球，这样很容易让队员失去自信心而变得怕接球。而学会观察的队员不但能接好来球，还能通过观察对方的动作和擦球方式来完善自己的发球，从而让自己的技术在不断的练习中提高。

（3）合作学习，共同提升。

乒乓球比赛中，总会有团体比赛，这就需要队员们有团队意识。在日常的训练中，我们常常会把队员进行分组练习。在分组的时候，我们会考虑大小队员的结合，并在一段时间内固定队员的分组组合。通过分组练习来实现以大带小的目标。在每次分组练习结束前，我们都会以小组团队的形式进行比赛，有时是单项技术比赛，有时是分组循环比赛，当进行计分比赛时，先按水平进行让分再比赛。由于分组比赛时谁都想赢，想为自己的团队加分，所以在练习过程中，队员们在自觉的互帮互学中提高了学习主动性，也提高了学习质量。高年级的队员为了防止小队员在比赛中失误，总能积极主动陪小队员练习，就算哪个小队员想偷一下懒，也会被老队员及时提醒，同时也让高年级的队员学会分析小队员的弱项，并主动利用自选练习时间来陪小队员加强练习。

为了让团体能赢，队员们在合作学习中不断探讨，学会互助，学会理解，学会利用一切时间让团队的技术能力提高。在合作学习过程中，一些枯燥的单项技术练习和艰苦的身体步法练习转化成了生动有趣的集体活动。队员的技术水平就是在这种合力的作用下不断地得到提升。

（4）积极鼓励，培养队员的自信心。

由于乒乓球是圆的，不好控制，所以小队员刚学球的时候会觉得很难学而变得不自信。这时就需要老师在练习中以热情的态度耐心地帮助队员来完成动作，降低要求，降低标准，使队员减少畏难情绪。通过不断的鼓励和反复的练习，让学生拥有克服困难的信心，使队员真正体会到“世上无难事，只怕有心人”的含义，然后再进一步培养学生坚韧不拔、吃苦耐劳和勇于克服困难的意志品质，从而使队员学会在赛场上顽强拼搏。

对于学校球队来说，乒乓球技能训练是业余的训练，所以队员的文化成绩绝不能落下。我们在抓技能评比的同时也抓文化课成绩的评比。虽然是评比，但就算队员没考好，老师给予的也都是鼓励，而不是批评，所以队员的自信心总是满满的，成绩自然不会差。例如，有个四年级的男队员在读三年级之前语文、数学都学得不错，球也打得不错，还在天河区的乒乓球比赛中获得过年龄组的单打比赛第一名。但在读三年级的时候，英语课好像一下把他难倒了，考试很不理想，在评比表上总不好意思填上自己的成绩，自信心大大受损。这时候老师并没有责备他，而是和他一起分析学不好的原因，引导他回想自己是怎样从连球都抓不住到学会打球的，帮他重建自信心。到四年级的时候，他每次的英语考试成绩都在九十分以上了，而且球技也有了很大的提高。

（5）学会心理调节，培养良好的心理素质。

乒乓球运动本身是一种竞技活动，而学生又具有好胜的天性，个个都想赢，甚至有些平时练习水平很好的队员，在上台比赛时都会因为怕输，担心球打不到对方的台上，而出现紧张、心理发慌的不良情绪，使动作变形。在比赛时，越是害怕击球无力，就越是打不好，动作变形程度就越大，这种心理若不及时调节，会影响其整体竞技水平的发挥和提高。

因此，在日常的训练中，体育老师要合理安排队员进行比赛，让实力相当的队员多进行比赛，在互有输赢的过程中淡化非要赢的心理，让队员知道有输有赢就有进步，学会无论在什么比赛中，不要把输赢看得太重了，而应看重并认真对待每一球，珍惜每一分，从而培养良好的心理素质。

（6）团结拼搏，健康成长。

在球队的建设中，由于重视德育的渗透教育，让队员在感恩中懂得互相关爱，让队员在反思中认真对待每一球、每一分，让队员学会在合作与竞争中懂得如何团结拼搏。

球队近年在参加市、区的各项比赛中，成绩一次比一次优异，2012 年球队在天河区的比赛中获总分第一名，在广州市的中小学乒乓球比赛中获总分第三名的好成绩。只要我们坚持德育在球队建设中有效的渗透，我们的球队一定会建设得越来越好。

（二）锤炼“技艺”，武术击剑，德艺“新”

1. 武术社团：练武强身，切艺养德

练武不但能够强身健体，还可以锻炼学生的意志，培养他们的品德。基于这样的认识，石牌小学成立了武术兴趣班。教师教授基本的武术动作，让学生感知中国的武术文化，锻炼学生意志力，培养他们尊重他人的道德品质。

（1）中国武术文化的教育作用。

武术又称国术或武艺，是中国人民在长期的社会实践中不断积累和丰富起来的一项宝贵的文化遗产，是中华民族的优秀文化遗产之一。

传统中，认为练武能锻炼意志，培养品德。练习基本功，要不断克服疼痛关，具有坚持不懈的意志品质；套路练习，要克服枯燥关，培养刻苦耐劳、永不自满的品质；遇到强手，要克服消极逃避关，锻炼勇敢无畏、坚韧不屈的战斗意志。经过长期锻炼可以培养人们勤奋、刻苦、果敢、顽强、虚心好学、勇于进取的良好习性和品德。武术运动内蕴丰富，技理相通，成为人们切磋技艺、交流思想、增进友谊的良好手段。随着武术在国际上的广泛传播，国外武术爱好者通过练武了解认识中国文化，探求东方的文明。武术通过体育竞技、文化交流等途径，在与世界各国人民友好交往中发挥着越来越大的作用。

（2）武术教育的实施。

第一，武术兴趣班，强身健体。石牌小学组建并成立了武术兴趣班。武术兴趣班吸引了众多学生的眼球，得到了众多家长的支持，激发了老师们的工作热情。自从武术兴趣班成立以来，武术兴趣班的成员不负众望，学生个人及集体取得的荣誉令人啧啧称赞，有国家等级的荣誉，有省一级的荣誉，有市区级的荣誉……但荣誉还是次要的，重要的是武术对学生的德育教育起着重要的引导作用和影响。孟子曰：“吾善养吾浩然之气。”这里的“气”即是“正气”，亦是道德，一个“养”字，点明了“德”需长期培植涵养的深意。因此，教师在对学生进行德育教育中，要利用武德修养的方法，通过修、练、学，即在时间上持之以恒，态度上虚怀若谷，范围上广参博学，行为上严于律己，在生活和学习中通过多种教育方法来加强学生的道德品质。

这不得不提起李思泳这位品学兼优的学生。李思泳给人的感觉是阳光、活泼开朗、积极向上、精力旺盛……整天脸上挂着微笑，他的人生字典中没有“愁”字。最初，刚踏入石牌小学时，他是一个普普通通的乖孩子，按时上学，按时完成作业。进入二年级后，他的个子让老师选中了他，希望他参加武术兴趣班，然而他却不情愿，认为练武术是一件累事、苦事、脏事。可喜的是他家长是一个非常支持学校与老师工作的家长，这时老师约来了家长，和李思泳同学进行交流沟通。告诉他练武术其根本乐趣在于改变自己，让自己对事物充满信心，他就是在这种朦胧的意识中参加了武术兴趣班。李思泳自从参加了武术兴趣班后，个性发生了巨大的变化。

第二，武术课堂，传扬文化。武术课堂是一个严肃的教育场所，师生要用武术礼仪的标准来约束自己，言行有礼。教练在向学生传授武术知识之前向学生讲授武术行礼的来源和方法。例如，在武术中最常用的是抱拳礼，它是由中国传统的作揖礼和少林拳的抱拳礼（四指礼）加以提炼、规范、统一得来的，并赋予新的含义。在进行武术课教学时，教练向学生传授鞠躬礼，以示师生之间的相互尊重。在武术兴趣班中，虽然只有武术的套路练习，教练也在教学中向学生讲授武术中持器械的礼节。如抱刀礼、持枪（棍）礼等。向学生指出持双器械，应将器械交一手执握，如行持剑礼、持枪（棍）礼；若不适合行礼时，则应两手持械立正，行注目礼等。通过教练的讲解示范，学生了解礼节在武术中无处不在，使学生养成尊师敬友、谦虚谨慎的优秀品质。几年来，武术兴趣班的学生的精神面貌焕然一新，让人刮目相看；无论是在比赛场上的表现，或是文艺晚会上的展示，武术队员们已不只是把武术礼节和动作当作武术礼仪中的一种外在表现，重要的是队员们已了解了武术礼节的深刻含义，队员们在感受到武德的博大精深的同时，也唤起了他们内心的追求，渴望知礼、明礼。例如，在武术表演时，队员们均行“抱拳礼”，然后落手立正，礼毕。在武术训练中，规范地运用武术礼仪，可以表现出学生容端体正的尚武本色，充分反映出习武者的良好素质。

第三，武术教学，尊师重教。古人云：“志不立，天下无可成之事。”在武术教学中，协助教练的老师先让学生树立自己的理想，鼓励学生对理想应该有崇高的追求，通过努力奋斗实现自己的理想。在武术教学过程中，教练通过教学生学习武术套路，让学生形成正确的武德修养，对学生的德育教育起着重要的引导作用和影响。因为传统武德的主要内容包括忠于国家民族、仗义济民、勇敢牺牲、重义轻利、诚信谦让、勤奋刻苦等。传统武德的“忠、义、仁、勇、礼、信”，与我们现在提倡的公民道德规范“爱国守法、明礼诚信、团结友善、勤俭自强、敬业奉献”精神是一致的。慢慢地，李思泳成了“班级之星”，有很多同学支持他，因为他友善、随和。在学习上，他也经常处于“忘我”状态，阅读课时，他可以静静地坐在他的位置上看课外书整整一课时，就连说话都变得文明礼貌了。这样一个尊师爱友、严明律己、勤奋好学、积极向上的学生，难道还会少了支持者吗？

第四，课后练习，锻炼意志。俗话说：“台上一分钟，台下十年功。”在学习武术的过程中，学生往往会遇到一些困难，在练习中学生会有强烈的疼痛感。每每此时，我们的教练就不断地变换练习方法，和学生共同练习，引导学生克服疼痛，长期坚持。学生就培养了持之以恒的品质。有的学生练习到一定程度就不再精益求精，这时，我们的教练就向学生讲解武术动作的特点，要求学生在套路演练中应表现出武术的精、气、神，从而培养学生顽强拼搏、永不自满的精神品质。将武德修养的方法与道德养成相结合，真正做到对学生进行思想道德和意志品质的教育与引导。李思泳在四年级上学期的学习过程中，曾出现这样的问题：上数学课时总爱和前面座位的同学讲话，连续几天都是这样，即使老师提醒了也无动于衷，数学老师很快和教练谈起了这件事。课间休息时，教练把李思泳约到了读书廊一角谈心，先从他的习武开始，聊到他屡次参加武术比赛所获得的成绩，他兴致盎然，讲到成绩就喜露于形，教练再让他想想获得成绩的背后他所付出的努力，他渐渐明白了“业精于勤，荒于嬉”。接着教练话锋一转，询问他，数学课上他出现了一些小问题是否跟他习武一样，以为自己已经会了就没必要再认真听讲了。李思泳毫不犹疑地回答了“否”。教练相信他已经明白了：无论是在习武上或是学习上，都要谦虚谨慎，戒骄戒躁。

时代在发展，我们在继承传统优良武德的同时，还要根据实际情况不断充实武德的内涵，建立起新的具有时代精神和社会主义特色的新时期武德，为学生的全面发展服务。在武术练习时，学生互相帮助，互相评价，增强了学生之间的语言、情感的交流，提高了学生对个人、集体的关注。所以，武术的内涵与学生思想品德的教育是相同的，这是“无墙德育”的一种体现，石牌小学武术教学是对“无墙德育”的一种推动，也是对“无墙德育”的一种提升。总之，在武术教学中，教练要向学生渗透武德的观念，使学生从内心中感受中华武术的博大精深，提升对武术内涵的认识，把武德内化为习武者所应具备的一种行为标准，从中感受到中华武术的魅力，提高个人的品德修养，让学生成为一名合格的社会主义小公民。

2. 击剑社团：击剑运动，效能调查

作为一项传统的体育项目，击剑可以训练学生的身体协调性和敏捷性。石牌小学的击剑社团自创立以来，得到迅速发展。2012 年，我们通过文献法、调查法等，对石牌小学击剑队的人员发展情况、兴趣程度、环境认可度、心理状况等进行了调查研究，发现，击剑这一项目有着很大的发展空间，但是也受到学生年龄、家长等因素的影响。①

（1）击剑运动的实施背景。

击剑是从古代剑术决斗中发展起来的一项体育项目，它结合优雅的动作和灵活的战术，要求运动员精神的高度集中和身体的良好协调性，体现出运动员优雅的动作和敏捷的反应。击剑运动不断发展与普及，已成为一项热门的时尚运动项目。广州市天河区石牌小学把击剑运动作为一项运动项目，进步不小，但成立时间不长，在发展的过程中还存在着一些困难。我们通过对广州市天河区石牌小学击剑队进行调查分析，提出相应的建议，为建设一支传统运动项目的长远发展打下坚实基础。

击剑是一对一的对抗格斗运动项目，技术性比较强，手上动作变化复杂，步法移动快而频繁，攻防转换快，要求运动员要在快速、复杂多变的激烈对抗格斗中，完成一系列以力量、速度、柔韧、协调和耐力等各种运动素质为基础的攻防动作，对这些运动素质的培养有非常直接的作用。同时，击剑又是一项智者运动，为了战胜对手，剑手必须不断地分析对手，通过观察判断，排除假象，辨别真伪，捕捉本质，以迅速准确的结论来指导自己的行动。因此，击剑运动能培养人的多种运动素质及形体气质与礼仪，锻炼敏捷灵活的思维、随机应变的能力和战胜困难的各种心理品质。

现在的孩子家庭条件比较优越，都是独生子女，平时较为缺乏独立精神。然而，他们面对的未来将是竞争更加激烈的社会。击剑运动弥补了孩子在书本中很难学到的知识，无论是意志品志、个人修养、形体发育，还是对世界文化知识的了解等方面都大有益处。美国权威书籍有句名言："通过练习击剑能够达到自信、自控和自我意识。"而这是一个孩子将来转变为成功人士所必备的三大要素。击剑对智力开发大有好处，少年儿童通过击剑课程学习，能够快速养成良好的素养、优秀的品质、坚强的毅力、高贵的气质、优雅的举止和良好的心理素质。

（2）研究对象与方法。

研究对象：广州市天河区石牌小学的 35 名现有击剑队员（男生 24 位，女生 11 位）和 10 位专家。

研究方法：文献法——通过搜集与击剑相关的文献资料，根据本文的研究目标，加以参考；问卷法——对家长和击剑队员进行问卷调查，汇总其对击剑的态度和看法；逻辑分析法——通过逻辑思维方式对数据进行分析和评价。

（3）调查结果与分析。

第一，击剑队发展情况：逐年增加。

目前，石牌小学一共有 35 名学生参与击剑运动，其中男生 24 位，女生 11 位。同时，有专业教练 1 名，击剑顾问 1 名。石牌小学击剑队于 2008 年建队，虽然建队的时间较短，

①主要参考文献：

高春海．心理素质在击剑比赛中的重要性．辽宁体育科技，2009（3）．

击剑运动好处多．江门日报，2010 - 09 - 02.

中国击剑协会网，http://fencing. sport. org. cn/.

全国体育学院教材委员会编．体育运动心理学．北京：人民体育出版社，1999.

蒋丽芳．培养学生体育兴趣研究．和田师范专科学校学报，2006（3）．

但每年的人数都在不断增加，特别是女生人数更是逐年增长。学生对击剑运动有了更深的认识，更乐于参加这项运动。更多的男孩子更喜欢具有挑战性的击剑运动，女孩子对这项运动的兴趣也在不断增长，如下表所示。

广州市石牌小学击剑队员人数表（单位:人）

年份		2008	2009	2010	2011
性别	男	8	13	17	24
	女	1	3	7	11
总人数		9	16	24	35

第二，学习击剑的兴趣：日益增加。

兴趣是对于事物特殊的认识倾向，它是一种心理活动。当兴趣发展成为爱好时，就成为一个人的较长久而相对稳定的行为倾向，影响着人们能力的发挥。正所谓“兴趣是最好的老师”。通过调查研究表明，如下表所示，学生对击剑这项运动的认识逐渐地提高，对击剑产生的兴趣也在不断地提高。每年，董兆致先生（广州市天河区石牌村人，曾获世界锦标赛男子花剑团体亚军、悉尼奥运会男子花剑团体亚军和世界杯花剑大奖赛男子花剑个人冠军等奖项）都会到学校考察学生们的训练情况，给学生带来新知识，与击剑的社团成员打成一片。在这种环境下，学生对于击剑的认识、兴趣日益增加。

对击剑运动的兴趣调查表（单位:%）

兴趣程度	非常喜欢	一般喜欢	不喜欢
所占比例	73. 3	18. 5	8. 2

通过下图可以看出，小学生对击剑运动抱着玩一玩的态度和对其提高身体素质方面的认识占有比较大的比例，说明小学生的想法还比较单纯。他们希望通过击剑，既可以达到玩的目的，又可以锻炼身体。对于击剑运动更深一层的理解，如培养意志力和高尚品质方面，他们还没真正体会到。因为小学生正处在身心发展时期，他们的心智尚未成熟。等他们心智、训练水平达到一定程度之后，再加上教练的不断熏陶，让他们了解相关知识，孩子们对击剑运动的认识便会提升到一个新的台阶。

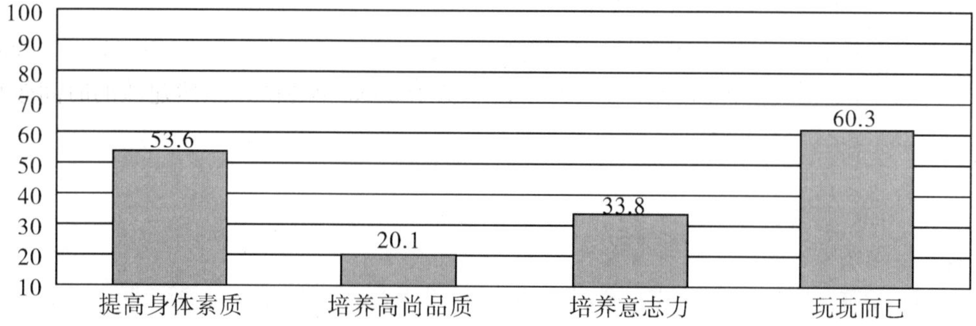

对击剑运动感兴趣的原因（单位:%）

第三，对训练环境的认可：有待改善。

良好的训练环境对击剑运动的开展具有非常重要作用。根据国际击剑场地要求：击剑比赛是在一条长 14 米，宽 1.5 ~ 2.5 米，高 10 ~ 50 厘米的金属道场地上进行。金属道的作用是运动员刺在比赛场地上有信号显示。金属道的两端各有一个拖线盘，内有可自由进出的电线，这根线与运动员身上的电线接通，而运动员身上的这根线与剑接通。下表是 10 位专家和 35 名队员对我校击剑场馆设施的满意度调查情况。

专家、队员对我校击剑场馆设施的满意度调查情况（单位：人）

满意度	非常满意	一般	不满意
专家	1	5	4
学生	7	17	11

通过上表可以看出，专家、队员对我校击剑设施的满意度不高，这也说明了我校击剑场地还存在着不足之处，主要原因是场馆太小，并没有符合基本的击剑场地要求，有待改善。

第四，作战心理水平：比较有限。

心理素质是竞技体育比赛中的重要环节，它的好坏直接影响着比赛的成败。击剑运动员如果忽略了心理素质的培养和提高，则很难取得优异成绩。在击剑比赛中，人们往往看到的只是身体素质、技术、战术方面的表现，但是要取得一场比赛的胜利，良好的心理素质在关键时刻就起到非常重要的作用。输赢往往就在一剑之间。在压力越大的情况下，谁的心理素质过硬，谁能把握住最后一击，谁就是最后的胜利者。由于石牌小学击剑队员的年龄小，心智尚未成熟，提高身体素质的同时，教练组都不忘给队员进行心理辅导，从小培养击剑队员过硬的心理素质，以便适应更大型的比赛。下表是对我校击剑队员在训练和比赛中承受能力的调查。

通过下表可以说明，我校击剑队员无论在训练，还是在比赛中，他们心理适应能力比较有限，也印证了青少年时期运动员的心理特征。

对现有队员在训练、比赛中心理承受能力调查（单位：人）

心理承受力	淡定	感觉一般	害怕
训练	5	20	10
比赛	2	13	20

（4）结论与建议。

第一，结论。

①目前，广州市天河区石牌小学击剑队伍不断壮大，学生们对击剑运动的兴趣也不断提高，通过调查研究，击剑运动作为广州市传统运动项目在我校发展形势较好。

②击剑运动能激发学生对运动的兴趣，能从小培养学生高尚情操、坚强意志力，提高身体素质，活跃学生思维，对提高学习成绩有较大的帮助。

③由于队员年龄较小，身心还未成熟，通过击剑运动，能较好地促进学生心智发展，从小培养其稳重的形象、灵活的思维。

④通过研究表明，良好的训练环境不仅有利于提高击剑运动的成绩，更有利于学生在良好环境中健康成长。

第二，建议。

①因为我校击剑队成立时间不长，各方面准备还没完全到位，如教练组成员、场地设施等，所以，要想发展壮大我校击剑队伍，就要加大击剑项目的软、硬件设施建设力度。

②加强家长、学生对击剑运动的认识度，要得到家长的支持与帮助，让学生真正体会到击剑给自己带来的快乐。

③加强学生心理辅导，聘请相关心理方面的专家给学生上课、训练，让他们在比赛中能够充分发挥平时训练水平，取得优异成绩。

④抓好思想建设强度，从小培养学生坚强意志力与高尚品质。

第五章　心扉自在：德育“无墙”的魅力

教书育人，亮今丽明。

清晨的阳光，洒落在石牌村牌坊上，一个个红领巾在牌坊下踏出新脚印；轻悠的夜风，飘过一条条不规则的村路，顺势携起一家家长长的睡梦。阳光里，石牌的学子，眼笑心欢，畅饮着自在的甘泉；夜风中，石牌的榕树，枝繁叶茂，伸展着成林的力量。

听，小鸟鸣翠了一树的生机，青蛙诉说着一天的收获；瞧，身影穿过了一村的小路，童趣绕满了全校的时空。是的，这里的心扉敞开，这里的成长自在，只因，我们的“无墙”，开拓着未来……

第一节　石牌小学：德育，育人“无墙”

一、班级经营，点滴做法蕴“无墙”

（一）班级“功夫”，大导细引，功在“爱”

1. 班级管理自动化

班干部是班集体的核心成员，是班主任进行工作的得力助手。因此，班主任要重视班干部的选拔和培养，充分发挥他们在班级中的作用，带动全班同学和集体不断前进。

选班干部先要看人品，是否心地善良、胸怀开阔，接着看是否头脑聪明、思维敏捷，再看办事能力。教师可以根据岗位的重要性，采取不同的竞选式选拔方法。

班干部人员定下来以后，就要制定班干部职责和班规。这既要要求班干部对照职责开展工作，教师随时检查，也要让学生之间互相督促，多留意班干部的一言一行，在期末评出优秀班干部。久而久之，学生养成了一种习惯，即使教师不在场，班里的工作也能照常进行，也就实现了班级管理自动化。

但是，对于班干部在工作中有做得不够好的地方，如果不是违背原则性的问题，班主任尽量不要当着全班同学的面指责他们，要维护班干部的威信。事后，班主任再找班干部谈话，指出工作中的不足之处，并教给他们一些好方法。重要的是，班主任要引导全体班干部以身作则，对工作认真负责，对同学严格要求，以这样的方式树立自己的威信，才能让同学更尊重他。

2. 偶发事件善诱导

在班级管理中，学生不可能百分之百地去遵守纪律。学生违反了纪律，班主任要及时处理，动之以情，晓之以理，让他们首先认识错误，然后改正错误。一个学生偶尔犯错误很正常，犯了错误不可怕，可怕的是犯了错误不改正。一位班主任这样处理学生的偶发事件：

六年级一节复习课，要做的练习较多。我刚一转身在黑板写字，就听到有人在轻轻地吹口哨，我转过身，声音又停止了。如此反复几次后，我十分生气。在忍无可忍之下，我干脆停下来，用严厉的目光扫视全班同学。从表情和眼神中，我发现后排一个脾气倔强的同学神态有些异常，若直接盘问他，引起冲突就正中其下怀了。于是我不动声色，找了个理由把那位同学请到讲台上来做练习，并趁机对学生们说：“刚才我在黑板上写字的时候，有种特别的声音响起，不过现在没有了，你们听，某某同学在黑板上写字，教室里寂静无声。”听了我的这番话，学生们个个掩面偷笑，可见我的做法没有错。我这样低调处理了以后，后半堂课再也没有口哨声了。

学生天生调皮任性，偶尔在课堂上捣乱是常有的事。教师期望学生们每一节课都规规矩矩是不现实的，关键是在遇到学生故意捣乱时，要处变不惊，并设法诱导。上例中，教师的做法就是暗示那位学生，清楚是谁在捣乱，但又不与学生正面冲突，从而保证了课堂教学的顺利进行。

3. 积极竞争班风好

有心理学家曾做过调查，得出结论：孩子从同伴身上学到的东西远远多于从长辈或老师身上学到的。如何让学生成为学生的榜样，形成良好的学习竞争局面，是每个班主任要着力解决的问题，也体现出班主任管理班级的艺术。一位班主任的做法是这样的：

本学期，我着重引导学生互相学习。每天中午，我要求学生按座位顺序在黑板上抄写几句名言或几个成语。上课前，由抄写的学生上讲台作简单的讲解。这样，学生的学习兴趣得到了提高，知识面得到了扩大。另外，我还设置了红花本，听写获得100分、上课积极发言、受到老师表扬、受到家长表扬等每一件做得好的事情，学生都可以获得一朵红花，并在期末评出“红花少年”。这样，学生的学习积极性调动了，每个学生身上的优点突显出来，良好的学习氛围就容易形成。

没有良好的班风、学风，班主任再努力，对于这个班集体的教育、教学，都将成为空谈。班级管理工作千头万绪，要想培养出良好的班集体，就要讲究管理艺术和方法。

（二）班级“细节”，雨细风和，妙在“巧”

1. 用劳动细节教育学生

小学班级管理里，日常事情细小、烦琐，什么地方考虑得欠周到、指导得欠具体，什么地方就容易出问题，往往花费许多精力。如低年级学生搞卫生，班主任就得耐心地指导学生怎样握扫把，怎样由前到后、有条不紊地打扫。一位班主任这样用劳动细节教育学生：

记得我刚接手一个由二年级升入三年级的班，班上的学生还很小。进行教室大扫除时，我安排他们分两队站在前后门口两边，看老师打扫、洒水、扫地、摆桌椅。我做完劳动示范后，才让他们打好水进入教室，听老师安排，先擦自己的桌椅，再擦地板，教室很快就打扫得干干净净。

大扫除前，我会事前想好人员分配，安排高个子学生打扫教室的高处，矮个子学生打扫教室四周的瓷片，其他同学按座位打扫靠门、窗的卫生和教室前后的卫生，最后打扫个人桌椅及地板，这样一来又快又好，人人都有活干。

扫地是一件具体的小事，但其中有育人的大文章，如培养良好的卫生习惯，培养热爱集体的思想，培养认真、严格、一丝不苟的科学态度，懂得珍惜劳动的成果，懂得如何与别人友好协作。人的品格就是在一件件平凡而具体的事中慢慢塑造而成的。千件、万件事情，把它们串在育人这根红线上，就觉得忙得其所，忙得有意义，因而手勤脚快，乐此不疲。上例中，班主任从亲身示范到有条理的安排，学生看在眼里，记在心里，后来搞卫生就有条有理。班级管理无小事，教育工作无小节，关键是看班主任如何思考，如何落实。细微之处见精神，从细节抓起，管理才能让人赏心悦目。

2. 用形象细节教育学生

班主任是学生的领头羊，如果不能在细节上影响学生，便不能当好学生的导师。捷克教育家夸美纽斯曾说：“教师的职责是用自己的榜样教育学生。”因此，班主任看见掉在地上的粉笔头应亲自捡起来，用完粉擦应放回粉笔盒里，讲台上不摆放其他杂物等，这些“小事”就能给学生做很好的示范。

类似的细节，在学校是常事。作为一名班主任，应该抓住每一个细节进行教育。当学生随手将垃圾扔在地上时，教师可以弯腰捡起来，然后和气地问他：“你这样做对吗？”当学生课间大喊大叫，不讲文明时，教师应予以制止；当学生戴歪了红领巾，衣服纽扣没有扣好时，教师可以帮他们理一理、扣一扣；当学生驼着背听课、做作业时，教师可以轻轻拍打一下他的背以示提醒……

这一个个细节，要靠班主任和班级教师平时多注意、多提醒，做到眼里有学生。这样，学生眼里就会有老师。教育无小事，时时刻刻关注细节，让细节教育成为美的教育。

3. 用生活细节感染学生

师德的灵魂是师爱。班主任及教师关爱学生，不应该停留在口头上，而是要体现在无数个细节之中。一位班主任这样用生活细节感染学生：

一天上课时，有一个女生告诉我她的同桌不舒服，谁知没等我开口，那位女同学大声说：“我来月经了！”顿时全班安静了，我马上冷静地说：“你先趴一下吧。”事后我找来了该女生，并与她的家长进行了沟通，告诉该女生什么场合讲什么话，及女孩子该注意的生活细节，家长很受感动。

春寒乍暖的天气，忽暖忽冷。一天上第三节课时，我发现一女生正在一件一件地脱衣服，全班同学正专心听课。我没讲她，如果这时我一讲她，男女同学会一起把目光投向她。事后，我告诉她，女孩子是不能在大众面前脱换衣服的，要学会保护自己，在学校脱换衣服一定要到厕所去换。

对学生的日常生活多多关照，是班主任的职责。在生活的细节中去关心学生，在季节更替、寒暖变化时，给学生一个善意的提醒。用爱心感染学生，让学生体会到师爱的温暖，让他们更快乐地成长。

4．用情感细节感染学生

班主任管理班级要宽严有度，严要寓于爱的细节中，才能教育好学生。一位班主任这样用情感细节感染学生：

我班里有一个男孩，各科成绩优秀，但是他的字写得非常潦草。作业做得虽然对，但常常因为字迹不工整被扣分，老师与家长多次教育他，仍不见成效。后来我“狠”下决心，一定要帮他改掉这个坏习惯。

我清楚这位学生脾气倔强，很爱面子。为免伤害他的自尊心，我利用校讯通及成长记录册指出他的不足。同时，把班里作业字迹工整、漂亮的同学的作业本，进行展示。有的孩子看到别人的字那么漂亮很羡慕，发出赞美的声音。然后，我请大家谈论看后的感受，并郑重宣布：“从今天开始老师要抓同学们写字，定期举行展示，表彰写字写得好的同学。如果谁的字写得特别不好，老师将放弃休息的时间，来帮助这样的同学，学习写好字。”孩子们都兴奋地赞成，该男生也不例外。后来的情形是他放学不能回家，在教室里“学”写字，刚开始他很不情愿，看到其他同学都回家了，他向我表示以后一定会好好写，求我放他回家。我给予其否定的回答。他的练习本上哪怕有一点潦草，我都不放过。他在教室里写，我便坐在座位上陪着他，通过这样的办法，该生的作业写得愈来愈工整。

作为一名教师，首先应该是爱学生，多发现学生身上的特长及闪光点，多给学生一点信心。在教育中，爱是艺术，情理相融，教育才会深入心灵，班级才会形成坚强的合力。

二、精心育人，独特经验显“无墙”

（一）育人“真经”，你学我用，成于“做”

1．第一堂课

作为教师，走上工作岗位，会有很多的第一次，而在学生面前，抓住每一次的“第一次亮相”，让它精彩动人，师生都能获得更多的收获。肖彩芳老师来到石牌小学，是这样开始她的“第一堂课”的：

由于工作调动，我从长沙来到了广州，长沙的三月偶尔还飘着凛冽的雪，但广州的木棉花早已摇曳在这个温暖的早春了。我的心情是忐忑的，因为这个城市的繁华和陌生，因为新的环境里一切都需要重建的关系，因为以往的种种成败此刻都化为了一阵远逝的风，因为曾经熟悉的教室里还留着学生难舍的泪水，因为新学校的孩子听说都比较调皮……

整理了纷乱的思绪，我终于走进四年（1）班的教室，上课的音乐铃声响起，一堂数学课开始了。

教室里有小小的骚乱，在这些10岁、11岁的孩子的脸上，有着我熟悉的神情：一点好奇，一点兴奋，还有一点挑衅。他们都在想着，我这个新来的老师，能管得住他们吗？会用怎样的方法上第一堂课呢？

我微笑着，缓缓在黑板上写下了一个数字“0”，再在“0”的旁边画上一个，然后转过身，静静地看着他们，不发一言。教室里安静下来，所有的目光都注视着我，我还是不说话，做了一个“坐好”的手势，他们的姿势马上端正了。“我不认识你们当中的任何一个，你们也不认识我，我们对彼此的了解都是‘0’，但是，我喜欢这个‘0’，因为它不光代表‘没有’，更代表着一个新的起点，代表重新开始的勇气。所以，我不会从你们的班主任或科任老师那里去了解你们，在我这里，你们都是一个个‘0’，不管以前你的表现是好还是不好，不管你以往的成绩是优秀还是不尽如人意，不管你对自己是满意的还是不满意的，在我这里，你们都在同样的起跑线上，是好是差，请你们重新开始努力，让我认识通过努力以后呈现的最真实的你们。”

学生听得很专注，有一个孩子的眼睛忽然湿了，我心里一动，继续说：“也许你曾经是个最调皮的成绩也不好的孩子，但是没有关系，一切都来得及改变，你不比任何人差，虽然我还不认识你，但是我相信你！”这个孩子的眼泪悄悄滑落下来，他马上擦掉了。（真好，也许我这番话能促使一个孩子的转变。）“同样的，我在你们面前也是一个‘0’，但是，我希望把我的这个‘0’变成你们心中的80分，90分，甚至100分，因为我也会努力做你们心中最好的老师，但是我们需要共同配合，共同努力。你们都是很懂事很聪明的孩子，从第一印象我就可以感受出来，所以，刚才老师说的话，相信你们都能理解，对吗？”

“对！”孩子们响亮地回答。

“非常好，那么，今天这节课的内容，就是用一种数学的方式，用0~9这10个数字为线，来介绍一下我们彼此，说一说对彼此的期盼，以及对新学期的计划等，刚才老师已经用‘0’先介绍了一番，现在我们来到‘1’，（我在黑板上写下数字‘1’）大家能用‘1’说点什么呢？”

学生沉默了几秒钟后，忽然活跃起来，争相举手。

“在农历‘1’年的第‘1’个月，有‘1’个新的老师来到了四年（1）班，我们大家一起欢迎。”学生鼓起了掌。“‘1’年之计在于春，新的‘1’年里，我们‘1’定努力学习，更上‘1’层楼。”“我要得到全班第1名！”……我心里暖暖的，看来这些学生还是挺不错的。

“说得真好，让我们再来到‘2’吧！”

“‘2’像只丑小鸭，我们现在都是丑小鸭，但是总有一天我们都会变成白天鹅。”说得多好啊，我都忍不住鼓掌了。“如果老师和学生这‘2’者之间能互相理解、互相尊重，那么我们就能学习得更好，老师也会更开心。”这个孩子真是不一般啊，我多看了两眼：斯斯文文的，戴着眼镜，目光是真诚的。

说到“3”时，有个孩子的发言让我禁不住笑了：“老师，认识你真是‘3’生有幸啊！”另一个孩子说：“我们对待学习不能‘3’心二意，要专心致志，特别是做数学计算题的时候一定要认真。”一个长得很乖巧的女孩站起来：“我和董乐乐、刘子欣3个人是最好的朋友，我希望我们3个人在这个学期数学都能上90分，希望老师和同学们能帮助我们。”还有的说起了名言：“‘3’人行，必有我师。”肯定了他们的发言后，我接着说：“说到‘3’，老师也有话想说，我想送给你们‘3’颗‘心’，因为如果做到了这‘3’点，你们会非常出色，一是自信心，二是恒心，三是责任心。知道我为什么要送这‘3’颗‘心’吗？”学生的回答让我非常满意。

我们继续来到“4”。有的说，他们正在上“4”年级，要好好学习；有的说，一年有“4”季，希望“4”季都开心；有的说得更干脆，说“4”季发财——够有地方特色的。

说到“5”时，他们的想法也让人欣慰。“一个星期只有5天上课，每天只有一节数学课，总共5节，但是有很多内容要学，所以我们应该珍惜每节课的40分钟，不要浪费。”“我们班上的同学，有东北的，有湖南的，有广东的，有广西的，还有四川的……虽然我们来自‘5’湖四海，但是，我们要团结友爱。”

班上的6号同学，是个个子小的看上去古灵精怪的孩子，他说到“6”的时候，幽默了一下：“我6岁上的一年级，我的学号是6号，当了6个学期的小组长，最差的成绩是60分，家里一共6口人，小学一共要读6年，我希望在我16岁的时候就考上大学，而且是最好的大学！”真是个可爱的小家伙。

关于“7”的发言让人难忘，有个孩子说，他的老家在广西的农村，家里有几亩田，他的爷爷70多岁了还要干很多农活，天天扛着一把锄头去田间查看，爷爷的锄头就像这个“7”……我趁机对他们进行了一番教育，如果像农民伯伯拿着锄头在田地里辛勤耕耘一样，学生们在知识的领地里也辛勤耕耘，那么就能像庄稼的丰收一样，获得知识上的大丰收。

“8”这个数字让大部分学生都想到了“发”，这也是地方特色吧。于是，我引导了一下：“如果把数字‘8’横着看，它就变成了‘∞’，这是数学里面代表‘无穷大’的符号，看到这个符号你能想到什么？”学生的思维马上打开了，“我想拥有无穷无尽的知识”，“我想拥有无穷的力量”，“我想拥有无穷的智慧”。还有人说：“我想拥有无穷无尽的财富。”我加了一句：“无穷的财富需要靠知识与努力去获得！”

终于来到了最后一个数字“9”，我们一个梯级一个梯级地爬，已经爬上了顶峰。“孩子们，站在峰顶，你们想说什么呢？”

“9像一面胜利的旗帜”，“9像一个人在挥手”，“象征着我的成绩终于上了90分”……

“你们说得很好，老师也想说，希望我们经过努力，最后都能实现自己的目标，到达顶峰（在数字‘9’的旁边画上胜利的旗帜），你们一定会成为我长长‘99’都会记得的学生，而我也希望自己能成为你们长长‘99’都会记得的老师，让我们互相勉励好不好？”（师生一起做“加油”的手势）

“但是，要到达胜利的顶峰，并不容易，在这个攀登的过程中，我们需要做到一些什么呢？”我的话音刚落，许多孩子的手就高高地举起来了，“要坚持不懈”；“要有恒心”；“要有毅力”；“要有自信”；“要有责任心，要说到做到”；“要专心致志”……（我选取了几个主要的，板书在黑板上）。

“你们说得太好了，那么，具体到数学这门学科的学习，我们又要做到哪些呢？”我继续引导他们。

“计算的时候一定要细心，不要粗心大意”；“如果碰到难题，一定要多思考，不能去抄同学的，也不要马上去问爸爸妈妈”；“要认真完成好作业”……

真是可爱的孩子，我感叹着。其实，我并不是对他们一无所知，我知道这个班上有一部分孩子学习态度不是很好，比较调皮。但是，通过这一节课，在他们精彩的回答里、坐得端端正正的身形里、那么专注的目光里、在那个我还不知道名字的孩子悄悄抹去的泪水里，我已经有了信心。这是这个陌生而美丽的城市带给我的第一份温暖，是这个新的学校送给我的第一份礼物。原来，只要是孩子，不管是哪个地方的，不管是说着何种语言，他们的本质是相同的：都是一张有待去涂上最美丽色彩的白纸，都有着同样纯真的心灵。

我微笑着，给这堂课设计最后的环节：“孩子们，刚才我们一起度过的这几十分钟，我觉得是最快乐的，这份快乐是来自你们的聪明与懂事，来自你们精彩而美丽的回答，来自你们坚定的决心。现在，我觉得你们都不陌生了，我很高兴成为你们的老师，我相信在接下来的学习中，我们一定会学得好，学得开心，现在，你们还有什么要说的吗？”

“老师，我们认识你也很高兴，但是，你还没有告诉我们你来自哪里，叫什么名字呢。”“老师，你以前那个学校的学生听话吗？是不是比我们聪明一些啊？”“老师，你一定会成为我们长长久久都会记得的老师！”“老师，我一定会努力学习，实现目标！”……

下课的铃声响了，孩子们意犹未尽。我给他们布置的作业，是一份“数学开心问卷”，他们会填上些什么呢？我期待着……

【板书】

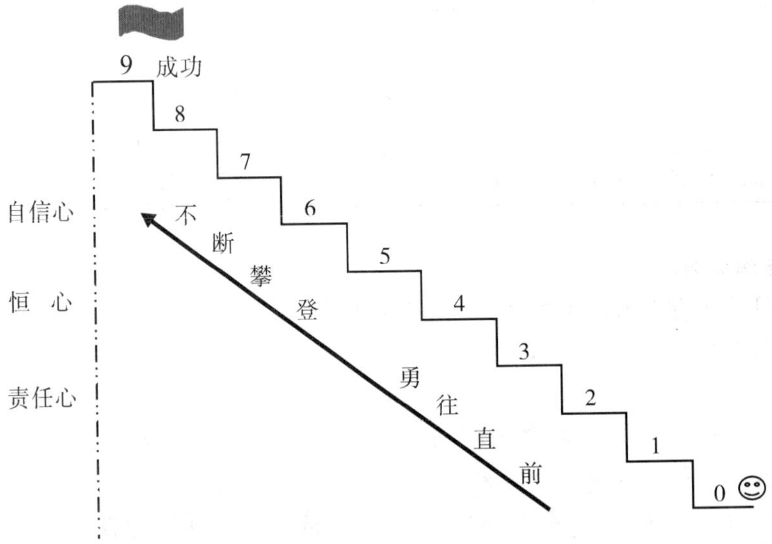

数学开心问卷

姓名　　　　班级	性别		年龄
你认为自己是个聪明的孩子吗？	是（　　）	一般（　　）	不是（　　）
你觉得学习数学是件快乐的事吗？	是（　　）	一般（　　）	不是（　　）
你对你1～3年级的数学学习情况满意吗？	满意（　　）	一般（　　）	不满意（　　）
你有信心从现在开始将数学学得更好吗？	有（　　）	有一点点（　　）	没有（　　）
你希望上数学课的时候老师经常喊你发言吗？	是（　　）	偶尔（　　）	不是（　　）
你会拖欠老师布置的数学作业吗？	会（　　）	偶尔会（　　）	不会（　　）
你家里有人辅导你的数学学习吗？	有（　　）	偶尔有（　　）	没有（　　）
你遇到不懂的问题，会主动问老师或同学吗？	经常会（　　）	偶尔会（　　）	从来不（　　）
你上学期期末考试的数学成绩是多少分？			
如果这个学期你更加努力学习，你预计自己会得到多高的分数？			
如果你犯错了，你希望老师怎样对待你，你就会接受并且改正？			
你在学习数学的过程中碰到的最大困难是什么？你通常是如何处理的？			
你心目中最喜欢的老师是什么样的？有什么话想对老师说吗？			
相信你自己，让我们一起努力，加油！		签名：	

2. 点滴之爱

学校课堂里存在着两种关系，一是老师与学生之间的关系，二是学生与学生之间的关系，这两种关系对学生的品格形成具有巨大的、潜在的影响。尤其是前一种关系对学生在成长中的品德导向是非常重要的。正如美国教育家海姆·吉诺特所说：“我总结出一个可怕的结论：我在课堂上起决定性的作用……作为一个教师，我拥有让一个孩子的生活痛苦或幸福的权力。我可以是一个实施惩罚的刑具，也可以是给予鼓励的益友，我可以羞辱一个学生，也可以迁就一个学生，我可以伤害一个心灵，也可以治愈一个灵魂……孩子长大后是仁慈还是残忍，都是我的言行所致。”一个老师应该怎样做才能正面影响学生？关键是点滴之爱。

（1）“三爱”学生，让学生各优其优。

第一，偏爱学困生。在班级管理中，班主任要努力将自己“与人为善”的爱心和班集体“普遍的友爱”倾注给学困生，给他们以更多的关注、更多的投入。在班集体中，班主任要精心营造一种平等、和谐、友爱的气氛，让他们体验集体的温暖和同学间的友谊，让他们感受到自己在班上有一席之地。一位班主任这样讲述偏爱学困生的例子：

就说我们班的子维吧，因为天生好动，喜欢对别人动手动脚，甚至在课堂上大喊大叫，再加上母亲曾经离开他大约一年时间。他很贪玩，开始时经常不能按时完成作业，没过几天，就会积起一大堆作业没有完成。我有时很生气，很不理解他。但静下心来想想也挺可怜他的。只要他有一点儿进步或当天及时完成了作业，我都在同学们面前表扬他。上课时，我时刻关注着他，看见他没有打开书或是在玩笔等东西，我马上走过去，摸摸他的头，提醒他，这时他马上坐得笔直。这学期有一次，我碰巧把他们组扫地责任人的任务交给了他，顿觉他信心百倍，任务也完成得不错。这让我认识到，这种委以任务的方法也不失为转化学困生的一种行之有效的方法，用百分之百的热情去争取哪怕百分之一的效果也值。

第二，严爱好学生。好学的学生，谁都爱他们。也正因为如此，优等生的缺点往往容易被忽视、掩盖，被原谅、袒护。但小的缺点也会造成大的隐患，对这类学生，班主任更不能宠爱他们、迁就他们，要时时提醒他们“做学问得先做人”，做一个正直的人、热情的人、向上的人。优等生不单纯是学业要优，更重要的是人品要优，心胸要广，心理要健康。成天被人赞誉的学生，只有在理智深沉的爱之中，对自己严格要求，警钟常敲，才能克服自身的弱点，扬起风帆前进。一位班主任这样讲述严爱好学生的故事：

静娴是人见人爱的女孩，学习从不让老师操心。她母亲是幼儿园的老师，家庭教育是没有问题的。因此，静娴的品行也一直很不错。可是有一段时间，我们老师发现她上课心不在焉，还与旁边的同学讲话。作为班主任，我多次私下找她谈话，让她认识到自己的不足之处。渐渐地，她很好地担负起学习委员的职责，发挥起表率作用。最后，她在自己的成长记录册里表达了自己的心迹。

第三，博爱中等生。中等生往往是一个班中容易忽略的群体，他们有比较稳定的心理状态，既不像优等生那样容易产生优越感，也不像后进生那样容易自暴自弃。他们是班集体的一面镜子，希望得到老师的重视，但又不抛头露面。对这类学生，班主任要掌握他们的心理特点，调动他们的积极因素，正确对待他们成绩与表现的反复情况，始终如一地尊重、理解、信任他们。一位班主任博爱中等生的个案如下：

我们班的梓航，他学习成绩一般，身体还有些先天不足，但他很关心集体，热心为同学服务。教室地板脏了，他跑得最快，去拿拖把来拖地。我对他关爱有加，平时注意多鼓励他，让他承担班级的劳动等任务。上学期，他被评为“劳动积极分子”。他感觉到自己在班级工作中的价值所在，学习也变得积极主动。

（2）实施自我管理，培养管理能力。

第一，建立值日班长制。如，让学生按学号轮流当值日班长，班中的事由值日班长全权负责，常务班长协助工作。值日班长负责检查当天的卫生和纪律，督促每一位同学做好自己的分内事，记载班务日志，检查班干部的工作情况。这样，可以极大地激发学生的主动性，培养他们的才能，加强班级的自我管理，班集体内部也会日趋团结。

第二，民主改选班干部。如，采取干部定期轮换制的方法。班干部从同学中间选举产生。先由学生自我推荐作竞选演讲，再由学生无记名投票，民主选举，组建班委会。这样，既可以为更多的学生提供锻炼的机会，又有利于学生干部摆正个人和集体的位置，正确处理个人与集体之间的关系。

第三，事事落实到个人。为调动每一个学生的积极性，就要使每一位学生都可以在班级中找到一个合适的位置，担负一项具体的工作，人人都为集体作贡献，人人都意识到自己是班集体中不可缺少的一员。这可以在班级管理中建立起一套“事事有人干，人人有事干”的制度，包括班干部管理制度、值日生管理制度和任务承包责任制度等。在这种广泛的参与过程中，学生在集体中找到自己的“位置”，觉察到自己的价值所在，容易形成责任意识。一位班主任是这样做的：

墙报由墙报组同学负责。每一期，他们拿出几个版面设计，我只负责给建议使用哪一个设计，或者在办板报的过程中遇到难题，向我征求意见。其余的，我从不插手。我看到，此小组办板报的速度变得越来越快，而且质量也逐渐提高。

又如本学期，学校组织的“美丽校园，我装扮”插花比赛。花篮图案设计与主题词是班委会一手策划的，造型是全班同学参与决定的。可以说，我们是真正做到了人人参与插花比赛。等所有的孩子都插完了，我才稍微指导了一下。因此，此次获得的荣誉是所有同学参与的结晶。

三年级举行的“向雷锋同志学习”讲故事比赛，我班也是人人参与并获奖。我整整用了三节活动课才选出优胜者参加年级组的比赛。在学期期中进行的“展劳动技能，做时代少年”环保时装设计活动，我班也是以小组为单位，人人参与活动。另外，“爱牙护齿每一天”中队主题会和民族观教育活动中，我班都做到了人人参与。

在各种活动中，人人参与，人人受教育，人人得以锻炼与提升。

（3）建立竞争机制，形成竞争氛围。

第一，让人人都有一个竞争对手。在班级管理中，班主任要善于让每个学生都找到自己的竞争对手，可以比学习、比思想、比体育等。一位班主任是这样做的：

每次考试或比赛之后，谁输，输了就把个人竞赛中的“万里马”送给对方，以便时时激励双方。有一次，我们班子维同学的语文单元测验出乎意料得了91分，他迫不及待地与他的竞争对手小明比高低。他比赢了，得意了好几天。几天后，我突然发现，他的竞争对手小明能按时交作业了，语文词语听写比以前有进步了。反过来，我又以小明的进步来激励子维与其他同学。通过这样的竞争，优等生更优，基础薄弱的学生也不甘落后，奋起直追，进步也较快。虽然某些同学的表现时好时坏，但只要坚持不懈地进行此项活动，我相信班级的学风是会有很大的改观。

第二，让组组都有一个追击目标。在这一方面，一位班主任的做法是这样的：

除了个人竞赛，不管在卫生、纪律还是学习方面，我还在班上进行“一帮一、一盯一”活动和“最佳表现小组”、“富有挑战小组”、“最佳合作小组”等小组评比，分别对得分最高的、竞争最激烈的、小组最团结的三个小组进行贴红旗奖励，鼓励其他小组都朝这个方向发展，并帮助尚需努力的小组想出相应的方案。通过竞争，班级中能形成一种互相监督、互相帮助、你追我赶的氛围，充分发挥了学生的主体作用，促进学生和谐、生动、活泼地发展。

（4）塑造自身形象，赢得学生信赖。

第一，好学上进，不辜负学生。教好书是班主任育好人的前提。而班主任日常表现出来的事业心和忘我的工作精神，也能给学生以极强的示范作用和影响，从而转化为特殊的感召力。因此，班主任要认真钻研教材，努力让学生喜欢上课、喜欢学习。

第二，尊重学生，不远离学生。对于班级管理来说，“严是爱，松是害，不教不管会变坏”。每一个班主任都要努力做到真心爱护学生，做到在充分尊重学生基础上严格要求他们。

3. 以诚相待

石牌小学的家长由于自身的素质限制，又缺乏科学的教育方法和必要的教育经验，导致在教育孩子时要么溺爱孩子，要么处理方式简单粗暴。这就需要班主任掌握灵活与家长沟通的技巧。其中，以诚相待，用诚心架起沟通的桥梁尤为重要。

（1）以诚相待，做到充分尊重、理解和善待家长，让家长与班主任同心育人。在家长面前，班主任要正确地评价学生。首先可以先肯定学生的进步，肯定成绩，避免挫伤学生及家长的自尊心，再请家长谈学生在校外的表现，而后教师谈学生在校内的其他表现。这样，教师、学生、家长彼此之间容易达到心理平衡。尤其，班主任应该极力避免在与家长的交谈过程中，对于学生所出现的问题，产生老师和家长相互责备对方“没有教育好孩子”等心理阻碍，导致搞僵关系。对一个学生的评价要一分为二，不要以点概面。班主任可以经常告诉家长，只要学生健康成长，拥有健全的心理，就是进步……促使家长满怀信心地进一步配合班主任教育好学生。

（2）以诚相待，做到真心理解和尊重学生，使学生乐意接受班主任的意见。

作为班主任，应该先考虑学生的心理和愿望，了解他们的心理状态和需求，走近他们，亲近他们，尊重他们，关心和了解他们，并一视同仁地对待他们，让他们感受到老师对他们的关怀与爱护，增进他们对教师的亲近感。当师生关系融洽，学生真切地感到教师是真心爱他、尊重他、信任他时，学生就会很乐意地接受教师对自己的引导和鼓励，也就会收到良好的教育效果。

（3）以诚相待，做到重视家长会上的讲话。家长会是连接学校与家庭之间桥梁的最佳途径。作为班主任，首先要摆正位置，不能只把家长会看作是学校的事，而要把家长会变成家校沟通的桥梁。班主任应做好充分准备，要理解家长的心情，尤其是学困生家长的心情，在家长会上应尽可能以表扬为主，把班级中好的一方面予以展示，给予表扬。对班级中工作出色的、期中考试中成绩突出的、进步明显的、运动会上表现突出的……均要予以表扬，让家长有自豪感，有成功的喜悦。同时委婉地指出存在的问题，提出一些弥补学生缺点的良好建议。千万不能点名，只说现象。有些问题突出的，班主任可在会后作个别交流。这样，家长就会真正成为班主任教育学生的贴心人、好帮手。

4. 引胜于赌

在学校，我们总能看到一些“群发”现象。学校科技组的学生搞科技活动，人手一部遥控车。按照科技组的规定，周三下午带车回学校进行科技活动，其余时间不能带车在学校内玩。但是，总有学生违反规定，其他时间也把车带回学校，也就出现了“群发”现象。

（1）课堂上，总有几个学生低着头，悄悄地摆弄着小车子，神情那么专注。老师走到跟前也毫无察觉。

（2）听课时，个别学生眼睛虽然看着黑板，但手却放在抽屉里，抚摸着小车子，是那么爱不释手。老师讲的知识，一点没进脑子里。

（3）下课了，几个学生一窝蜂地冲到操场进行赛车。上课铃响了，仍迟迟未归……学生如此爱玩遥控车，这是爱科学的好苗头。是堵，还是引？班主任罗文英有她的办法。

近段时间，许多孩子都拿遥控车来学校玩，一时，我班的男孩子玩车玩“疯”了。与其堵，不如引。但怎么引呢？我引导全班讨论以下问题：

“学校是什么场所？”

“遥控车（或玩具）该不该玩？什么时间玩？”

“怎样才能玩出点‘名堂’？”

经过讨论，大家达成一致的看法：上课绝不玩车，业余时间，特别是完成了自身的学习任务后，比一比，赛一赛，看谁最有资格玩，谁能玩出点名堂来。

自此，孩子们会掌握玩车的时间了。他们在每天下午放学后，相互约定地点，按说明书组装小车，装了再拆，以达到熟练程度。车子不能遥控时，他们就一起研究，看哪一步出现了差错。我还借机引导，说这车毕竟是别人发明的，你只不过是组装，好好学好文化，掌握知识，将来研制发明更高级的新车。孩子们受到激励，学习、玩车的兴致都很高。特别是科技组的三个孩子，他们后来参加广州市天河区遥控车组装比赛，两人获得一等奖，一人获得二等奖。看，只要引导得好，孩子们还真玩出点名堂来了。

当然，对待特殊的情况，还需要特殊的处理。周同学是个聪明的孩子，可就是太爱玩，时常不做家庭作业。晚上的时间，一旦家长管少点，他就只顾玩。与家长交流了无数次后，情况还是时好时差。学生作业完成情况登记本上，“未完成作业者”一栏上几乎每天都登记着周同学的名字。留堂补做甚至罚做更多的作业，也不奏效。一天，他在课堂上玩遥控车，我只是提醒，当时没有没收他的。后来，同学来告诉我，他欲带上遥控车去音乐室，我便没收了他的车。当时他一肚子的意见，并把他的不满写在了脸上，还把不满情绪宣泄在告诉我情况的同学身上。

我给他讲了上课不能玩的道理。他当时根本听不进，大有与我对着干的情绪，因为他失去了心爱的车子。这时我想，以他的倔强个性，用老师惯有的那种“高压政策”肯定会加深他对老师的敌对情绪。何不试试“以退为进”的方法呢？我对他说：“这样吧，你这个星期如能按时完成作业，周五到我那领回你的车子。若是拖欠一次作业，对不起，车子我就不给你了，行吗？”他答应了。

这一个星期，他遵守承诺，按时完成作业。周五放学，我履行诺言，把车子还给了他，并要求保证做到以后不在课堂上玩车。

事后，他真的没有在课堂上玩车。

对此，我想，孩子毕竟是孩子，爱玩是天性。我们要蹲下身子看学生，走近他们的心灵，用他们能够接受的方法去引导，会比强硬的方法好得多。

后来，参加科技比赛获奖的名单里，有他的名字。

5. 一副眼镜

班主任的职责是什么？用哲学家培根的话回答，就是：“您是水，滋润我们这些幼苗；您是火，点燃了我们的心灵，照亮了我们的道路；您是热，温暖了我们的心窝。”班主任作为班级的管理者、组织者、主导者，对学生思想品德的养成具有很重要的作用，对学生健康心理的形成起着极其重要的影响。蔡坚老师的“一副眼镜背后的故事”，引发了石牌小学教师的“百家争鸣”。

【案例描述】

一个夏天，七八个四年级男孩在学校操场上玩“叠罗汉”的游戏，玩之兴起，不慎将小锋的眼镜框压坏，以致与镜片分离。事出之后，小锋怕被家长批评，就把坏的眼镜给了主要肇事者小超拿回去修理，其他几个孩子也因为怕被责备没有向老师汇报。两天后，小锋的婆婆发现了，找到我（班主任）查问此事，要求赔偿（说镜框的价钱比镜片贵几倍，要几百块钱）。我突然得知此事，小超因无法自己修理又不敢告知父母，所以一时出现几个棘手的问题：要弄清楚压坏眼镜的是哪些学生，要协调好家长、老师和孩子三者之间的关系。

要圆满地处理好此事并不容易，我的大脑经过了一番仔细的思考。记得英国文学家笛福有一句话，“一个要教育别人的人，最有效的办法是首先教育好自己”。如何化干戈为玉帛？古人韩愈早有言说：“博爱之谓仁，行而宜之之谓义。凡吾所谓道德云者，和仁与义言之也。”在安全高于一切的指导思想下，我想好了我的教育策略，教育过程如下：

（1）以安全教育为核心，一切为了学生的人身安全。

（2）了解事件细节：先找同学多方了解事件的详细经过，对玩此游戏的学生进行全班教育和个别教育，最后确认损坏眼镜的当事人。

（3）对学生进行个别教育：个别谈话中发现，这几个孩子自己也是近视者，每天需要戴眼镜。于是我启发孩子写道歉书。如果自己的眼镜碎了，最大的危险是扎伤眼睛，其次是影响生活和学习，所以大家要对小锋同学给予诚恳的道歉。

（4）分析家长心态：与家长沟通时既要坚持自己的立场，又要考虑家长的利益以及师、生、家长三方的微妙关系。于是，我对家长先进行一点心理分析：小锋的婆婆，虽然年纪老迈，但个性刚直，疼爱孙子，想讨回损失；小超的妈妈，虽然理亏，但认为不应承担全部赔偿。想到这里，所用的策略还是一条：将心比心！

（5）请家长和学生到校调解：当家长被通知到校后，我先与家长说明了当时事件的经过，并出示几个孩子的道歉悔改书，并强调这次事件中所幸的是孩子的身体都没受伤，这是最大的幸运。赔偿的目的也是要对孩子进行安全教育，几个孩子也当着家长的面承认了自己的过失，并保证以后出现了状况会第一时间告诉老师，不会私自处理。与家长谈及赔偿的敏感话题时，我以关心家长为切入点，先感谢小锋的婆婆这么大年纪还不辞劳苦到学校关心自己的孙子；也赞扬小超的妈妈家里还有两个小婴儿要照顾，一得知此事就马上拿眼镜到眼镜店看看是否能修理，答复是眼镜片未坏，不用重新再配。我让小锋试用镜片看远处的物体，他能清晰无阻地看到。我再看了看眼镜，证明镜片未花能用，只需重换镜框即可。经过这一系列的心理铺垫后，家长的紧张气氛缓和下来，先是婆婆的口气放软，她看到老师为孩子做的一切都是真正为了孩子的健康着想，就表明只要孩子的眼镜能用就行，不再要求按原价重配了。一个家长退一步，其他家长也就好说话了，于是三个肇事孩子的家长共同承担镜框的费用。事后，小锋的婆婆还主动把多余的赔款退还老师转交给家长。

【案例反思】

事情妥善处理后，我忍不住深呼一口气。作为班主任，不希望发生类似事情，但有时候又难以避免，真要学点心理学和基本的法律才行。在 2012 年我校开展的师德论坛上，我用此事抛砖引玉，想不到一石激起千层浪，同校老师们发表了很多不同角度的思考，之前我还为自己的妥善处理沾沾自喜，听了老师们的高见后，才觉得还有很多细节，是作为教育者需要提高和注意的。

（1）对相关的法律法规要熟悉，以便更好地保护家长、学生和学校的利益。如《未成年人保护法》第二章“家庭保护”第十条：“父母或者其他监护人应当以健康的思想、品行和适当的方法教育未成年人，引导未成年人进行有益身心健康的活动。”《中华人民共和国教师法》第二章第八条第四点和第五点：“关心、爱护全体学生，尊重学生人格，促进学生在品德、智力、体质等方面全面发展；制止有害于学生的行为或者其他侵犯学生合法权益的行为，批评和抵制有害于学生健康成长的现象。”《教师职业道德规范》中的第三条：“热爱学生。关心爱护全体学生，尊重学生的人格，平等、公正对待学生。对学生严格要求，耐心教导，不讽刺、挖苦、歧视学生，不体罚或变相体罚学生，保护学生合法权益，促进学生全面、主动、健康发展。”这些法律法规，在平时可能容易被淡忘，不过关键时候就会起到重要作用。

（2）处理偶发事件没有固定的方式，要根据问题的大小、性质以及严重程度和当事人的个性特点，相应地采取不同的方式方法，力求取得最佳的教育效果。

(3) 由于学生是未成年人，其对危险的认识、后果的判断都是有限的，学校有义务和责任教育和制止他们的危险行为。教师应根据专业知识和职业道德，履行管理者的义务。

(4) 教育学生在游戏中注意人身安全和财物安全，做好家长思想工作。处理事情时要分清事件责任人，弄清赔偿价钱，让事件责任人按比例进行赔偿。

(5) 教育学生要接受现实，坦诚相见，注重沟通时的彼此尊重。学校教育应长期以安全教育为核心，警钟长鸣。

以上是老师们引起我重视的评论。这些讨论使我深深感到班主任的责任重大，帮助小学生从小养成良好的生活和学习习惯，遵守法律、法规及社会公共道德规范，增强辨别是非和自我保护的能力，自觉抵制各种不良行为及违法行为的引诱和侵害，从而保障小学生的健康成长。真是情为理导行，理有情更合人意！

6. 三个故事

“打通课室的墙壁”，“打通学校的墙壁”。在“无墙德育”探索中，广州市优秀班主任胡绍宏老师讲述了三个故事：

第一个故事：我是一个鱼鳞病女孩。

我是一个鱼鳞病女孩，天生就长着一身像鱼鳞一样的皮肤，又痒又痛。夏天，我一动，裸露的鱼鳞状的皮肤会像头皮屑一样纷纷飘扬；冬天，皮肤又会像干枯的老树干一样龟裂，并且血迹斑斑。自我懂事起，我便感到自己是一个很难看的小女孩，连我的父母也不爱我这个“丑八怪”。

我6岁上小学。新生入学那天，我忐忑不安地走进课室，找了最后排靠边的座位坐下。我知道，课室里的同学都很吃惊，有的还发出“啊”的一声。这时，我们的班主任走进来了。我连忙低下头，不敢看她。一句犹如春雷的话在我的耳边响起，只听见老师慈祥亲切地说：“请某炜苒同学到我身边来。”我一下子愣住了，老师是在叫我吗？等到老师说第二遍时，我确信，她确实是在叫我。我站到她的身边，她弯下腰，很自然地用右手揽着我的腰，然后对同学们说：“她叫苒苒，从小就勇敢地与病魔作斗争。她是我和大家学习的榜样。从今天开始，我们不仅要与她一起学习知识，还要向她学习勇敢。”同学们用稚嫩的声音回答：“好！”从此，教室里再没有异样的、惊惶的目光看着我。到现在为止，我还认为，在石牌小学度过的六年，是我人生中收获最多、最幸福的六年。

生活中时时有德育契机，学校中处处有德育资源。“无墙德育”面向的是真实的世界，把生活作为德育无限丰富的资源库，贴近学生的日常生活和情感世界，关注学生生活中的喜怒忧乐、学习中的酸甜苦涩，从他们丰富鲜活的生活经历中提炼德育的内容，探寻教育的契机，达到育人的目标。《我是一个鱼鳞病女孩》就是在“*N*个相信”的“无墙德育”指引下，老师坚信“人人都是道德学习者”、“事事都是德育契机”，进而催生出班级学生共同成长的德育典范故事。

第二个故事：我是“小龙女”。

我叫李××。我称自己为“小龙女”，大家一定以为我是龙年出生的吧。其实不然，我是石牌小学2010届六年（1）班的毕业生。单从文化课学习成绩来看，我在班级里，并不突出。有时，语、数、英科目还需要吃额外小灶饭，才能赶上。如果不是老师让我在2006年加入学校“彩龙社团”，开始学习舞龙，成为石牌小学“彩龙社团”的一名成员，演绎着我的小学校园生活，让我找到了自信与自豪的话，我可能一辈子都无缘成为别人的学习榜样。

龙，代表着我们中国。它具有气势雄伟、勇敢无畏的精神，我们就是龙的传人。舞龙是中华民族传统的体育文化活动，它历史悠久，文化内涵丰富，健身效果卓著，因而深得我的喜爱。舞龙更是我们石牌小学的一个艺术特色项目。舞龙队员从三年级开始招生，男女各成立一支龙队，人数各为十二人。每条龙由九名队员组成，龙头到龙尾全部由学生担任。舞龙基本动作分为原地舞龙系列、游动舞龙系列和造型舞龙系列三大类，每个系列又由若干个单项动作组成。舞龙要从最基本的动作学起，逐渐到套路的学习，最后合作演练成一个表演节目。

其实，舞龙是非常辛苦的，因为舞龙是一项运动量很大的运动。平时，每个星期三下午第二节课后是舞龙队训练时间；节假日、寒暑假，其他同学玩耍或外出旅游时，我们龙队就要牺牲休息时间，甚至顶着严寒酷暑训练舞龙。从跳龙身练习到原地舞龙练习，一轮下来，我都要累得趴下了。有一次，后面同学的棒子打在我的腰上，疼得我差一点哭出来，但我忍住了，因为舞龙需要大家团结一致。不知有多少次，我的手磨出了血泡，疼得像针扎似的，好几次想过退出舞龙队，不过，我还是坚持了下来。因为舞龙是一个团队项目，需要发扬齐心协力的合作精神才能取得成功，任何一个环节失误，都会影响到整个队伍的正常发挥。经过一段时间的学习，队员们不但练就了一身舞龙的本领，而且性格也发生了许多变化，做事都变得有耐心了。我们一次次参加各级各类大型演出活动并获得了很多荣誉，这不仅使我们队员开阔了眼界，而且使我们锤炼了意志，收获了自信。因此，虽然舞龙牺牲了我很多学习文化课的时间，但在舞龙过程中，我锻炼了克服困难的勇气，培养了做事有耐心的品性，给予我学习文化课的自信与动力。我的文化课学习成绩不降反升，小学毕业时，我们舞龙队员的文化课成绩检测，平均分均达到优秀。

随着“无墙德育”的更进一步探索，我们坚信学校的开放有利于学生的个性化成长，学生自主性和主体性的发挥，以及学生创造性和自我学习能力的提高。石牌小学的“无墙德育”力求：尊重学生个性，促进学生主体发展及其自我学习能力的提高，“打通课室的墙壁”，“打通学校的墙壁”，通过搭建七彩社区舞台，建立开放式的教育平台，让学生进入一个智慧和感情融洽一致的世界，促使学生的灵性得到滋养，道德修养得到提升，进而锻造完美的人格。《我是“小龙女”》就是七彩社团演绎“无墙德育”的精彩之作，是学生成长共同体中的典范事例。

第三个故事：老师，我要当地震研究家。

他叫池××。他是在三年级时从外校转来的。转来没多久，所有科任老师都发现他存在“行为较放任”、“纪律观念淡薄”、“随心所欲，课堂上爱与老师顶嘴，学科作业常拖拉”等问题，被认为是无可救药的学生。

一次语文课上，我们学习《地震中的父与子》。我没有仅仅拘泥于教材，而是让孩子们走出文本，走进生活，收集世界大地震实况、在地震中发生的不幸或感人的故事等。学习进行到谈感想时，很少举手发言的他突然站起来说："老师，我要当地震研究家。"当时，我没有继续追问他为什么要当地震研究家，而是马上鼓励他："你的理想不仅好，而且很美。"他是一个被认为无可救药的学生，能说出学习《地震中的父与子》要达到的人文教育目标，这说明，他心灵深处潜伏的美的火花被激活了。

"无墙课堂"是学校"无墙德育"理念实践的重要组成领域。它也是在新课程理念指引下提出来的一种直面生活的教学。我国著名教育家陶行知先生曾说："生活即课堂，课堂即生活。"这是对"无墙课堂"最直白的诠释。无墙课堂其实并不在于形，而在于理念之间，因为那生活中的点点滴滴，本身就是一个大课堂，是活生生的教材，孕育了天地自然和人文情怀。《老师，我要当地震研究家》就是打破常规教学的"无墙课堂"，是让学生用"无墙"的思维来学习催生的典型范例。

7. 不亦快哉

教书育人，是苦是乐，各种滋味，品尝自知。每一个老师，在其教学生涯，都有对教书育人的"品茗"之道，个中滋味在心头。只因，沉浸其中，或随波逐流，或乐在其中。

看看肖彩芳老师的"滋味"，让我们顺势咀嚼"无墙"之味。

不亦快哉

肖彩芳

古人不见今时月，今月曾经照古人。昔有金圣叹三十三则"不亦快哉"，几百年后，吾偶咏之，顿觉清风徐来，茅塞顿开，让金先生如此快意的那些事，我等浮生，又忽视了多少呢？

其一

广州的五月，平时已经很热了，今年却无常，时而骤冷，时而又阳光灿烂。又是一个午后，学生在教室午睡，我坐于教室门口守着，全身沐浴在阳光中，闭目养神，微醺似醉，眼前一片赤橙黄绿，我的思绪一下子就穿越到了亘远的蛮荒时代……谁言看守学生午睡苦？沐风浴日，思接千载，不亦快哉！

其二

我接任的这个班，可谓"群魔乱舞"，个性张扬。某日语文课，讲到"小新凤霞"刻苦练功时，我总结"百炼成钢"，几个学生及时反应："老师，可惜你是恨铁不成钢啊！"他们还真是有自知之明，一个学生接着又说道："老师，你家里还有一个，把他炼成钢就不遗憾了！"我半晌无语，忽觉心酸，坚定地大声说："你们都是好材料，都可以炼成钢！"学生笑了，我也笑。孺子可教，不亦快哉！

其三

市里组织"诗润南国"比赛，我把学生学写的第一首诗收上来，多数不堪入目，细细挑选了几首，逐一修改。其中有一首是一个假小子的《致考试》，大呼考试虐待了她的屁股，黯淡了她的童年，我把她末尾的几个长句子改为了三个短句：善待笑容，善待创造，善待童真。诗交上去，竟入围决赛了，小家伙参加现场决赛又拿了第一名，她告诉我写的是童年的苦恼。童心童言，不亦快哉！

其四

学校每年举办大型的艺术节晚会，我接到主持任务后一直浑浑噩噩，到了当天下午才猛然醒悟，奋笔写串词，急急背诵，到了演出前还在磨磨蹭蹭。我忐忑不安地上了台，一长串词一气呵成，临场发挥也顺利过关，哈哈，华发虽有几根，青春仍在，当以此激励学生，不亦快哉！

其五

偶得一听课票，周末赶往市体育馆听课，名师新秀，一同登台，无可挑剔，又无从夸起。直到那个身患癌症晚期的台湾教师登台，50 多岁的年纪，穿着背带裙，遮掩着因腹水而肿大的腹部，穿着条纹的长袜，上面还有一个卡通图案。她讲一首郑燮予的现代诗《俯拾》，但是大部分的时间在讲台湾，讲台湾的人与景、艺术与美丽，她不断重复着：“台湾绝不是仅有阿里山和日月潭……”80 分钟里，大部分是她的声音，但是，她关注到了每一个学生；她没有完成教学目标，但是，她展示了什么是真正的“大语文”；她没有训练一个个的知识点，但是，她在学生的心里播撒了一把必将发芽的种子；她没有告诫学生必须怎么样，但是，学生从课始到课终，却悄悄地学会了尊重，拥有了自信；病痛让她的容貌少了一些美丽，但是，她把“美丽”二字连同那个叫“苏兰”的名字，深深镌刻在了在场的每一个人心里……她的课题叫做“从正确到美丽”。

邂逅苏兰，不亦快哉！

其六

《南方周末》报道：2012 年 1 月 16 日，名不见经传却又引起各种争论的深圳中学语文老师马小平，带着他独特的教育理念和对教育事业的一腔赤诚，离开了这个世界。他的教育理想是：“要赶在灾难尚未毁灭人类之前，把能够应对这种灾难的一代新人给培养出来。”从湘潭，到东莞，再到深圳，一个个十年，他步履艰难却十分坚定。他编印《人文素养读本》，被学生评为“最受欢迎的教师”，却在家长会结束以后，被很多家长围住，责问他为什么不教课本上的内容，他因而独自哭泣。他始终秉持着自己的原则——教育不是折磨，不是遥不可及的幸福，而是当下的幸福。

感动于马老师知艰难而为之的情怀，任泪眼婆娑，不亦快哉！

其七

听了一节二年级的绘本阅读教学课《小猪变变变》，课文是讲一只小猪羡慕长颈鹿、大象、斑马、袋鼠、鹦鹉，于是想尽办法变成它们的模样，当然都以失败告终，从树上掉下泥地后，和泥中的另一只小猪一起翻滚，越滚越脏，越脏越快乐，终于明白，最快乐的就是做自己。执教的特级教师将绘本阅读与识字、朗读、想象力的培养、说话写话整合为一体，上得非常精彩，然而，在我脑海中萦绕良久的却是那故事的结尾，我感慨于淤泥中的小猪的快乐。作为老师，我们不也常羡慕那些名师们课堂的精彩吗？想去模仿却都如小猪一样模仿不成功。因为，那不是自己啊！抛却了自己，一味去学别人，是不合适的。学习、借鉴的前提，是不失去真实的自己，始终有自己坚持的东西。

其实，我们每个人都需要一片泥地，那不代表脏污，而是一种最朴实的本真，是多次碰壁、迷惘后的从容转身与蓦然清醒，是“众里寻他千百度”后的灯火阑珊。也许，我们的目光并不需要始终放在那些姹紫嫣红上，并不需要那么多炫目的色彩与精彩跌宕的情节，其实我们只需要一片温暖的、可以疗伤的、可以快乐翻滚的、属于自己的泥地。

呵呵，受教于一只寻回自己的快乐小猪，不亦快哉！

其八

“公知女神”柴静的新书《看见》出来了，那个像战士一样冲锋在前的女记者，凌厉而感性的眼神下蕴含着一个中国公民和新闻人的正义和良知。遥想当年，身处湖南的我，在每个夜阑人静时，捧着一台沙哑的收音机听她的深夜谈心节目《夜色温柔》，还把她的一些话录下来，买下她的第一本书《用我一辈子去忘记》。当年多么年轻而单纯啊！十年后，她成熟了，成长了，蜕变了，作为一名平凡教师的我，蜕变点又在哪里呢？

总是对学生说，还是一颗小苗的时候，就享受茁壮成长的单纯和快乐，然后该开花的时候自会开花，该结果的时候自会结果。我的花期还在否？我的果实是何样？且让我也像战士一样，在教育的一小块领地里战斗吧！

那个女子成长的脚步，叩击着我的心灵，让我更加清醒与坚定，春仍暖，花亦开，不亦快哉！

（二）育人“心经”，你辅我导，效在“法”

1. 石牌“心育”：常规、师资、载体、成效

近年来，我校心理健康教育从开始实施到步入正轨，面向学生，面向教师，面向家长，开展了具有“无墙”特色的一系列活动，对师生的身心发展起到了良好的引导作用。

（1）面向师生全体，落实常规工作。

“面向学生”主要工作是：①建立“心理咨询室”，由专门的老师定时对有需要的学生进行咨询疏导；②按规定开设《心理健康教育》课程，教师认真备课，精心组织教学，用心辅导学生；③针对部分“特殊”学生，建立个案，重点关注，及时辅导，教师每学期都写有关心理健康教育方面的心得体会；④教师在日常教学和学生管理中都渗透心理健康教育的原则与精神，让学生得到潜移默化的影响。

“面向教师”主要工作是：①注重教师的身心健康发展，工会每周举行针对教师的体育活动，号召教师加强锻炼，强健身体，用心工作；②聘请心理专家对教师进行心理讲座，突破职业瓶颈，学会解压与摆脱职业倦怠感。

“面向家长”主要工作是：作为“全国优秀家长示范学校”，定期开展针对家庭教育问题的讲座、培训等活动，召开专项问题家长会，架构家校沟通的桥梁。

（2）抓好骨干培训，夯实工作基础。

要求教师人人参与心理健康培训，学校大部分老师都获得了“广州市中小学心理健康教育中心”颁发的“C”证，部分老师通过多次培训，获得了“B”证，有了较好的理论基础与实践经验。支持鼓励教师外出学习，再将学得的经验在全校分享。

（3）注重教育实效，丰富活动载体。

开展心理健康方面的主题班会，如学会换位思考，如何调节情绪，学会学习，学会与人交往，学会团结协作，如何看待成功，等等。

观看相关的影片、视频，如影片《孝女彩金》、《感动中国》系列视频等。

开展亲子运动会、读书节展演、艺术节展演等大型活动，倡导全员参与，培养学生的团队合作意识、集体荣誉感，鼓励其勇于展现自己、战胜自己。

利用升旗仪式、红领巾广播站等平台，大力肯定学生、鼓励学生，渗透心理健康教育。

抓实常规、夯实师资、丰富载体，三措并举，使得我校心理健康教育工作取得较好成效：

①学生越来越爱学、乐学，成绩逐步上升；教师团结协作，敬岗爱业；家长也越来越懂教育、支持教育。

②学校近年来取得了令人瞩目的发展，先后被评为“广东省德育示范校”、“广州市首批优秀家长学校”、“全国优秀家长示范校”等。

③课堂教学方面：在“广东省德育示范校”和“广州市德育示范校”的评估活动中，我校肖彩芳老师上的两堂心理健康辅导课《悄悄话对父母说》和《换个角度想问题》获得了省、市心理教育专家的一致好评，被评为“优”等；在学校迎接海珠区多名班主任培训活动中，肖彩芳老师上的心理辅导主题班会课《童年——且行且珍惜》获得一致好评。

2.“心育”教案：悄悄话对父母说

心理健康教育课该怎么上？这里呈现一份肖彩芳老师的心理辅导教案，以窥我校心理健康教育课的教学方法。

心理辅导教案：悄悄话对父母说

【辅导内容】

广东省中小学教材审定委员会2009年批准试验教材《心理健康教育》五年级第一学期第四课：《悄悄话对父母说》

【辅导对象】

石牌小学五年（3）班全体学生。

【辅导目的】

体会父母是最亲最爱最值得信任的人，体会到父母希望与孩子沟通，孩子也应该主动与父母多沟通；让学生感激父母、信任父母、理解父母，愿意“悄悄话对父母说”。

【辅导重点】

在情境体验、师生互动、生生互动中，让学生明白应该与父母多多沟通，并学会如何与父母沟通。

【辅导难点】

通过活动体验到与父母沟通要相互理解、换位思考。

【辅导前准备】

家长、学生填写调查问卷，准备多媒体课件。

【辅导过程】

辅导环节	师生活动	设计意图
一、 情境导入	1. 播放电子相册（学生小时候和父母在一起的照片），体现父母对孩子的爱和家人的幸福时光。（背景音乐：《宝宝树》）学生欣赏、体会。 2. 学生静思： 父母是不是为了你的成长花费了许多的心血？是不是你生命中最亲最爱最值得信赖的人？ 有没有经常与父母沟通，小秘密、心里话是不是都愿意与父母分享，也愿意体谅、分担父母的烦恼呢？ 3. 简要汇报。	激情、入情。 让学生在情境中回忆父母养育自己的点滴往事，体会父母对自己付出和父母对于自己的重要性。
二、 调查感受	1. 学生看一看课前调查问卷（A. 孩子对父母、B. 父母对孩子）的汇总内容，在小组内互相交流一下感受。 2. 汇报感受。 3. 追问：之前有没有这样了解过父母们的想法？有没有误解过、埋怨过父母？有没有站在父母的立场去思考过？——问题还是出在沟通，只要多沟通，一切问题都可以迎刃而解。 4. 教师出示：18 个孩子认为自己和父母的沟通不多。16 位父母认为自己和孩子的沟通不多，并且有各自的原因。——沟通需要花去很多的时间吗？	通过问卷调查情况的展示，让学生体会到父母与自己观念的不同，父母对自己的期望，从而初步意识到，要站在父母的立场思考问题。
三、 活动体验	【折心形纸】 1. 师生背对背折心形纸。 2. 师生面对面折心形纸——体会结果的不同。 3. 说说原因与启发。意识到师生折心形纸和孩子与父母沟通的原理是一样的，都需要“面对面”，认真倾听理解。 ——小结：怎样与父母沟通？ 【情景表演】 情景一：兰兰的父母为她报了美术、舞蹈、钢琴、作文、奥数五个兴趣班。她周末和假期的时间全被占满了，平时的时间也是满满的，兰兰觉得太累了，有些是她根本不想去学的，她想和父母好好谈谈。 ——学生示范。 情景二：明明的父母工资都不高，可是明明看上了一双很贵的耐克牌的鞋，一定要父母给他买，他的理由是班上有好几个同学都穿着耐克牌的鞋，很神气。明明的父母决定好好和他谈一谈。 ——小组情景体验。	通过具体的活动体验，让学生领悟与父母沟通的方式，双方都要注意些什么？ 将领会到的感受以角色互换的方式表达出来，进一步理解父母，体会沟通的重要性。
四、 总结升华	1. 学生谈一谈感受。 2. 老师小结，静静回味和父母相处的幸福时光，将最想对父母说的话，写在心形纸上，将心形纸贴在黑板的“沟通之桥”上。	升华情感，提升认识。

【板书设计】

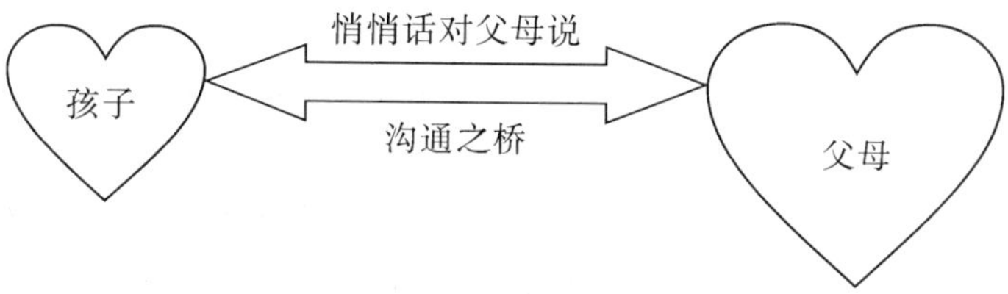

【调查问卷情况汇总】

学生调查问卷（有效问卷：46 份）		家长调查问卷（有效问卷：41 份）	
与父母沟通很多：28 人		与孩子沟通很多：25 人	
与父母沟通很少：18 人		与孩子沟通较少：16 人	
最喜欢父母说的话	——“我爱你，孩子” ——“太棒了；做得好；加油；真乖；不错，继续努力” ——“我今天给你买了……” ——“你很聪明，你一定行的” ——“这次考得不错” ——“现在可以去玩一会儿电脑” ——“只要你努力了，考多少分都可以”	最喜欢孩子说的话	——“妈妈（爸爸）我爱你！” ——“我的作业做完了” ——“知道了”，“好的” ——“妈妈我饿了” ——“您做的菜真好吃” ——“我考试考了好成绩” ——“妈妈（爸爸）辛苦了” ——“我想买书（看书）”
最喜欢父母做的事	——关心我，疼我；抱我，亲我 ——帮助我的学习，带我去玩 ——给我做好吃的 ——对我说话轻声细语 ——给我买书，陪我运动 ——开导我，做错事教我改正 ——允许我做自己喜欢做的事 ——给我零花钱 ——讲道理、守信用	最喜欢孩子做的事	——自觉看书、做作业 ——和父母聊学校的事 ——待人有礼貌、讲文明 ——讲卫生，收拾房间 ——多运动 ——能主动做力所能及的家务 ——诚实，不撒谎 ——开开心心上学，平平安安回家
最不喜欢父母说的话	——“不理你”，“不喜欢你”，“没出息” ——“关电视，关电脑” ——“成绩比×××都不如” ——“怎么这么笨，脑子被虫咬了，饭桶” ——“考试那么差，不准去玩” ——“不管你了”，“生块叉烧都好过生你” ——“……不行”“不可以……”“一定要……” ——“今天有事，不能陪你去……” ——“你真是从垃圾桶里捡来的”	最不喜欢孩子说的话	——“不知道”，“别烦我”，“你乱说” ——“我不会” ——“我不想吃” ——“我要看电视（玩电脑）” ——自己没有做好却说别人的坏话 ——“妈妈，你帮我做吧” ——“我要零花钱” ——指责父母 ——“你答应我的要求，我才去做”

（续上表）

最不喜欢父母的行为	——动不动就打骂，喜欢发脾气 ——限制我看电视、上网，自己却天天上网 ——天天打牌，不带我出去玩 ——拿我和别的小孩做比较，在别人面前装 ——不开心时迁怒于我，说脏话 ——唠叨 ——对我指手画脚，自己只说不做，错了也不改 ——对我要求太高 ——抽烟喝酒	最不喜欢孩子的行为	——不讲卫生，没礼貌 ——只想看电视、上网 ——吃饭看电视 ——东西乱丢乱放，房间一团糟 ——周末很晚不起床 ——做事拖拉，不求上进 ——说谎，懒惰 ——说脏话，打架 ——不认真、不专心 ——任性，不体谅他人感受

3. “心育”个案：“措”由“因”取

“特殊”学生，要“特殊”对待。运用心理辅导技巧，既呵护、亲近“特殊的他”，又支持、帮助“特殊的他”，他就会是一束“特殊”的阳光。

有这样一个12岁的男孩，是我校小学六年级学生。

在行为表现上：他非常顽皮，以自我为中心，没有什么纪律观念，好动；对别人的错误“幸灾乐祸”，喜欢玩恶作剧；书写马虎潦草；在课堂上经常开小差，做小动作，注意力不集中，好玩，课堂上他总能想出一些与课堂内容无关的事出来做，譬如趴在桌面睡觉，写纸条传给其他同学，或一个人在本子上乱画等；基本上没有阅读过什么课外书籍，虽然脑子不笨，但是学习成绩较差；偶尔会有改正的决心，但都是“三天打鱼两天晒网”，没有毅力，缺乏恒心。

在性格方面：他与同学不是很团结，只和班上表现最差的一两个学生走得近。一方面认为自己长得帅，很自信；一方面又觉得自己什么都不会，很自卑，自暴自弃，觉得周围人都不关心自己，生活除了玩没有什么乐趣。他最大的愿望就是以后有很多钱，买名车。

在心理期望上：他非常渴望得到别人的关注，包括老师的和同学的，甚至连批评类的关注，对他来说也是可以接受的。

这些特点是怎样形成的呢？追本溯源，发现其因：

一是家庭影响。他在读小学二年级时，父母离异了，而且离得很不愉快，是在长时间的争吵、相互攻击后才离异的。女方因此得了抑郁症，无法再照顾小孩；男方整个家族也排斥女方。自此女方长住H省，少有音讯；男方很快另娶妻子，并且一直在S省发展，孩子由三个姑姑每人分别照顾一年。孩子由于一直受奶奶、姑姑们的影响，认为母亲是个坏女人，不要自己的孩子；认为父亲只顾自己另结新欢，也不管他；认为姑姑们对他再好也没有什么可说的，于是这个一二年级时聪明伶俐的孩子，很快变得调皮捣蛋起来，而且愈演愈烈！

二是社会影响。在接下来的四年学习时间里，他最好的朋友是网络。在网上玩游戏，在网上和陌生人聊天，通过网络，他似乎学会了很多，了解了很多，但网络这柄双刃剑，带给他的坏处显然更多。游戏中的不健康因素侵蚀了他，同时也影响了他在生活中和同学的交往。

所谓“知因方有好策”，摸清这个孩子成长过程的“来龙去脉”，“助其自助”不仅需要“理解”和“怜悯”，更需要采取“措施”，重塑他对自己的信心与对生活的热情：

一方面，联系家长，不光找监护人姑姑，更设法联系到他的父母，与其父母面谈，严厉指出父母的失职与问题的严重性，与家长一起商讨可行的方法：

（1）向孩子道歉。对曾经给孩子造成的伤害表示最诚恳的歉意。

（2）关爱孩子。要让孩子感受到关爱，不再产生被遗弃的感觉。定时打电话联系孩子，看望孩子，陪伴孩子。

（3）了解孩子。孩子的成长不能缺失父母的陪伴，时刻了解他的行为与心理情况，严爱与慈爱结合，为孩子正确的成长方向指路。

（4）家长自我反思与改变。家长的价值观，当然会影响到孩子的价值观，如拜金主义、对母亲的排斥等，这些都不应该灌输给孩子。

另一方面，教师积极寻找孩子的优点，在优势中寻找弱势，在缺点中寻找闪光点，以激励为主，批评教育为辅，从抓住特点、抓好重点、狠抓难点入手，帮助这个孩子克服缺点，树立信心：

（1）通过热情的谈心，了解他的思想变化情况，多鼓励，少打击；多表扬，少批评；多关心，少冷淡。其目的是调整心理，平和心态，使他能正确地认识和看待自己及周围的人、事。

（2）利用业余时间为他补课，教给他更好的学习方法，激发他学习的兴趣，增强学习的自信心，从而养成自觉学习的良好习惯。

（3）放大其优点，改变全班同学对他的看法。优点之一：自理能力强，他目前住在三姑姑家，上学要换乘两次地铁，但是从未迟到，一直是一个人上学回家，许多生活上的事，都是自己完成。优点之二：大度，不计较，并且只要是自己有的东西，从不吝于与同学共享。优点之三：比较聪明，课堂上经常有些意想不到的回答。

（4）发动集体的力量，让几个表现优秀的学生主动成为他的朋友，在好的方面影响他。

（5）精神激励与物质奖励相结合，不断鞭策他。

通过上述措施，这个孩子在各方面的表现都有了许多进步，尤其是课堂上认真了，态度明显积极了许多，和同学逐渐打成一片，上课积极发言等。

这正合“每一个孩子都是阳光天使”之喻。

只要找对了孩子“变坏”的原因，有的放矢，学生就一定会“变好”。因为，他们正在性格形成的关键时期，只要抓住学生的特点，充分发挥他们的优点和长处，并通过各种渠道、方法，共同努力地做工作，那么他就一定会有较大的转变，他们的可塑性都是很强的。在教育过程中，要培养学生积极的心态，始终让学生在心里记下“我行，我能”等积极的意念，鼓励自己，这样才能想尽办法，不断前进，直至成功。

“助其自助”，这正是心理辅导的要义所在。

第二节　石牌小学：德育，校家社“无墙”

一、搭建平台，提升家长育人力

（一）家长学校，促学教养，讲究“效”

1. 家长学校：让家长与学校、学生、教师“更亲近”

（1）家长与学校：面对面的互动。

每一次的学校主题活动，每一次的学校对外交流，都将家长请进学校，让家长在班主任、级长或学校的直接组织下，有秩序地参加活动。如，家长与孩子一起精心布置课室，同孩子一起大扫除，亲自参与孩子所在班级的一切活动，让家长了解孩子的学习环境等。同时，学校借家长会之机，向各位家长汇报学校在办学方面取得的一系列优异成绩。

在石牌小学“广州市书香校园”评估现场会上，来自家长的座谈发言给与会专家留下深刻而朴素的一面。而“广州市家长示范性学校”评估，家长们所做的一切和与专家的交流，深深触动了专家：石牌小学把家长学校工作整合成文化品牌来经营，通过与社区密切结合，并以亲子共读经典为主体，以丰富多彩的活动为载体，以营造文化氛围为特色，以两代人的共同成长为目标。让家长找回自己的理想和童年，更重要的是净化了自己的心灵。所做的这一切，其背后存在的文化意义和组织策略，实际已成为统合日常工作的“抓手”，并以此推动了学校的工作。这种面对面、心与心的交流，使家长们成为参与者和合作者，让他们以全新姿态来促进学校的发展。

（2）家长与学生：欢笑声中融亲情。

“手拉手”活动。2008学年第一学期共举行了三次捐赠活动，为西部贫穷的小朋友捐赠书籍两次，为汶川的受灾同胞捐物，发扬一方有难、八方支援的精神，学会关爱别人，与受灾学生风雨同舟。活动还得到家长义工的大力支持。每次捐赠活动，家长义工们都特意赶来学校帮忙。家长义工们将堆积如山的物品分门别类捆好、打包并摆放整齐。这类活动让同学们学会了关爱别人，懂得了“赠人玫瑰，手留余香”的道理。家长参与到活动中来，成为活动的主力军。

“亲子运动会”的举办，使得平时工作繁忙的爸爸妈妈与孩子们手拉手一起步入赛场，比赛项目都是以适合孩子的年龄特点和家庭集体参与的要求精心设计的。比赛中各参赛家庭积极参与，你追我赶、争夺第一，欢呼声、加油声一浪高过一浪，特别是全家齐上阵项目把运动会推向了高潮。运动会受到了家长们一致好评，纷纷表示这样的活动既给了孩子一次锻炼体能和增强勇气的机会，还为增进浓浓的亲情创造了很好的条件，更是激发了孩子的竞争意识和团结协作精神。

（3）家长与老师：心与心的交流。

家访是沟通教师、家长、学生心灵的桥梁，三者共处一室，促膝谈心，拉近彼此的心理距离，有利于交换意见，也有助于达成共识，商量解决问题的办法。老师上门家访，让学生感受到老师的关注和重视，这对学生是一种激励，对家长也是一种触动，容易对教育形成合力，产生良好的教育效果。因此，教师通过与家长谈话，了解学生在家的学习、社会交往情况以及在家庭做家务的表现情况，了解学生的兴趣爱好和性格特征，窥探学生的内心世界。这样，通过了解学生的全部生活内容，发现学生的特长，依据不同的情况采用不同的方法进行教育，也让家长注意利用日常生活中的小事，增强孩子的自信心、进取心。让老师在切身感受学生的成长环境，了解家长的文化素质和家庭教育状况的基础上，对学生进行全面认识，真正实现“用我的手紧握你的心”。

2. 家长学校：让“无墙德育”成效“更明显”

长期以来，我们通过一个基地的建设即在石牌三骏企业集团公司的帮助下，广东省高级人民法院在石牌小学成立的“青少年法制宣传基地”，多项专题的培训和三个平台的互动，充分发挥“学校、家庭、社区三位一体”德育网络的优势，让社区教育对家庭教育起到补充、强化和丰富作用，共同打造以学校为主导、家庭为主体、社区为依托，把学校教育、家庭教育和社区教育紧密结合起来，形成办学合力的新型校园。

通过基地建设，为学生、家长提供法律知识的咨询、讲座，引导家长和学生学法、知法、守法，形成依法规范办学的良好氛围。

根据不同年龄的学生特点，召开不同年级、不同主题的家长专题培训，使教育有的放矢，使家长培训更具针对性、实效性。

学校不定期邀请来自团中央《知心姐姐》专家报告团的成员，为家长学校进行专题讲座。侯东荣老师的“关注孩子心灵的成长，传播最新的家庭教育理念”和讲师张之淮的“关注孩子的生存智慧”等专题内容贴近现实，所举实例真实生动，且有很强的针对性。专家们深入浅出地引导家长如何用正确的方法和手段来解决家长在教育孩子中所遇到的困惑和不解。家长一致认为，这些正是他们所需要掌握的科学教育孩子的有效方法。

学校还利用社区内高校的优势，与华南师大教育科学院的大学生、暨南大学的研究生开展联谊活动。尤其是来自港澳地区的学生，凭着他们丰富的志愿者活动的经历，为学生和家长们提供了互动交流的平台。学校聘请他们为校外辅导员，定期去学生家里作心理健康辅导，并追踪建立个人辅导记录，让大学生与家庭结“对子”，让心理辅导走进家庭。

邀请天河区、石牌街关工委的工作人员到校为家长进行专题讲座，为家长开展育儿咨询、心理咨询、营养讲座、免费借阅书籍等多种形式的活动，深受家长、学生的好评。

学校十分珍惜社区资源，并根据“学校放假、社区开学”的特点，积极发挥石牌社区的优势，组织学生与家长一起参加社区公益活动，如社区交通安全、远离毒品、清除乱贴乱画、清洁公共卫生等公益宣传活动。

学校还经常联合社区人士，如广东省高级人民法院、石牌街道办事处、石牌街派出所、石牌三骏企业集团公司，开展富有石牌特色的大型活动，展示学校、家庭、社区教育的成果，表彰在各类活动中表现突出的学生和家庭。在一系列活动中，学校始终坚持携手家庭一起倡导道德规范，践行文明行为，营造了整个社区都来关心教育的良好氛围，也使学校、家庭、社区成为合作共赢的教育团队。

（二）家校论坛，促学教养，讲究“创”

1. 家校论坛：家校合作成机制①

在城中村学校，鉴于诸多方面的因素，的确存在着少数家长还不能完全与学校进行有效默契地合作的情况。建立家校合作机制则弥补了这一空缺，全面提高家长的认识水平，从而达到与学校同步发展的水平，同时开拓沟通渠道，互相取长补短，达到共同进步的目的。石牌小学设计了以此为目的的家校论坛，帮助家长逐步发掘自身潜力，提高自身素质，从而实现了有效的教育合作。

（1）家校论坛的提出背景。

随着我国城市化进程的加快，教育的城市化转型也取得了巨大进展。教育城市化的过程，即教育资源配置管理合理化的过程和教育理念现代化的过程。其中，教育理念指导着整个教育工作的方向，而全方位家校一体化的教育理念是诸多教育理念中卓有成效的一种。随着学生家长和教育工作者素质的不断提升，越来越多的人认识到，单独依靠学校教育、家庭教育、社会教育中的任何一者，都不可能使学生成为适应新时代需要的综合素质人才。现代城市化教育要求三者进行有机的合作。

城中村最大的特点是，村民生活的方方面面都正在融入城市化进程中，但此过程尚未完成。天河区石牌小学所在的石牌村就是广州最大、最著名的“城中村”。在教育方面，石牌村民具有这几方面典型特征：少部分子女的学习基础较薄弱，成绩不理想，学习态度较为被动；绝大多数家长苦于有心无力；部分家长在亲子沟通方面存在缺憾；家庭的教育环境参差不齐。

近年来，城中村的家校合作有密切趋势。以石牌小学为例，家长学校、家长义工队、家长会、学校三大节庆（艺术节、读书节、体育节）等途径改变了过去“一切教育靠学校”的零沟通局面。但是必须注意的是，由于城中村家长自身素质的限制，家长的教育理念往往落后于实际所需，故仅此不足以建构完全畅通的家校合作桥梁。接受专业教育培训和先进理念熏陶的教育工作者，就需要在此时承担起帮助更新家长理念、提升家长教育水平的责任。

基于上述背景，一种突破传统的、高效的家校合作机制的建立势在必行。

（2）家校论坛合作机制的展开。

第一，家校合作机制的预期假设。

从石牌村的实际情况出发，新建的家校合作机制必须满足以下条件：

①同时具备广泛影响力和灵活操作性。新机制将借助城中村亲友关系复杂、传播途径广泛这一优势，选取有代表性的家长（如对教育工作有疑问的、教育方法明显失当的、在亲友中具有强大影响力的）参与，并提供家长之间交流的平台，则可在保证影响力的情况下灵活操作。

②双方互相交换传达对对方的要求。石牌小学的日常工作中，经常遇到这样一种难题：教师与家长给学生传授的知识有出入，甚至相悖，学校的努力成效被抵消，学生陷入

①张红．家校论坛：建设高效的家校合作机制．新课程（精彩版），2012（11）．

迷茫之中。新机制需要教师明确地向家长传达学校对配合教育的要求，同时听取家长的诉求，以期杜绝这一现象，提高合作教育的效率。

③具备扬弃功能，对家长的教育言行取其精华，去其糟粕。在学校的了解之外，还有很多家长具备优秀的教育能力，他们的方法需要被精确发掘并当场推广；也有很多家长方法失当而不自知，需要被准确锁定并当场纠正。利用有限的时间，在方法层面实现对家长的帮助。

④能够建立长期的后续合作。一次合作是为了一直合作。一旦学校依靠自身的力量将家长提升到适合合作的水平，新型的合作机制将持续发挥效用。启动一次活动，为家长提供交流的平台，授予家长正确的教育理念和方法，推广优秀的教育方式，纠正不当的教育方式，提升家长素质，最终实现学校与家长的长期稳定合作。

综上分析，“家校论坛”合作机制是最适合在当前背景下实现这一目标的方式。

第二，家校论坛合作机制的运行。家校论坛以座谈的形式进行，成为一个让家长畅所欲言的场所。“家校论坛”就当前教育工作中存在的典型问题、家长代表的想法提出话题供讨论，让家长通过相互交流、与学校的交流，推广自己的教育秘诀，改善自己的不足。同时，就同一问题广泛听取不同的意见，可以拓展视野，开拓思路。不同的环节，具备不同的功能，实现不同的效果。

①实话实说：自我反思审查的过程。此环节话题旨在帮助家长反思自己的教育方法以及与学校沟通的方式是否得当。典型案例：家长获得的学校相关讯息失实，家长与学校通过学生搭建的联系渠道不畅，由此还可能致使双方对学生作出不同的要求；家长的教育方式简单、粗暴、单调；奖惩机制失当；学生的成长状况出乎意料，有失控趋势等。以家长自我剖白、教育专业人士予以点拨的形式，实现对相关问题的正确解读。部分家长的发言以建设性的方式，对落后的、失当的教育方式提出了替代方案，达成了“推广优秀的教育方式”的预期目标；也有家长当场反思自己教育方法中的不当之处，并深入剖析了问题的根源。

②聚焦热点：视野开拓的过程。此环节话题旨在帮助家长站在更高、更新的层次上审视教育。由于家长自身积累的限制，教育中出现的很多常规问题往往不能得到正确的对待。在素质教育背景下，对学生传统的单一评价标准已经过时，社会上早已建立起以学生综合素质为依据的新评判标准。但部分家长不能及时认识到这一变化，他们的教育方法也不能满足现代化教育的需求。最典型的是“什么是好孩子”话题讨论，以及学业与课外兴趣的关系、家长言传身教的作用等话题的交流。在交流过程中，有家长以自己的经历切实地展示了素质教育背景下的合格家长形象；也有家长坦承，仍然不能完全摒弃传统观念的影响，但是获得了全新的看问题的角度。该环节主要为解决亲子沟通障碍提供了有力帮助。

③教育故事：心灵交流的过程。此环节旨在向家长展示教育工作者真实的心灵经历，以期在情感上引起共鸣。情感的交流不仅存在于家长与子女、教师与学生之间，更应该存在于本应密切合作的学校与家长之间。根据家长的反馈，通过教师的讲述，很多家长不仅情感上受到触动和震撼，更去除了与学校交流过程中存在的诸多疑虑。该环节强化了家长与学校在教育合作中结成的统一阵线。

④专家点拨：社会教育的协助。与家庭教育和学校教育不同，社会主要通过实践而非讲授对个体进行教育。穿插在各环节中间的法律专家、教育专家的点拨，是对学校教育目标的佐证，也是对家庭教育的有力协助。站在学校与家长之外的第三方视角，教育专业人士为家长提供了充分的指导意见，从而实现了家庭与学校教育目标的接轨。

第三，实施策略。

一般来说，家校合作策略分为三类。第一类是针对教学和学习活动的直接策略；第二类是与教学和学习活动并不直接相关，但能支援教学活动的中介策略；第三类是与教学活动无关的边缘策略。实施直接策略，要求家长在家庭中参与孩子的学习活动，指导家庭作业，进行语言、音乐和艺术活动等；实施中介策略，要求学校与家庭广泛接触沟通，促使家庭协助教学活动，与教师建立良好的合作关系；实施边缘策略，要求家庭提供青少年学生基本的生活条件，要求家长参加家长委员会、教师家长协会，要求学校帮助家庭联系社区资源，提供给家庭和学生一些服务和赞助等。实施家校合作策略，同时要辅之以其他行之有效的措施，如家长参与教育决策、灵活多样的联系方式和把家长视为一种教育资源等，以期促进家校合作教育目标的实现。

家校论坛融合了各种家校合作策略在内，对教学、支援教学和边缘教育活动都有巨大的指导作用。事实上，家校论坛的立足点在于理念，先进的教育理念对整个家校合作教育而言都是不可或缺的。

（3）家校论坛合作机制的评价。

家校合作需要本着信息共享、平等合作与相互尊重、目标一致、优势互补与相互兼容、循序渐进的原则进行。从活动效果来看，本次家校论坛遵循了以上原则，并实现了事先设定的目标。

从短期目标来看，家校论坛为家长提供了自由交流的平台，并将正确的、先进的教育理念和方法授予了在相关方面有所欠缺的家长；推广了家长中产生的优秀的教育理念和方式，纠正了教育工作中一些不当的行为。

从长期目标来看，参与活动的家长适时反馈了活动体会，并将活动所得在一定范围内予以传播；接受了学校对合作型家长的最低要求，并采取措施，不断提升自己，以期与学校进行更为默契的合作；对学校的工作提出了有建设性的意见，为学校的工作提供了参考，帮助学校明确了长期合作的方向。

2. 家校论坛：家校合作更高效

2010 年 9 月 29 日下午，在综合电子多媒体教室里，石牌小学携手 113 中学举办了第一届“家校论坛”。

【指导思想】

为了进一步加强学校、家庭、社区之间的联系，落实天河区教育局关于“构建德育工作合作模式”的有关精神，针对所属石牌社区教育的特殊性与多元性，石牌小学、113 中学携手社区，本着“互动、融合、共建”原则，充分挖掘和整合石牌社区资源，以服务学生、家长及社区为指引，通过开展首届中小学“家校论坛”活动，引导更多的家长自觉地融入到教育孩子的探索与实践中。这促使学校教师、家长与社区之间更好地合作，促进学校、家庭、社区的共同进步，以此彰显石牌“无墙文化”的魅力。

【内容设计】

第一环节，实话实说——教育案例你我分享。

该环节旨在用事实说话，以案明理，以案寓情，彰显家校携手育人之典型；旨在家校社区携手，让每一种力量都融合在学校的德育工作中，而且让更多的家长自觉地融入到教育孩子的探索与实践中；促使学校教师、家长与社区之间更好地合作，让人们享受到教育的魅力，进而赞同和支持学校的使命和目标，促进学校、家庭、社区的共同进步。

案例 1：

孩子将家长与老师、学校与家庭、学校与社区紧密联系在一起，今天我们大家相聚于此，缘于大家对孩子共同的爱。即使这样，我们难免会遇到这样尴尬的事情：孩子有时表现不好，老师与家长在沟通的过程中，偶尔也会发生冲突。

家长一味相信孩子，认为小错误不是什么大问题，是老师小题大做，过于紧张。老师也由于沟通不畅，感觉家长太不理解自己的良苦用心，遇到这种情况，你有何良策？

互动家长：……

互动教师：……

专家或领导点评：……

案例 2：

当今时代，高速变化，面对各种竞争与挑战，面对千差万别具有个性差异的学生，中国有句古话：一方水土养育一方人。这就决定了石牌教育具有其特殊性、多元性、复杂性。得益于城市化，石牌大多数村民过着衣食无忧的生活，更为可喜的是村民们对子女的教育越来越重视，但有些现象值得我们反思：现象一：有些家长信奉“棒打出孝子”观念，孩子犯错，一打了事；现象二：在孩子的教育方面，有些家长认为毫不吝啬地提供物质条件就可以了；现象三：有些家长全力支持孩子专心学习，不要孩子插手家务事。重视教育就是这样吗？你有什么不同的看法？

互动家长：……

互动教师：……

专家或领导点评：……

案例 3：

孩子小学毕业了，升入初中是件多令人高兴的事啊！可是烦恼和快乐有时却是一对形影不离的朋友，高兴之余我们发现：原本在小学听话可爱的孩子，进入中学后，我行我素，不听教导，有时甚至标新立异，干些让家长与老师都头痛的事情，你怎样看待这种现象？

互动家长：……

互动教师：……

专家或领导点评：……

第二环节，聚焦热点——教育话题各抒己见。

教育的幸福源于教育实践给予了我们丰富的体验。在聚焦热点——教育话题各抒己见环节，我们希望进一步更新家长们的教育观念，让大家敞开心扉，通过对热点话题的讨论，给家长们一个平台，分享交流的喜悦；给家长们一种示范，今后教育孩子更加得心应手，以解决教育子女的困惑。

话题1：谈谈你心目中好孩子是什么样的？

互动家长：……

互动教师：……

专家或领导点评：……

话题2：学习知识与培养兴趣爱好是相辅相成还是相互矛盾？

互动家长：……

互动教师：……

专家或领导点评：……

话题3：家长需要言传身教吗？

互动家长：……

互动教师：……

专家或领导点评：……

第三环节，我们期待——让每一朵蓓蕾都能绽放。

每一个孩子都是一朵含苞待放的蓓蕾，每一朵蓓蕾都憧憬着绽放时的绚丽与喜悦。为了每一朵蓓蕾的绽放，亲爱的家长们，让我们携起手来，让知识在学生智慧中传播，让爱在学生心灵中扎根，让生命在学生成长中延续，让理想在学生生命中闪光。让孩子们享受快乐，健康成长吧！我们期待着下次再见。

家长论坛之家长调查问卷：

1. 您对“实话实说——教育案例你我分享”这一环节有哪些感触最深的地方？

2. 对于“聚焦热点——教育话题各抒己见”这一内容，您还想告诉我们哪些在今天论坛上没谈到的？

3. 就“我们期待——让每一朵蓓蕾都能绽放”这一内容，我们还想听您说几句。

4. 您对此次“家校论坛”还有什么更好的建议吗？

如今，“家校论坛”已是石牌小学家长获得育孩真经的重要平台，已是石牌小学校家协同教育的一道靓丽的风景线。

二、创造机会，提升家长服务力

（一）义工服务，为事展能，自然“乐”

1. 机制上，义工之乐有保障

成立家长义工队，对于石牌小学来说是一件好事。学校积极借鉴香港一些社区及学校已有的经验，争取石牌社区领导和家长们对家长义工队的理解与支持，确立了家长义工队的宗旨及管理机制，并挑选出有一定的文化修养，有着丰富的社会经验，吃苦耐劳，甘愿奉献，具有一定凝聚力的家长担任义工队正副队长。石牌小学家长义工队的主要职责是：参与学校的教育教学管理和服务。这些义工队成员不仅关心学校发展，有较强的参政议政能力，而且在推动家长工作方面，在改变学校面貌的建设中，都做出了不懈的努力。

为了完善学校家长义工队伍的建设，更好地配合学校开展各项活动，增强学校义工的吸引力、生命力，实现良性运作和可持续发展，家长义工队成立之后，我们首先对家长义工进行培训，提高志愿服务素质，提升志愿活动水平。培训活动的开展，一是适应志愿者素质现状，选择新颖、生动、实用、简明的培训材料，逐渐促使志愿服务行为科学化、规范化；二是分层次、分类型开展培训，促使家长义工的观念得到更新，乐于服务他人。

2. 服务中，义工之乐在体验

随着学校开展的活动，家长义工体会到了义工服务虽是无偿的，但奉献出的却是爱心和热情。学校大到活动前期准备，小到班级活动的开展，到处都充溢着家长义工们的满腔热情。

如，2008 年 3 月：“香港考察团来访”活动，从迎接到欢送，让我们看到了家长义工一路走来一路笑——“爱心洒满学校”；

2008 年 4 月：“哀思祭英雄”的全程参与，让我们感受到家长义工的“服务学生，奉献社会”的精神；

2008 年 5 月：“2008 学年新生报名”现场，让我们共享了家长义工的“微笑献给你我他”；

2008 年 6 月：“和谐石牌　牵手奥运”庆“六一”艺术节，让我们与家长义工同台共欢庆，享受“我为人人　人人为我”的魅力。

而每一次美国校长参观团来访，更是展示了家长义工的靓丽风采——“我们爱石牌”。

学校每一次开展主题活动和对外交流活动，都将家长请进学校，让家长与班主任、年级级长一起组织活动。如家长与孩子一起精心布置课室，同孩子一起大扫除等。同时，家长参与到孩子所在班级的一切活动中，让家长了解孩子的学习环境，了解学校在办学方面取得的一系列优异成绩，让他们更乐于成为义工。

家长义工服务，帮助教师与家长建立了相互信赖、相互支持、相互理解的伙伴关系，为教师开展教育教学工作提供了有力的支撑。

以家长义工队为依托开展的多种家校活动，有效地挖掘了家长资源和潜能，家长们参与学校活动及管理工作的热情和积极性被调动起来，形成了由家长义工为主体向外辐射的学校资源网络，这一资源富集的社会网络在人力、物力、财力等方面给石牌小学以极大的支持，成为学校后续发展的强大推动力。

石牌小学家长义工队是一个爱的群体，是与学校心连心的命运共同体！

因为，“命运共同体”的建立，我们人人参与，各尽其才。

在这个命运共同体中，他们“同唱一首歌”，“巧手靓校园”。

齐唱石牌教育的“同一首歌”

潘翠姬阿姨是我校的义工队队长，曾被评为天河区“优秀少先队志愿辅导员”、广州市“优秀少先队志愿辅导员”、广州市“十佳少先队志愿辅导员”。

多年来，她始终关注教育、理解教育、支持教育。她满腔热忱地投入学校的各项活动，感人的事迹不胜枚举。潘阿姨不仅积极响应参加学校的诵读活动，还把自家的天台作为活动地点，自告奋勇组织家长开展家庭诵读活动，让更多的人浸润在书香里。

2007 年 6 月，她参加了广州市少工委举办的“心手相连　共享和谐——各民族少年儿童羊城手拉手”系列活动。活动中，她不仅让彝族小朋友充分体验了广州的饮食文化，深切感受了广州改革开放和现代化建设的辉煌成就，也结下了深深的情谊；活动中，她还通过结对子活动，教育周围的孩子，与之相互学习、相互交流、相互关心，通过体验不同民族的风土人情和多姿多彩的文化，进一步感受各民族人民血脉相连、血浓于水的骨肉亲情……

潘阿姨常说，参与石牌小学的教育教学活动，让她实现了自己的人生价值。今后，她将继续支持教育，带动更多的人一起唱响石牌教育的“同一首歌”。

巧手靓校园

石牌小学的义工何燕兴阿姨，心灵手巧，好学上进。她的许多手工作品在学校的各类活动中让人叹为观止。她的家庭也因此被评为“天河区十大巧手家庭”。

学校的许多活动，都成为何阿姨大显身手的舞台。“美丽校园　我装扮”、“甜甜的元宵节　圆圆的奥运梦”等活动中，她现场指导学生制作花篮、包汤圆；“迎新年环保时装秀”活动中，她和孩子们一起构思，指点孩子们巧用废物，制作了一批大方、时尚、新颖的环保时装。当孩子们踏着轻快的音乐节奏，穿着新颖的环保时装登台展示时，赢得台下师生、家长们的阵阵喝彩声。

学校每年的国际交流活动，何阿姨都积极参与。她不仅通过剪纸、包粽子等方式与美国校长交流中国传统文化的精髓，还带领家长们绣出福娃等十字绣作品赠给客人，让美国校长们赞不绝口。

（二）亲子活动，牵手连心，自然“甜”

1．校内活动，享受亲子之甜

每一学年，学校都要组织家长和学生一起开展丰富多彩的活动。

学校第二届体育节以“与亚运同行 共享和谐健康”为主题，比赛项目都是以适合孩子的年龄特点和家庭集体参与的要求精心设计的。

活动一：迎国庆“强健体魄 活力四射”两操（广播操和健康操）比赛。“两操”比赛，更好地促进学生规范做操的动作，尤其让学生树立起团队意识，增强了荣誉感，精神面貌焕然一新，并养成了勤于锻炼身体的好习惯。

活动二：“与亚运同行 共享和谐健康”亲子趣味运动会。看！爸爸妈妈牵着孩子的手一起来了，鹤发童颜的爷爷奶奶也来了。在运动场上，老师、学生、家长的呐喊助威声一浪高过一浪，还不时有阵阵掌声响起。尽管当天上午刮着寒风，下着小雨，但是丝毫没有影响师生、家长的热情参与。家长和孩子的欢呼声似乎驱赶了冬日的寒冷。比赛中各参赛家庭热情四射，你追我赶，争夺第一，特别是全家齐上阵项目把运动会推向了高潮。通过这一亲子活动，平时工作繁忙的爸爸妈妈与孩子手拉手一起步入赛场，为增进浓浓的亲情创造了很好的条件，更是激发了孩子的竞争意识和团结协作精神，让家长们更加理解学校、关心学校和支持学校，有利于共同打造以学校为主导、家庭为主体、社区为依托的新型和谐校园。“体育节”让我校老师、学生和家长之间的心更近、情更浓。

2011 年 2 月 15 日，我校总结学校迎亚运先进事迹材料时，又真切地回味了石牌小学的“无墙”之魅力。

心手相连 石牌与亚运相伴而行

——石牌小学迎亚运先进事迹材料

2010 年第 16 届亚运会和第 10 届亚残会，在“羊城”美丽的珠江之畔展开瑰丽的画卷，这是继北京奥运会后，我国又一次举办的体育盛会。石牌小学以亚运会和亚残会在广州举行为契机，积极响应天河区教育局以“小手”牵“大手”，开展“五个一”活动的号召，以“魅力亚运 多彩石牌”为主题，将石牌特有的“团结、学习、奋发”精神与“奉献、友爱、互助、进步”的志愿精神紧密结合起来，立足学校，牵手家庭，辐射社区，掀起了“人人支持亚运、人人参与亚运、人人奉献亚运”的热潮。心手相连，让石牌与亚运相伴而行，谱写了精彩、感人的亚运新篇章。

一、N 个“相信”，让石牌与亚运演绎同样的精彩

多年来，石牌小学坚持“无墙德育”探索，并确立了以 N 个“相信”作为校本德育工作的指导思想：相信教师，相信家长，相信社区……相信一切都可成为教育的有益资源，相信一切都可成为教育的积极力量。

亚运会的举办，更让学校欣喜地捕捉到“亚运资源无墙”、“亚运事事无墙”的教育契机，开展以“魅力亚运 多彩石牌”为主题的系列活动。系列一：“争当亚运小先锋”；系列二：“激情亚运广州行”；系列三：“我是亚运小主人”；系列四：“亚运创造新生活”。

以精彩的亚运活动，让学生不断实践、不断感悟、不断进步。

令人难忘的是亚运前夕，石牌小学携手113中学、石牌社区隆重举办了亚运之夜表彰联谊晚会。活动中，石牌小学众多身怀绝技的同学将体育技能、体育热情、体育精神发挥得淋漓尽致，与亚运主题不谋而合。孩子们的欢呼、激情澎湃的音乐、铿锵有力的呐喊，激荡着全场观众的热血，充分体现了石牌“全民迎亚运、人人爱石牌”的和谐氛围，也鼓舞了所有石牌人齐心协力、积极进取，为广州亚运画上浓墨重彩的一笔。

二、小手拉大手，展现“一起来、更精彩”的靓丽风景

亚运时时有资源，学校内外处处有奉献。石牌小学根据亚运期间所蕴含的各种教育资源，进一步拓宽教育平台。以“小手拉大手”的方式，广泛开展《广州市民亚运文明公约》宣传教育活动，引导学生从自己做起、从现在做起、从点滴做起，自觉践行文明公约，争做文明东道主。通过他们的文明言行影响和带动家庭的每一位成员。

1．心手相连，我们都是亚运东道主

亚运期间，学校得知可以组织学生家长观看亚运会田径比赛这一消息时，认为这是一个难得的教育契机。学校宣传动员后，全校师生、家长共计4 000余人积极响应，踊跃报名观看比赛，希望能亲临现场见证这一体育盛事，在感受体育健儿积极进取、奋发拼搏的同时，也受到一次集体主义、爱国主义的教育。

令人惋惜的是，由于全区报名观看比赛人数太多，我校仅领到200多张门票，这个票数与学校报名的人数相差甚远。很多学生得知这一消息后都哭了，家长们也一再地向学校表示希望能够前去观看，甚至有些家长因为孩子实在是太想前去观看比赛，特意给老师写信表明他们希望能前去观看亚运会比赛的迫切心情。学校又及时通过面谈、电话或者短信的形式对学生、家长做了相互谦让、主动奉献的思想教育工作，成功地取得了家长的谅解和支持。在观看比赛前夕，教师对学生进行亚运礼仪教育，组织学生学习《青少年亚运礼仪指引》手册。观看比赛当天，老师们提前三个小时就来到比赛场馆门外等待家长、学生，家长们也积极配合老师组织进场观看比赛的秩序。观看比赛期间，我校师生的“激情盛会，和谐亚洲”、“一起来、更精彩”……富有强烈感染力的口号，令人激动，催人奋进。这充分展示了亚运东道主的责任感，以文明、热情、宽容、友善的姿态展示千年羊城、南国明珠的风采，共同营造热情友好、宾至如归的迎亚运社会氛围。

2．寒风冷雨，我们与亚运同在

在亚残会举办期间，我校积极向教育局申请观看亚残会比赛的门票，并成功地申请到了1 000多张。由于当时天气比较寒冷，又下着小雨，教育局考虑到天气恶劣的原因建议学校退一部分门票，但是石牌小学的家长和学生观看亚残会的热情丝毫不受天气的影响，一如既往地支持亚残会。

观看比赛当天，家长和学生们不畏寒冷，提前3个小时到达比赛现场，因为能如愿以偿亲临现场观看这场盛事，所以每个人的脸上都洋溢着微笑，家长们还自发地帮助老师举起班牌，方便其他家长找到指定地点。在场外等待进场的时间里，孩子、家长和老师都其乐融融地欢聚在一起，聊亚运，聊学校，合影留念。虽然天气很寒冷，但是每个人的心里都格外开心、格外温暖。

观看比赛时，孩子们和家长都被运动员的拼搏精神所感动，老师和家长们借此机会教

育孩子要向运动员学习，学习他们永不言弃、勇于拼搏、坚韧不拔的体育精神。当五星红旗冉冉升起的时候，孩子们的心中充满了骄傲，为健儿、为祖国而自豪。尽管寒风冷雨，但阻挡不了大家支持亚残会的热情。大家非常珍惜此次观看比赛的机会，用微笑、掌声、助威声传递自己的热情、友好、关心。家长们更把此次活动当作关注教育、理解教育、支持教育、参与教育的有益平台，自发地维持秩序、分发点心、清洁场地等。

大家以实际行动传承中华民族传统美德，弘扬了“奉献、友爱、互助、进步”的志愿服务精神。

“风声、雨声、读书声，声声入耳；国事、家事、天下事，事事关心。”争做亚运东道主的活动为学生、家长提供了一个能让他们做到“事事关心”的教育平台。此次活动，动员全校师生、家长积极参与，大力营造了“人人都是东道主，个个都是志愿者”的社会氛围，唱响了亚运志愿者的口号，传播文明礼仪，整治城市环境，维护公共秩序，推动形成文明和谐的社会风尚，全面展现出东道主热情周到的待客之道，成为展现“一起来、更精彩”主题的一道靓丽风景。

活动三：学校的“沐浴书香　健康成长”读书节活动，使家长与孩子一起诵读经典，共同成长。

每年的9月1日，开学第一天，就拉开了学校读书节的序幕。学生畅游书海，增广知识，浸润在书香里，活动通过评奖机制激励家长与孩子共同学习、共同进步。“书香班级”、“书香家庭”、“百名小读者”等活动则贯穿整个学期。

而在“和谐石牌　牵手奥运”的艺术节活动中，由家长自编自导自演的小品节目已成为艺术节的保留节目。家长们纷纷参与或被邀请前来观摩活动，他们深有感触：孩子的人文素养真是提高得快啊。演出会场设在区府礼堂，家长们闻此消息欣喜万分，有的家长包车前往，有的家长三五成群打的前往，他们对孩子精彩的表演啧啧称赞，家长对孩子们有了全新的认识和肯定，他们深以为傲！

无论是“艺术节”、“体育节”、“读书节”，还是富有教育意义的各类主题活动，学校均为孩子和家长创设展示才能的舞台，并借助这些活动大力表彰品学兼优的学生，及支持学校教育的家长。家长们也十分珍惜这些机会，从活动的筹备、礼品的包装，到节目或项目的排演、组织，随处可见他们忙碌的身影。家长们不辞辛苦，因为他们开始懂得教育、理解教育，看到自己孩子的成长，意识到自己无形中的进步，他们从中得到了莫大的快乐！

2. 校外活动，品味亲子之甜

学校十分珍惜社区资源，根据“学校放假、社区开学”的特点，积极发挥石牌社区的优势，组织学生与家长一起参加社区公益活动。如组织参与社区交通安全、远离毒品的宣传，参与清除乱贴乱画、清洁公共卫生等公益宣传活动。学校经常联合社区人士，如广东省高级人民法院、石牌街道办事处、石牌街派出所、石牌三骏企业集团公司，开展富有石牌特色的大型活动，展示学校、家庭、社区教育的成果，表彰在各类活动中表现突出的学生和家庭。在一系列活动中，学校始终坚持携手家庭一起倡导道德规范，践行文明行为，营造了整个社区都来关心教育的良好氛围，也使学校、家庭、社区成为合作共赢的教育团队。

通过几年的实践探索，我们认为，家长一旦与学校“心连心”，对于学校的发展，将是一股强大的推动力量。这更让我们坚信：学校与家庭携手互助，定可成就孩子美好的未来；教师与家长都是孩子健康成长的教育者和责任人，双方地位平等，应互相学习、互相尊重；参与学校教育是家长的权利和义务；家庭蕴含着宝贵的教育资源；用心沟通和引导，家长会成为学校工作最坚定的支持者和合作伙伴；高效率的家校合作有赖于家长的积极主动的参与心态和行为。

正是基于这样的信念，家校联手，心与心相连，石牌小学近几年来有了更大的发展，学校先后荣获“广州市书香校园”、“广东省书香校园”、“广州市首批家长示范性学校”和“全国优秀红领巾小社团”等荣誉称号。石牌小学家校合作的成功经验，在社会上引起了很大的反响，得到了普遍关注。南方日报、广州日报、羊城晚报、南方都市报、中国少年报、共鸣和广州电视台等媒体都对石牌小学开展的亲子诵读等系列活动进行了报道。来校考察的教育界领导和专家一致认为：如果所有社区都像石牌社区这样支持学校，学校不愁办不好；如果所有家长都像石牌家长这样理解教育，不愁孩子教不好；如果所有孩子都能得到这样的教育和熏陶，每个孩子都能成功！

三、坚守与奉献，实践亚运东道主的承诺

在成功组织做亚运、亚残文明观众的同时，石牌小学教师们在亚运、亚残会期间以“坚守与奉献”实践着亚运东道主的承诺，积极配合教育局做好亚运、亚残安保工作，一切困难都不能动摇老师们“支持亚运、参与亚运、奉献亚运”的热情。

尤为感人的是，我校的后勤主任冯婷老师，积极响应学校号召报名参加安保工作。由于她工作一贯积极主动、认真负责、忠于职守，幸运地成为亚运安保工作的联络员，无论是组织文明观众，还是每次的安保工作，她都是提前到场，最后一个撤场，组织、联络、协调……忙得不亦乐乎。在第一次亚运安保演练时，冯主任病重的母亲去世了，但是她强忍悲痛，只字不提，未请一天假，仍然坚持到岗，井然有序地安排好工作，始终把安保维稳工作放在第一位。在服务亚运的同时，冯主任也非常努力并出色地完成了教育教学和学校后勤的工作任务。她总是第一个到校，工作到很晚才离开学校，认真处理学校烦琐的后勤事务，而她所教班级的成绩在年级里也是名列前茅。安保工作结束后，当不明真相的校长劝她快去看望病重的母亲时，她才抑制不住内心的悲伤，放声痛哭……

傅立宏老师作为一名普通的党员教师，同样以“坚守与奉献”在亚运安保工作中，发挥了一名党员的先锋作用。亚运期间，傅老师的母亲查出肺癌晚期，他婉言谢绝了学校领导换人代替他的好意，做通了妻子的工作，安顿好年幼的女儿，克服了路程遥远的困难。面对诸多的困难和不便，傅老师不请假、不找任何理由，甚至对身边的同事也很少提起。工作中，他严肃谨慎，面对亚运安保这个既枯燥又时刻具有挑战性的重要岗位，他始终精神饱满、尽职地工作。遇到其他队员有特殊困难时，他还主动请求换班顶岗。从参加亚运安保以来，他与民警同志们密切配合，一丝不苟地、默默地为亚运的开展，努力做好“守门人”的工作。每次将近12小时的安保执勤时间，对傅老师来说是个严峻的考验。一方面，他要去医院照看重病的母亲；另一方面，要照顾不足一岁的孩子。家住白云区的他，

每次都要坐近 3 个小时的车到岗，执勤到深夜，只好坐出租车回家。孩子感冒，只好打电话嘱咐妻子……

对于冯主任、傅老师来说，和所有参与亚运的志愿者一样，他们都有共同的感受——默默奉献带来的满足，是一种快乐！

亚运会圆满结束。石牌小学“支持亚运、参与亚运、奉献亚运”的热情，不仅彰显了石牌与亚运心手相连、相伴而行的挚情，也将激励石牌小学各项工作不断迈上新台阶，谱写更新、更美的教育篇章。

附录一

《“石牌精神”与校本德育整合的实践研究》结题报告

广州市天河区石牌小学课题组

【课题组成员】

组　长：周洁

副组长：张红、唐亮平

成　员：冯婷、郝慧华、廖国珠、胡绍宏、肖彩芳、梁志涛、蔡坚、翁秀娟、莫文桂、蔡梦奇、邱子鹰

一、问题提出

当今时代，飞速变化，面对各种竞争与挑战，面对千差万别具有个性差异的学生，学校德育的实效性，尤显重要。树立学校教育、家庭教育和社会教育一体化的大德育观，已经成为国内外校本德育变革的主旋律。如何加强学校、家庭、社区之间的联系，充分挖掘和利用社区德育资源，形成教育合力，提高德育实效，是当前校本德育变革的一个紧迫而又重要的问题。

石牌小学创办于1918年，是一个有着九十多年悠久历史的老校。近二十多年来，在城市化步伐加快的推动下，石牌小学从相对落后的农村教育起步转向城市教育，再由城市教育转向今天的现代化教育。而石牌小学近些年的不断发展，从其自身来说，更得益于其把德育作为学校发展的突破口，开展“学校、家庭、社区德育效应互动”研究，构建了“三位一体”即学校、家庭、社区一体化德育网络，促进了学生文明行为的养成和教学质量的逐年提高，带动了学校的发展。这一德育作为，是开放的办学思想，即“无墙化”办学思想的体现与落实。为此，石牌小学于2006年提出了“无墙德育”的学校德育哲学，即“让每一个人都敞开心扉，让每一个人都收获甘泉”的学校德育理念，期望通过打造“无墙德育”这一品牌，来提升学校德育原有优势的品质，走出一条学校发展的特色之路。

但是，石牌村是广州最大、最著名的“城中村”，村内建筑密度高达70%以上，“握手楼”“贴面楼”随处可见，村内道路狭窄，外来人口多，结构复杂。这一个“城中村”的复杂现状，给石牌小学的德育工作带来较大的“冲击力”。而学校学生主要来自石牌社区，少数是来自周边住宅小区的学生，学校家长的素质参差不齐，家庭教育整体相对滞后。一部分家长依靠分红及出租房屋生活，衣食无忧，无所事事，有些人靠打麻将消磨时光，虽然明白孩子教育的重要性，但由于自身的教育素养的限制，在教育孩子方面，显得力不从心。这也给石牌小学的德育工作带来较大的“难题”。

为此，如何进一步提高“无墙德育”这一校本德育的质效，以破解这样的“冲击力”与“难题”，是石牌小学亟需探索的问题。

而我们在探寻社区资源时，发现了石牌拥有自己的社区精神——“石牌精神”。它包括“创业精神、集体精神、服务精神”，是一种优质的社区资源，更具有深厚的教育价值。因为它既是石牌人改革创新的精神力量，也是人之成人成事所需要的立世精神，同时它还可以化为引领我们实施“无墙德育”的工作精神。

因此，本课题整合“石牌精神”于石牌小学“无墙德育”中，具有重要的理论价值和实践意义，既有利于化“石牌精神”以凝聚人心，转变大家的教育观念，促使大家共同发挥作用，齐心协力为学校的发展贡献自己的一份力量，又有利于发挥学校、家庭、社区的三股力量，提高“无墙德育”的整体效能，提升师生的综合素质，更有利于促进家庭、学校、社区之间和谐，促进教师、学生、家长之间和谐，乃至促进石牌文明社区建设，还可以拓展社区资源与校本德育整合研究空间，创造出“校本德育”与社区资源整合的个案性实践的有效操作样式。

二、研究现状

（一）关于“校本德育”

从“校本德育”的视角，开展如何提高学校德育质效的研究，已经成为我国一线学校德育变革的主旋律。关于“校本德育”，目前学术界还没有一致的界定，但对其进行的研究与实践探索已经很多，这为本课题对“校本德育”的界定及开展与“石牌精神”的整合研究，提供了有益的参考。

曹文栋（2002）认为，校本德育是学校德育创新的灵魂。他指出，建立以学校为本位的德育工作内容、方式和管理系统，实现德育创新，必须树立以社区为依托的全新的学校德育工作环境概念，实现德育内容系统化与德育活动本土化的结合，形成校本德育的内容特色；要强调学校在社区德育工作和精神文明建设中的主动地位、专业地位和在育人工作中的权威性，形成校本德育的网络特色；要按质量互变的规律，以量化管理为基础、定性管理为手段的弹性德育管理，形成校本德育管理的管理特色。

张雪龙（2003）认为，校本德育工作主要是要解决德育的操作性和有效性问题。他从学校实践探索出发，提炼出创建校本德育机制的经验：校本德育不能人为地拔高，高到脱离教育整体的实际，脱离学生成长的实际，脱离学生身心发展的实际，而要在理论和实践上贯穿一条“回归自然”的思想主线，从“天上”回到“地上”，脚踏实地向前走，妥善处理好与教育整体、学校管理、学生成长、学生主体的关系。

詹万生（2007）认为，各级各类学校都要整体构建校本德育体系，即为了增强学校德育工作的针对性和实效性，学校要依靠本校教师集体研究，构建具体化、特色化、可操作的学校德育实施系统。校本德育体系的具体化，是指构成校本德育体系的德育目标、内容、途径、方法、管理、评价等要素的细化、优化和科学化。校本德育体系的特色化，是指学校所处的地区特色、层次特色和办学特色在学校德育工作中表现出来的独特风格。校本德育体系的可操作，是指把理论形态的德育体系转化为实践形态的、适合本校实践运用的德育体系。

谢银元（2009）基于学校的实践探索，得出整合乡土资源，构建校本德育课程的经验：从学校实际出发，通过合理开发和有效利用乡土资源，构建一套有特色的校本德育课程，将学校德育与学生生活实践紧密联系，有助于切实推进学校德育工作，发展学生的综合素质，促进教师的专业成长，更好地实现教育目标和办学特色，提升学校的整体办学水平。

2010 年 11 月 7—8 日，在中国杭州国际教育创新大会上，中国德育杂志社、杭州市教育局、杭州市下城区人民政府联合举行的“校本德育创新论坛”在杭州市大成实验学校隆重召开。来自海峡两岸的领导、专家、校长和学校代表共 300 余人参与会议，共商“德育为先”大计，共享德育创新经验，共推德育工作深入实效开展。其中，校本德育必须善用资源，是一项共识。与会代表普遍认为，校本德育创新离不开对校内外资源的利用，有了这个保障，创新才有更好的效果。杭州市大成实验学校致力于营造尊重、信任、互动、合作、融合的家校教育氛围，设计序列化、主题化校本德育课程，让家长知道孩子每一个成长阶段的教育重点和要求，推出亲子读书、亲子社会实践、亲子农业合作社等活动，举行智慧家长海选活动，建立智慧家教资源平台。台北市立天母国中指出，学校的、老师的力量有限，家长是很可贵的资产，要善用家长资源，开展家校合作，全面推动品德教育。学校把一些核心价值转化成明确的行为规范，发给家长，请家长在家里结合这些行为规范关注和引导孩子。假期时，学校还设置学生品德储值卡，父母在储值卡上写上孩子每一天的表现，储值卡记满 80 点，学校就会给予学生相应的奖励。华东师范大学张江实验中学建设了“一体三环”的家校互动模式，即牵手家长同构“家校联动”，引导家长共领“一同成长”，借力家长共建“和谐校园”。南通师范第一附属小学与南通博物苑共建素质教育基地，共同培养“文博之星”，即博物苑的小小讲解员，利用节假日为市民、外地游客参观时做讲解，为学生拓宽知识视野、锻炼表达能力、培育乡土情感提供了丰富的教育机会。南通市虹桥二中成立了社区学生会，利用社区的博物馆群、公园、科技馆、人才市场、环保局等资源，促使学生了解社会、认识社会、融入社会。

综上所述，校本德育变革，既要注重学校内部的整体性设计与运作，又要加强学校、家庭、社区之间的联系，充分挖掘和利用社区德育资源，形成教育合力，才能提高整体效益，取得良好的效果。

（二）关于“石牌精神与校本德育整合”

奚从清（2002）认为，社区精神要点有三：其一，在社区精神的内涵及其特征方面，社区精神是指在一定的历史条件下、一定的社区成员在长期的社会实践过程中，在正确的价值观念体系的支配和滋养下，逐步形成和优化出来的一种社区意识，其特征为一种时代精神、创新精神、群体精神、自治精神、传承精神及个性精神；其二，在社区精神的功能方面，社区精神具有凝聚功能、塑造功能、整合功能及推动功能；其三，在社区精神的培育方面，应树立求实观点、价值观点、垂范观念及长期观点。

目前，国内极少对社区精神与校本德育进行整合研究。浙江省义乌市青口小学开展了“义乌精神”与校本德育的整合研究。该课题根据校本德育的特点，与现在社会、经济发展趋势相结合，与“义乌精神”相整合，利用义乌历史文化、风土人情、市场与经济发展等方面的课程资源，进行德育教育，为学生的终身发展，也为义乌未来的发展打下基础。其研究成果与实践经验，将为本课题的研究提供参考价值。

“石牌精神”是石牌村在其发展历程中形成的社区精神。本课题是首次以“石牌精神”为载体，从整合社区优质资源于校本德育的维度，构建学校德育的实践性操作样式，形成学校独特的德育模式和变革理路。石牌社区的其他中小学还没有做过类似的研究或教育改革实践，本课题具有独创性。

三、课题设计

（一）核心概念及课题界定

1. 石牌精神

本课题的“石牌精神”，是广州市天河区石牌村在其历史变迁中所凝聚的社区精神。1948 年，曾任中山大学法学院院长的郑彦棻教授著文《发扬石牌精神》。他提出：“石牌所表现的精神，第一是‘筚路蓝缕，以启山林’的创业精神；第二是共同生活、共同学习的集体精神；第三是向民众学习、为民众谋福利的服务精神。”

本研究中，要发挥“石牌精神”的两大价值：一是“石牌精神”的育人价值，即基于对“精神文化即人之成长养料”的认识，我们将充分挖掘石牌社区资源，进行德育教育，让石牌学生在亲近石牌中学习“石牌精神”，实践“石牌精神”，提高综合素质；二是“石牌精神”的引领价值，即基于对“德育即树人育人立人之业”的认识，我们将化“石牌精神”之“创业精神、集体精神、服务精神”为“创‘树人’大业之精神”、“集‘育人’智慧之精神”、“服‘立人’要务之精神”，让石牌教师携手家长与社区人士等，创造性地开展德育工作，提高德育质效。

2. 校本德育

本课题尝试对“校本德育”作出自己的界定。校本德育是以学校为本位、由学校所实施的德育，它植根于学校学生生活、学校文化传统与当地文化，集合学校与家庭及社区（会）多方力量，而校本化实践的发展性的德育，它的理念、目标、课程、实施、评价等要素，只有构成一个具有一定规律性的德育理论与实践相统一的有机整体，才会在相互关联、相互制约、相互作用中获得最佳德育效果，它才会成为一种富有生命力的德育样式。

本研究中，基于扎根石牌小学研究学校德育，这里的“校本德育”，即为石牌小学的

“让每一个人都敞开心扉，让每一个人都收获甘泉”的“无墙德育”。

3. 整合

所谓整合，《辞海》解释为整理、组合。

本研究中，“石牌精神”与校本德育进行“整合”，是指把石牌社区的核心资源“石牌精神”融入石牌小学“无墙德育”这一校本德育之中，在整体优化的基础上发挥整体大于部分之和的作用，即以石牌小学为核心，以石牌社区为主体，充分挖掘、组合和利用“石牌精神”这一社区优质资源，打破以往学校德育的封闭状态，强化学校、家庭、社区各要素之间的优势互补，提高学校德育变革的整体效益，推动学校的整体发展，促进儿童的健康成长，同时促进石牌文明社区建设。

4. 本课题界定

本课题研究的是如何整合“石牌精神”这一社区优质资源于校本德育之中，以提升“无墙德育”的品质。其拟解决的关键问题：一是整合“石牌精神”，如何发挥其价值融入“无墙德育”之中；二是整合“石牌精神”，全面实施“无墙德育”的有效策略有哪些；三是整合“石牌精神”，全面实施“无墙德育”的操作载体有哪些。即本课题是一项通过整合社区资源，探索如何发挥“石牌精神”的价值，寻求全面实施“无墙德育”的有效策略与操作载体，以提高校本德育质效的课题。

（二）研究目标

本课题研究目标是：整合“石牌精神”，实现其引领与育人两大价值的发挥，探索如何通过整合“石牌精神”全面实施“无墙德育”，以及有效提升“无墙德育”品质的实施策略与操作载体。包括以下四个层面的具体目标：

1. 学生层面

通过对“石牌精神”的探索，使其成为具有教育功能的载体，让学生进入一个道德、智慧和感情融洽一致的世界，促使学生的心灵得到滋养，道德品行得到提升，进而锻造完善的人格。

2. 教师层面

通过本研究，使教师树立整体的、主体的、开放的、实践的发展性德育观，并从知识至上的功利思想中走出来，学会“解放思想、协作育人”，引导每一位学生对“成人”“成事”有着积极的生命态势，进而提升自己的综合素养和能力。

3. 学校层面

通过本研究，力图在新时代背景下，对“石牌精神”与校本德育的整合进行探索，形成初步的校本德育课程实践框架并进行初步实施，寻求我校的办学路子，体现我校办学的精神，积淀学校文化，提升办学品位。

4. 社区层面

通过整合石牌街和石牌三骏企业集团公司等社区有利资源，以学校为桥梁、家庭为纽带、社区为舞台，构建学校、家庭、社会（社区）德育一体化，形成三大德育途径有领导、有组织的协同配合，有统一的部署和计划，充分、有效地利用三者的德育资源，对青少年儿童实施一种新的德育格局，促进石牌文明社区建设。

（三）研究内容

本课题主要基于拟解决的关键问题开展研究。

1. “石牌精神”与校本德育整合的两大价值研究

其对应的是本课题拟解决的第一个关键问题：整合“石牌精神”，如何发挥其价值融入“无墙德育”之中。

2. “石牌精神”与校本德育整合的实施策略研究

其对应的是本课题拟解决的第二个关键问题：整合“石牌精神”，全面实施“无墙德育”的有效策略有哪些。

3. “石牌精神”与校本德育整合的操作载体研究

其对应的是本课题拟解决的第三个关键问题：整合“石牌精神”，全面实施“无墙德育”的操作载体有哪些。

（四）研究方法

本课题是以实践操作为主的课题。因此，围绕研究内容，本课题以行动研究为主，具体采用以下方法：

1. 文献研究法

收集与研究校本德育及其与社区资源整合的相关文献，包括：①搜集国内外有关校本德育及其与社区资源整合的相关理论和研究成果；②学习研讨文献，进行信息分类编辑，形成相关研究的文献综述，邀请专家、学者就“石牌精神”与校本德育的整合研究进行指导；③通过检索所得的文献资料，特别是结合我校“无墙德育”的研究与实践成果，对本课题进行整体设计，描述“石牌精神”的引领与育人两大价值的实现架构，整合“石牌精神”以全面实施“无墙德育”的有效策略与操作载体。

2. 调查研究法

主要进行以下调查研究：①调查石牌社区的历史人文、石牌地方的渊源、石牌市场创业的渊源，以及调查石牌人现在的生活状况、工作状况、石牌社区当前所处的社会环境和人文环境、石牌市场的当前状况，研究“石牌精神”在石牌社区的演变与体现情况；②调查石牌社区的教育资源，研究编制整合石牌社区资源的校本德育课程；③调查学生家庭及社区对学校的教育需求与对学校教育的可能帮助，探索学校、家庭、社区合力育人的可能路径，组建相应的平台与操作载体。

3. 经验总结法

主要总结以下实践经验：①如何有效发挥“石牌精神”的引领与育人两大价值的经验；②如何整合“石牌精神”以全面实施“无墙德育”的有效策略的经验；③如何整合“石牌精神”以全面实施“无墙德育”的操作载体的经验。

（五）研究步骤

1. 组织研究队伍，明确研究任务

课题前期研究阶段，我们成立了以校长为组长的课题研究小组。课题申报初期，组建了由广州市教科所黄利老师等组成的课题研究专家指导小组，聘请资深专家做课题研究顾问。在此基础上，根据课题研究的两大专题，组成两个课题指导小组具体负责指导相关课题的研究工作。指导小组成立后，根据课题研究方案的精神，制定“专题研究要求”，对本专题研究的指导思想、研究内容、研究目标和研究方法进行细化、规范，用以指导、检查、推动两大专题的研究工作。

2. 确立课题研究工作的基本精神

从“石牌精神”出发，我们确立了课题研究工作的基本精神：创业精神、集体精神、服务精神。有效地开展本课题的研究与实践，就是一种“创业”，需要我们勤奋而又富于创造性地开展工作；本课题的成功开展与成果取得，有赖于课题组成员和与课题相关人员的“集体”力量，需要大家的共同智慧；本课题的研究与实践，指向的是“服务”学生、教师、学校，乃至家长及社区等。在这一基本精神的引领下，本课题研究工作彰显的是我校“成长自由，机会无穷”的“无墙文化”的魅力。

3. 采取两大措施推进课题研究工作

（1）按课题方案所拟定的研究步骤开展工作。

第一阶段（2008 年 6 月—2008 年 10 月）：

进行前期方案设计论证和文献资料的搜集、整理与学习，拟订方案。

深入开展德育科研宣传发动工作，对实验骨干教师进行培训，提升教师的科研素养。

2008 年 12 月如期按要求进行课题开题，并上交课题开题书、合同书。学校课题研究小组与指导专家制定了周密的工作计划和确定了研究方案，并分步实施。

第二阶段（2008 年 12 月—2010 年 12 月）：

依据课题的总体构思和各自承担的任务，具体实施，进行理论与实践的研究。

不仅撰写经验论文、个案分析，还收集、整理研究资料，举办经验交流分享会。

第三阶段（2011 年 1 月—2011 年 12 月），即课题总结阶段：

撰写课题研究报告及工作报告，收集、编印成果材料。

在已开发的三本校本教材《诵经典美文　做少年君子》的基础上，完成《我们与石牌在一起》校本德育课程建设。

（2）按课题方案所拟定的研究内容进行研究。

一是结合学校德育的内容与要求，开展“石牌精神”与校本德育整合的内容体系研究。主要是进行石牌小学“石牌精神”德育课程的初步构建研究。

二是结合学校德育的途径与方法，开展“石牌精神”与校本德育整合的实施路径研究，主要研究三条路径：各学科互为结合渗透途径、实践活动的课程整合途径、环境文化育人途径。

四、实践探索

（一）“石牌精神”与校本德育整合的两大价值的发挥

这是围绕“研究内容 1”进行实践探索，在研究过程中，为发挥“石牌精神”与“无墙德育”整合的引领与育人两大价值，我们确立了我校德育指导思想，凝练了我校“*N*个相信”的“无墙化”追求。

当我们为破解学校德育难题，探寻石牌社区资源，发现“石牌精神”时，随着对其内涵的理解与认识，我们认为这一精神富有催人向上、携手奋进的价值，是人之“成人”“成事”的价值凝聚，也契合着石牌小学的“无墙化”办学追求。为此，在课题研究初期，我们就确立了以“*N*个相信”的“无墙化”为校本德育工作的指导思想，即要使“石牌精神”融合于学校、家庭、社区，使“无墙德育”工作的每一个人都拥有创业精神、集体精神、服务精神，就必须立足于“*N*个相信”：相信学生、相信教师、相信家长、相信社区……相信一切都可成为教育的有益资源，相信一切都可成为教育的积极力量。

随着课题研究与实践的深入，我们以“*N*个相信”作为本课题研究的立足点和出发点，并逐步形成学校整体性变革的“无墙化”追求，让学校成为一个创新发展、多元开放的世界。

这“*N*个相信”，不仅让每一种力量都融合在“无墙德育”中，而且让更多的人自觉地融入到本课题的探索与实践中，促使学校教师、家长与公众之间更好地合作，让人们享受到“无墙德育”的魅力，进而赞同和支持学校的使命和目标，促进学校、家庭、社区的共同进步。

（二）“石牌精神”与校本德育整合的实施策略的形成

这是围绕“研究内容2”进行实践探索，在研究过程中，为全面实施“无墙德育”，我们整合“石牌精神”于其中，形成了我校德育四大实施策略，丰富了我校的办学内涵。

1. 以合力联动策略促进了家校社的共同进步

（1）抓共管，寻求各方支持。生活中时时有德育，学校内外处处有资源。课题研究过程中，我们根据学校所处社区的特点，充分挖掘和整合各种教育资源，拓宽“无墙德育”平台，让每一种力量都融合在德育中，与社区形成“协调统一，齐抓共管，各负其责”的工作机制，为学校课题研究提供了有力的组织保障和队伍保障。

（2）联家校，引领家长添力。为了进一步加强家校联系，学校成立了家长义工队，为家长参与学校教育教学工作提供了更好的平台。为此，家长关注教育、理解教育、支持教育、参与教育的呼声越来越高，他们由原来教育的旁观者变为积极参与的实践者。针对所属石牌社区教育的特殊性与多元性，每年我校与113中学携手社区，本着“互动、融合、共建”原则，充分挖掘和整合石牌社区资源，以服务学生、家长及社区为指引，通过开展中小学家校论坛活动、石牌社区表彰联欢活动，促进学校、家庭、社区的共同进步。

2. 以资源整合策略拓宽了校本德育的平台

（1）重实效，巧用社区资源。学校在石牌街、石牌三骏企业集团公司的帮助下，有效地整合利用了广东省高级人民法院、华南师范大学、暨南大学等社区资源，开展富有石牌特色的大型活动；长期聘请华南师范大学、暨南大学的学生为校外辅导员，定期到班级为学生做集体心理健康辅导，并与家庭结对子，让心理辅导走进家庭；多次邀请校友——击剑世界冠军董兆致回母校，并举行大型专题活动等使校本德育走向社区化。学校由封闭走向开放，在“事事关心”中，学生日渐成长。

（2）谋共赢，组团求发展。我校和五山小学、汇景实验学校联合组建了“新课程背景下强化经典文化教育研究团队”。几年来，三校创新学术团队齐心协力、积极参与经典文化教育研究，努力探索团队建设的新路子，达到了“资源共享、优势互补、合作共赢”的效果。

3. 以实践服务策略提升了校本德育的实效

（1）开发德育课程，陶冶学生情操。在我校传统项目“经典诵读”的基础上，学校研究并精心编写了经典诵读校本教材——《诵经典美文　做少年君子》，并以此推进学校、家庭、社区的诵读活动。学校还充分利用石牌社区的人文历史资源、自然景观资源、建设成就资源、社会人力资源，研究并开发了《我们与石牌在一起》这一德育校本课程，它不仅丰富了校本德育的形式和内容，更重要的是提升了德育效能。

（2）组建多样社团，实践服务学生。传统文化是德育工作中取之不尽用之不竭的源泉。而蕴含着中华民族优秀文化传统的“国学”经典，都是以小见大、循循善诱的德育教材。为此，我校组建了“诵读社团”，让学生在这一社团活动中浸润于传统文化，让学生的人格养成获得一种可持续的提升之力。“诵读社团”的蓬勃发展，极大地鼓舞了我校社团工作的积极开展。以此为突破口，为了给孩子们的个性发展打下良好的基础。石牌小学相继组建了“醒狮社团”、“彩龙社团”、“童心武术社团”、“击剑社团”、“石牌少儿粤剧社”等社团组织。在社团活动中，孩子们发挥所长，树立信心，激发了潜能。

4. 以开放交流策略让人人在交流分享中携手共赢

“嘤其鸣矣，求其友声。”石牌小学对“无墙德育”的积极探索与实践，吸引了海内外教育界同行的友好交流和互动。几年来，学校接待了来自美国、英国、挪威、中国香港地区等国内外教育界同行520多人次的交流，并受到好评。

我们充分利用这些交流与互动，让师生、家长主动参与。交流活动中，孩子们，更自信更大方；我们的教师、家长，也受到一次次教育观念的深度洗礼；教育交流活动为我们打开了一扇“望外望远”的窗户。通过这扇窗户，我们不仅感受到了不同文化背景、教育体制带来的碰撞与冲击，也体验到开放、包容和多元文化融合的惬意。在交流活动中，我们彼此学习，交流互补，携手共赢。

（三）“石牌精神”与校本德育整合的操作载体的构建

这是围绕“研究内容3”进行实践探索，随着课题的研究与深化，我校不仅催生了石牌社区特有的成长共同体——学生成长、教师成长、家长成长、人人成长，学校发展、家庭发展、社区发展、样样发展，还创造性地挖掘了师生、家长、社区乐于接受的德育五大操作载体，有效地实现了我校德育的“无墙”追求。

1. 以“书香载体”打造“学习共同体”，实现了“人人学习，浸润书香”

学校坚持以“诵读中华经典文化，建设石牌学习之邦”活动为载体，通过打造书香校园，带动书香家庭、书香社区建设，让每一个人在诵读中学习，浸润于书香。学校因此成为“广东省首批书香校园”。杨彬老师被评为“广东省十佳阅读教师”，肖彩芳老师荣获“广东省百佳阅读教师”、广东省“阅读之星”优秀指导教师奖。程令同学被评为广东省

“百佳阅读之星”。

2. 以“义工载体”建立“发展共同体”，实现了“人人参与，各尽其才”

课题研究中，我们倡导“人人参与，各尽其才”。几年来，在课题研究中，我们致力于建立各种“发展共同体”：班级教师合作体、年级管理合作体、学科管理合作体、家长义工队、家校社协作体。家长及社区人员都积极参与学校的管理，共商学校发展大计。而家长也在参与学校活动中，实现了自己的人生价值。潘翠姬家长被评为“广州市十佳少先队志愿辅导员”；何燕兴家庭被评为“天河区十大巧手家庭”。学校成为“广州市首批家长示范校”、“广州市百所优秀家长学校”。

3. 以“社团载体”催生“成长共同体”，实现了“人人成长，样样发展”

我校的“无墙社团”出现众多精品社团，如“家庭诵读社团”、“龙狮社团”、“童心武术社团”等，先后被全国少工委评为“红领巾优秀社团”。近年来，我校社团在全国省市区各项比赛中屡获殊荣。如，石牌少儿“粤剧社”喜获全国“蒲公英”大赛广东赛区两个金奖，一个银奖；罗沁桦等十多位同学获“全国好少年好儿童”、“广东省道德小模范”等光荣称号。

4. 以“论坛载体”构建“家校共同体”，实现了“人人畅谈，个个得法”

我校与广州市113中学及石牌三骏企业集团携手，开展石牌社区“中小学家校论坛活动”。该论坛活动引导了更多的家长自觉地融入到教育孩子的探索与实践中，促使学校、教师、家长与社区之间更好地合作，共同进步。

5. 以“交流载体”扩展“校际共同体”，实现了“人人分享，德育提升”

在天河区、广州市的德育工作经验交流会上，以及“国际儒学联合会暨全国第二次儒学普及工作座谈会”上，我校的德育工作不仅受到与会代表好评，还得到原广东省省长叶选平及夫人吴小南女士的充分肯定及赞赏。

作为“中美教育国际交流ELLE项目基地学校”，每一次的中美教育交流，都给美国教育界同行留下深刻的印象。美国田纳西州纳什维尔市教育局局长杰森教授曾感慨地说，石牌小学是一所很有民俗味的社区学校，学校、家庭、社区的高度融合，令人感动，他非常羡慕，甚至有点嫉妒！尤为感人的是，有一次一位校长把一颗来自美国白宫的蓝色星星贴在交流活动的友谊树上，她表示要用蓝色星星的珍贵来表达她对石牌小学之行的感受。

五、研究成果

（一）研究结论

1. 从实践与理论上，证明了整合社区精神以创新校本德育是完全必要的

尽管当前中小学对社区精神与校本德育整合的研究极少，但我们认为创新校本德育需要整合社区精神。因为学校教育是学校、家庭与社区（会）的共同事业，而社区精神具有凝聚、塑造、整合及推动等功能，尤其是“石牌精神”所包含的创业、集体与服务精神，是人在个体与群体生活中都必要的精神。在本课题研究过程中，正是我们把实施“无墙德育”当作一种“创业”，多方面聚集“集体”战斗力，乐于分享育人智慧，倾心于“服

务”学校德育工作之中，学生才能在实践中深化了对“石牌精神”的理解与体验，也获得多方面的发展。

2. “石牌精神”与校本德育的整合，为校本德育的创新提供了新的范例

作为石牌的社区精神，“石牌精神”必然成为石牌小学“无墙德育”的有机组成部分。“创业精神”能够让人拥有“成事成人”的眼光，“集体精神”能够让人拥有“成事成人”的张力，“服务精神”能够让人拥有“成事成人”的作为。这样的社区精神融合于校本德育之中，不仅可以化为学校开展德育工作的精神力量，凝聚人心，合力育人，实现社区精神的引领价值，而且可以化为学生道德发展的课程资源，乃至综合素养提高的养料，实现社区精神的育人价值。本课题对“石牌精神”与校本德育整合进行的实践探索，验证了“石牌精神”与校本德育结合的可行性与有效性，既探索了如何发挥“石牌精神”与校本德育整合的两大价值，又形成了整合“石牌精神”以有效开展“无墙德育”工作的实施策略与操作载体，较好地为当今中小学的校本德育创新提供了新的范例。

3. 挖掘并善用社区资源，有助于学校的优质发展

我们认为，对本课题的研究，挖掘与利用以“石牌精神”为核心的石牌社区资源，有助于我们更好地整合社区资源与校本德育，创新“无墙德育”，促使学校获得更大更好的发展。从课题研究结果来看，我们所开发的《我们与石牌在一起》与《诵经典美文　做少年君子》校本德育课程，所建构的石牌化的校本德育系列活动，所创建的校本化的“无墙德育”操作载体等，已经成为我校的德育特色，学校也因此获得多层面的荣誉。

（二）课题成果

1. 发挥了“石牌精神”的引领与育人两大价值

“石牌精神”具有丰富的内涵及教育价值，这是我们开展本课题研究的基点。在课题研究初期，我们就确定了“石牌精神”的引领与育人两大价值，并以此作为与校本德育整合的切入点。随着课题研究的深入，“石牌精神”在“无墙德育”的实施过程中得到很好的彰显，也印证了社区精神的凝聚、塑造、整合及推动等功能，尤其是演化为石牌小学创新校本德育与实施素质教育的“无墙力”——拥有“*N*个相信”，教育更精彩。

2. 形成了石牌小学“无墙德育”整合“石牌精神”的实施策略

经过课题组的实践探索，我们基于校情、家情、社情，整合“石牌精神”，形成了实施“无墙德育”的四大策略：因实施“合力联动”策略，而促进了学校、家庭、社区的共同进步；因实施“资源整合”策略，而拓宽了学校德育的平台；因实施“实践服务”策略，而不断提升了校本德育的实效；因实施“开放交流”策略，而在交流分享中携手共赢。

3. 建构了石牌小学“无墙德育”整合“石牌精神”的操作载体

依据我们对“学校的发展，就是不同成长共同体的催生”的认识，整合“石牌精神”，创建了实施“无墙德育”的五大操作载体：因“书香载体”的打造，在“学习共同体”中“人人学习，浸润书香”；因“义工载体”的建立，在“发展共同体”中“人人参与，各尽其才”；因“社团载体”的催生，在“成长共同体”中“人人成长，样样发

展”；因“论坛载体”的构建，在“家校共同体”中“人人畅谈，个个得法”；因“交流载体”的扩展，在“校际共同体”中“人人分享，德育提升”。

4. 收获了石牌小学“无墙德育”整合“石牌精神”的物化成果

课题研究，本课题组即学校教师积极撰写与本课题相关的研究论文、工作经验，仅公开发表和在校外获奖的文章就有37篇。同时，我们还开发了两大德育校本课程：

一是《我们与石牌在一起》。我们充分利用地方德育资源，拓宽德育渠道，不断深入地开展好综合实践活动，让学生走进家乡的历史，全面地了解家乡的风土人情、社会的变迁与发展，燃起他们对家乡、对祖国的热爱之情，从而激发他们主人翁的责任感。从课程设置的角度来整合资源，极大地丰富了德育的形式和内容，提升了德育效能。

二是《诵经典美文　做少年君子》。它蕴含着中华民族优秀文化传统的“国学”经典，是以小见大、循循善诱的德育教材。我们选其精华，让学生诵读。学生的人格塑造是一个长期的浸润过程，传统文化的元素充盈在我们日常生活的方方面面，成为我们德育工作中取之不尽用之不竭的源泉，我们充分利用这一资源，让学生的人格养成获得一种可持续的提升之力。

在每年开展的德育实践活动的基础上，我们还制作了“石牌音像”成果：《请您与我们一起分享》，我们坚信德育的实践活动有利于学生的个性化成长、学生主体性的发挥以及学生自我学习能力的提高。一直以来我们与社区联手，以小手牵大手的方式，打造“欢畅石牌”、“书香石牌”、“活力石牌”等具有石牌特色的校园文化生活，并精心制作成“石牌音像”成果——《请您与我们一起分享》。它不仅唤醒了孩子们对自己成长历程的美好回忆，更深切地了解和体会一代又一代石牌人呕心沥血为教育、多方携手育桃李的感人故事，感悟“石牌精神”的内涵……以此潜移默化地感染着每一个学生，陶冶着他们的情操，浸润着他们的心灵。

（三）实践成效

通过“石牌精神”与校本德育整合的研究与实践，我校德育工作开创了一个新局面，形成了以学校“无墙化”发展为追求，以创造“学习共同体、发展共同体、成长共同体”为纽带，以“‘石牌精神’弥漫石牌”和“心手相依连，你我共成长”为宗旨的“家校社”一体化校本德育格局。这不仅提高了学校德育整体效益，促进了校风建设和素质教育的实施，还催生了石牌特有的成长共同体：学生成长，教师成长，家长成长，人人成长；学校发展，家庭发展，社区发展，样样发展。

1. 在课题研究的过程中，促进了学生整体素质的提高

近两年来，学校的特色队伍，如科技、龙狮、武术、合唱、诵读等队伍在全国省市区各项比赛中屡获殊荣。罗沁桦等二十多位同学获“全国好少年好儿童”、“广州市优秀学生干部”、“广州市三好学生”等光荣称号。

课题研究，使学生成了学校德育的主体，学生在亲自参与校内外各类活动中得到体验，提高了学校德育的实效性。随着学校德育系列活动的开展，学生不仅内化了“石牌精神”，而且提高了道德修养和综合素质，同时，涌现了一批批品学兼优的石牌学子，使学校声誉日强。

2. 在课题研究的实施中，提升了教师的专业素养

学校有教师78人次的优秀课例在国内外教育交流活动展示交流，获得同行的好评。有36人次参加全国省市的课堂教学大赛获一、二等奖。有4位教师成为市区教育教学骨干，20多位教师被评为市区优秀教师及优秀班主任。教师撰写的60多篇论文获全国省市论文评比一、二等奖及公开发表在省市教研杂志上。

3. 在课题研究的推进中，推动了学校的多元发展

该课题作为学校教科研的一扇窗户，以小见大地见证了教师队伍的成长、教学质量的提高、科研能力的提升、学校的发展。

家长潘翠姬被评为“天河区优秀少先队志愿辅导员”、“广州市优秀少先队志愿辅导员”、“广州市十佳少先队志愿辅导员”。何燕兴家庭被评为“天河区十大巧手家庭”。

近年来，我校的“家庭诵读社团”、“龙狮社团”和“童心武术社团”先后被全国少工委授予“童趣杯”优秀红领巾小社团荣誉称号；我校的德育成果获广州市第二届中小学德育创新成果评比一等奖。学校先后成为：“中美教育国际交流ELLE项目基地学校”、“广东省首批书香校园”、“广州市首批书香校园”、“广州市首批家长示范校”、“广州市百所优秀家长学校”、“广州市首批德育示范校”、“广州市语文学科素质教育基地学校”、“天河区关心下一代工作先进单位”、“社区建设突出贡献单位”等。

4. 在课题研究的落实中，推动了社区的文明进程

总之，我校在“石牌精神”引领下，坚持无限相信家长参与道德教育的可行性，无限相信教师引领道德教育的重要性，无限相信社区支持道德教育的合力性，充分激扬每一个石牌人“创‘树人’大业之精神”、“集‘育人’智慧之精神”、“服‘立人’要务之精神”，多层面挖掘和整合各种教育资源，使之成为我校德育的积极力量，有效地打破了以往学校德育的封闭状态，强化了学校、家庭、社区各要素之间的优势互补，提高了我校德育变革的整体效益，推动了我校的整体发展，促进了石牌学子的健康成长，促进了石牌文明社区建设。

六、思考与展望

学校在课题研究方面取得的成果，为在其他方面的探索提供了发展的契机和经验。如何把这些成果和经验成功地创造性地运用于学校教育工作的方方面面，形成学校自己的精神与文化，是我校今后要思考和努力的方向。

七、主要参考文献

1. 联合国教科文组织国际教育发展委员会编著．学会生存——教育世界的今天和明天．华东师范大学比较教育研究所译．北京：教育科学出版社，1996.

2. 国际21世纪教育委员会编著．教育——财富蕴藏其中．联合国教科文组织总部中文科译．北京：教育科学出版社，1996.

3. 张华．论道德教育向生活世界的回归．华东师范大学学报（教育科学版），1998（1）．

4. 何齐宗．当代国外道德教育发展的新动向．江西教育科研，1999（5）．

5. 袁锐锷．西方著名德育思想家的德育模式探讨．学术研究，2000（5）．

6. 郑金洲．走向“校本”．教育理论与实践，2000（6）．

7. 詹万生．整体构建德育体系总论．北京：教育科学出版社，2001.

8. 李延保．珍视传统 凝聚精神·代序．李尚德．凝聚中大精神．广州：中山大学出版社，2001.

9. 刘慧，朱小蔓．多元社会中学校道德教育：关注学生个体的生命世界．教育研究，2001（9）．

10. 钟启泉，崔允漷，张华．为了中华民族的复兴，为了每位学生的发展——《基础教育课程改革纲要（试行）》解读．上海：华东师范大学出版社，2001.

11. 朱小蔓．教育的问题与挑战——思想的回应．南京：南京师范大学出版社，2002.

12. 吴刚平．校本课程开发．成都：四川教育出版社，2002.

13. 曹文栋．校本德育，学校德育创新的灵魂．自贡师范高等专科学校学报，2002（2）．

14. 奚从清．论社区精神．浙江大学学报（人文社会科学版），2002（3）．

15. 张雪龙．关于创建校本德育机制的思考．思想·理论·教育，2003（21）.

16. 詹万生．整体构建具体化、特色化、可操作的校本德育．中国教育学刊，2007（4）．

17. 谢银元．整合乡土资源 构建校本德育课程．宁波教育学院学报，2009（5）．

18. 黄静梅．校本德育创新：德育工作的方向性议题——2010校本德育创新论坛综述．中国德育，2011（1）．

19. 周洁．“无墙德育”：一个实践框架．新课程（综合版），2009（1）．

八、附件

附件一：课题研究的阶段性成果（论文等）

序号	成果名称	作者	刊物年期、出版社和出版日期、使用单位
1	心扉开 甘泉来——石牌小学的“无墙德育”追求	石牌小学	2011年11月广州市中小学德育工作经验汇编
2	校本德育新模式：无墙德育	周洁、张红、唐亮平、冯婷	2011年11月广州市第二届中小学德育创新成果集
3	“无墙德育”的探索与实践	周洁、张红、唐亮平、冯婷	2011年10月广州市教育局第二届中小学德育创新成果一等奖
4	信息技术环境下同伴互助促进教师专业发展的策略研究	杨翠娥	《中国电化教育》2011年第11期

（续上表）

序号	成果名称	作者	刊物年期、出版社和出版日期、使用单位
5	“无墙”——让学校德育更精彩	周洁	2011 年 6 月在第九届广东省中小学校长论坛征文中荣获二等奖
6	提升教师职业幸福感　促进教育教学质量的提高	杨翠娥	2011 年 6 月在第九届广东省中小学校长论坛征文中荣获三等奖
7	学会善读：阅读教学学习型课堂之追求	肖彩芳	《广州教学研究》2011 年第 5 期（总第 503 期）
8	《再见了，亲人》教学预案	肖彩芳	《广州教学研究》2011 年第 5 期（总第 502 期）
9	校本德育新模式：无墙德育	周洁	《中小学德育研究》2011 年第 3 期
10	强化德育系统性和持续性，提高师生幸福生活能力	王芹	《中小学德育研究》2011 年第 3 期
11	浅谈思维导图在小学品德教与学中的运用	廖国珠	2011 年 6 月广州市小学德育课程论文评比一等奖
12	在思德教育中与学生建立良好的互助关系	莫文桂	2011 年 6 月广州市小学德育课程论文评比二等奖
13	给学生一片自主发展的天空	巫祖亮	2011 年 6 月广州市小学德育课程论文评比三等奖
14	以糖化锋　相得益彰	何换仪	2011 年 6 月广州市小学德育课程论文评比三等奖
15	师爱无墙教育叙事	梁志涛	2011 年 6 月广州市小学德育课程论文评比三等奖
16	春节知多少	邱子鹰	2011 年 5 月荣获“广州市品德十佳教师”团队优质课一等奖
17	首届广州市小学品德与生活十佳教师	邱子鹰	2010 年度广州市教育局教研室
18	以身立教　为人师表	肖彩芳	2010 年广东省教育厅主题征文活动中获得小学组征文三等奖
19	让每一种力量都融合于德育中	周洁	《小学德育》2010 年第 8 期
20	敞开心扉　收获甘泉	周洁	2009 年度全国中小学思想道德建设优秀成果展评活动中，荣获优秀成果一等奖
21	诵读中华经典　让学校发展更有根	张红	2009 年度全国中小学思想道德建设优秀成果展评活动中，荣获优秀成果一等奖

（续上表）

序号	成果名称	作者	刊物年期、出版社和出版日期、使用单位
22	一副眼镜的故事	蔡坚	2009 年度全国中小学思想道德建设优秀成果展评活动中，荣获优秀成果一等奖
23	师爱搭桥引路　诵读教诲导航	翁秀娟	2009 年度全国中小学思想道德建设优秀成果展评活动中，荣获优秀成果一等奖
24	浅谈班主任指导家庭教育的几个问题	廖国珠	2009 年度全国中小学思想道德建设优秀成果展评活动中，荣获优秀成果一等奖
25	和谐石牌　牵手奥运	周洁、张红	2009 年度全国中小学思想道德建设优秀成果展评活动中，荣获优秀成果一等奖
26	真情付出　茁壮成长	唐亮平	2009 年度全国中小学思想道德建设优秀成果展评活动中，荣获优秀成果二等奖
27	第一堂课	肖彩芳	2009 年度全国中小学思想道德建设优秀成果展评活动中，荣获优秀成果二等奖
28	爱是具体的点点滴滴	胡绍宏	2009 年度全国中小学思想道德建设优秀成果展评活动中，荣获优秀成果二等奖
29	浸润书香　快乐成长	周洁、张红	《小学德育》2009 年第 5 期
30	当家长与学校“心连心”	张红	《新课程》2009 年第 5 期
31	城中村小学教育资源整合策略浅探	周洁、张红	《中小学德育研究》2009 年第 1 期
32	“无墙德育”：一个实践框架	周洁	《新课程》2009 年第 1 期
33	以“四力”带动学校可持续发展	周洁	《广州师训》2009 年第 1 期
34	提升内涵求发展，激发潜能促和谐	周洁	《广东教育》2008 年第 8 期
35	平实中的精彩，巧妙中的生成	廖国珠	《中国信息技术教育》2008 年 7 月
36	浅谈新课程下小学品德课堂教学中的以生为主	廖国珠	《聚焦品德有效教学》2008 年 6 月
37	立足生活空间　活化品德资源	蔡雅杰	《聚焦品德有效教学》2008 年 6 月
38	德育校本课程——《诵经典美文　做少年君子》	课题组成员	德育校本教材在全校范围使用，2008 年 9 月使用至今
39	德育校本课程——《我们与石牌在一起》	课题组成员	德育校本教材在全校范围使用，2010 年 9 月使用至今
40	“石牌音像”——《请您与我们一起分享》	课题组成员	课题研究期间德育特色活动

附件二：本课题研究成果的德育校本课程目录

我们与石牌在一起

——石牌小学校本德育课程（四年级）

一、石牌——我们的家
1. 今昔石牌
2. 住在石牌
3. 纸上游石牌
二、石牌——我们的爱
1. 父母心·儿女情
2. 寻寻石牌的宝
3. 变废为宝
三、石牌——我们的情
1. 相亲相爱一家亲
2. 赠人玫瑰手留余香
3. 众人拾柴火焰高
四、石牌——我们的乐
1. 诗画飘香伴我行
2. 欢畅石牌行
3. 我这样长大

我们与石牌在一起

——石牌小学校本德育课程（五年级）

一、石牌——我们的家
1. 石牌古迹
2. 石牌与都市
3. 石牌新乐园
二、石牌——我们的爱
1. 师生心·社区情
2. 寻根探宝在石牌
3. 环保小卫士
三、石牌——我们的情
1. 风雨兼程你我他
2. 众人划桨开大船
3. 甘蔗出土寸寸甜

四、石牌——我们的乐

1. 活力绽放在石牌
2. 成长中的无墙社团
3. 我已经长大

每章每节可自选两项以上拓展项目：

1. 叽叽喳喳来交流
2. 我的舞台我做主
3. 话说我的小调查
4. 我用画笔表我心
5. 缤纷石牌——我骄傲

鸣 谢

本课题得以立项，特别要感谢广东省教育科学规划领导小组办公室、广州市教育科学研究所、天河区教育局及天河区教研室科研办的鼓励和支持！

本课题的研究工作得到了省市区各级专家及石牌三骏企业集团公司的大力支持。特此致谢！

在本课题研究过程中，我们倾注了极大的热情和付出了艰辛的努力，但是，由于时间和水平所限，研究工作难免存在不足甚至错误之处，敬请专家批评指正！

2012 年 5 月 28 日

附录二

广州市天河区石牌小学申报广东省德育示范学校评估意见

根据广东省教育厅《关于开展中小学德育工作绩效评估的通知》（粤教思函〔2010〕50号）和《关于中小学德育工作绩效评估的补充通知》（粤教思函〔2011〕10号），广东省德育示范学校赴广州市评估组（以下简称评估组）一行4人，受广东省教育厅思政处委派，于2012年5月17日对广州市天河区石牌小学德育工作进行绩效评估。评估组听取了周洁校长所作的学校自评报告后，查阅相关档案资料，查看了校园文化环境、校园橱窗、校史室、心理辅导室、少先队部室、综合电教室、阅览室等功能室，专访了周洁校长、学生家长，召开了两次师生代表座谈会，随机问卷调查了30名老师和50名学生，观看了大课间活动、德育特色表演，观摩了主题班会、经典诵读活动、亲子活动、德育渗透课及心理辅导课、思品课。在多方面收集信息的基础上，形成了对广州市天河区石牌小学申报广东省德育示范学校的评估意见，反馈如下：

一、德育工作达标取得显著成效的总体评价

广州市天河区石牌小学是一所有着九十多年悠久历史的“城中村”学校，学校着眼于“为了每一个孩子的广阔未来”的教育理想，以“成长自由自在，未来海阔天空”的“无墙教育”理念为引领，精心打造了“无墙德育”这一赋有石牌德育特色的品牌。周洁校长是一位对教育事业有着执着追求、以身作则、具有亲和力的敢于创新、敢于超越型的学校领导。近几年来，周洁校长带着她的团队，围绕着教师的教育思想没有“围墙”，师生的身心发展没有“围墙”，学校、家庭、社区的合作没有“围墙”的德育思路，以形式多样的“无墙”活动为载体，在创新德育途径方面做了许多大胆有效的实践探索，取得了显著成绩。学校成为在天河区乃至广州市都有一定的影响力的品牌学校，学校先后获得“广州市一级学校”、“广州市绿色学校”、“广东省首批书香校园”、“广州市首批家长示范校”、“广州市百所优秀家长学校”、“广州市首批德育示范校”等荣誉，学校已经成为一所学生喜爱、家长放心、社区满意的“显童韵、重开放、创特色、有品位”的品牌学校。

二、德育工作的特色和创新之处

（1）学校致力于创建“无墙教育”的德育模式，推动学校特色教育的发展。

主要体现在：一是学校充分挖掘“无墙教育”的内涵。2007 年提出了“无墙德育”的学校德育哲学，即“让每一个人都敞开心扉，让每一个人都收获甘泉”的学校德育理念。有的放矢，科学定位，以为学生开创一片自由自在的学习天地，使学生成长为自我更新者，快乐地走向海阔天空的未来，培养学生健康、自立、好奇、责任、合作精神作为“无墙德育”的培养目标。二是探索了一系列行之有效的“无墙教育”途径。建立了“人人参与，各尽其才”的管理理念；建立了师德师风教育线、保障监督线、学科渗透线、实践活动线、亲子教育线、社区教育线的“无墙德育”网络，形成了全员、全程、全方位的“无墙德育”工作运行机制。

（2）学校优化育人环境，整合育人资源，在“家校社”一体化育人，提高“无墙德育”的整体效应方面做了许多有效探索，取得成效。学校充分利用地理位置的优势，能有针对性、目的性地整合社区、家庭资源为学校教育教学服务，使学校的德育教育更加贴近生活，符合学生的年龄特点和思想状况，取得很好的教育效果。比如：学校经常联合广东省高级人民法院、石牌街道办事处、石牌三骏企业集团公司等单位的相关人员，开展富有石牌特色的大型活动；长期聘请暨南大学、华南师范大学的学生为校外辅导员。

（3）学校重视科研引领德育实践。学校充分利用区域特色资源，基于校情、家情、社情，整合形成了学校的“石牌精神”，探索出了促进学校、家庭、社区的共同进步的“合力联动”策略；拓宽学校德育平台的“资源整合”策略；提升校本德育实效的“实践服务”策略；携手共赢的“开放交流”策略。2008 年立项的广东省教育科学“十一五”规划课题及广州市中小学德育研究“十一五”规划重点课题“‘石牌精神’与校本德育整合实践研究”已经顺利通过结题。

（4）学校从“无墙教育”的理念出发，注重放大学校的德育元素。通过与美国、英国、挪威、中国香港地区等国内外教育界同行的交流，并建立长期的互动合作关系，在拆除教师教育思想的“围墙”，培养面向现代化、面向世界、面向未来的高素质人才方面进行了有益的尝试。

三、后续发展建议

（1）希望学校进一步加强心理健康教育。从实际了解情况来看，学校非常重视心理健康教育师资培训，场地设施设备也比较齐全，但目前还没有专职心理教师，常规性的心理健康教育活动有一定影响。

（2）希望学校进一步加强德育队伍的专业化建设，夯实学校德育工作的基础。在个性化的班级管理、班级文化建设方面多做探索研究。比如：学校学生生源复杂，家长层次参差不齐，学校在关注学生整体发展的基础上，还应该多关注学生中的弱势群体，多做个案研究。

四、评估结果

综合上述意见，评估结果认定为通过。

以上评估结果，上报省教育厅思想政治处，由省教育厅审核后认定。

广东省德育示范学校赴广州市天河区石牌小学评估组

2012 年 5 月 17 日

后 记

德育无墙时　陌上花开啦

石牌小学——一所有着九十多年悠久历史的“城中村”学校。随着时代的进步，教育的蓬勃发展，学校不仅面临教育改革形势、教育观念和发展远景上的挑战，而且同所有“城中村”学校一样，学校教育所具有的多元性、多层次性、复杂性和特殊性，一起聚合为石牌小学发展的瓶颈，使得学校教育质量难以全面提高，发展后劲不足。

面对学校发展的瓶颈，学校始终坚持三个“不”：不怀疑学校的发展前景，不回避办学中遇到的问题，不停留在学校原有的成绩上。在此基础上，结合广州市天河区教育局提出的“一校一景，一校一品”的工作思路，石牌小学立足本校实际，提出了自己的教育哲学——“无墙教育”，即“成长自由自在 ，未来海阔天空”，使学校的办学工作迎来了“柳暗花明又一村”。

多年来，学校以“无墙教育”理念为引领，精心打造了“无墙德育”这一赋有石牌德育特色的学校品牌。学校始终坚持—— 相信学生、相信教师、相信家长、相信社区……相信一切都可成为教育的有益资源和积极力量。围绕着“教师的教育思想没有‘围墙’，师生的身心发展没有‘围墙’，学校、家庭、社区的合作没有‘围墙’”这一德育思路，通过形式多样的“无墙”活动载体，让星星之火呈现燎原之势。“无墙德育”打破了——课堂内外、家校内外分界之墙，传统与现代局限之墙，中西文化分隔之墙等多种无形之墙。它为学生的成长创造了更广阔的空间。学校成为天河区乃至广州市都有一定影响力的品牌学校，先后获得“广州市一级学校”、“广州市绿色学校”、“广东省首批书香校园”、“广东省首批德育示范校”、“广州市首批家长示范校”、“广州市百所优秀家长学校”、“广州市首批德育示范校”等荣誉，学校德育成果获广州市德育创新成果评比一等奖。学校已经成为一所学生喜爱、家长放心、社区满意的“显童韵、重开放、创特色、有品位”的品牌学校。

如今的石牌小学历经九十多年的风雨历程，正在不断焕发着勃勃生机。《德育无墙》一书，记载了石牌小学构建本土化、富有本校特色的校本德育目标体系和实施路径的研究，德育无墙时，陌上花开啦！这花或许不那么起眼，但它沐浴着天河教育的阳光，迎风摇曳，散发着别样的芬芳！

周　洁

2013 年 9 月

图书在版编目（CIP）数据

德育无墙/周洁著．—广州：暨南大学出版社，2013.11
ISBN 978-7-5668-0784-7

Ⅰ．①德…　Ⅱ．①周…　Ⅲ．①德育工作—小学　Ⅳ．①G621

中国版本图书馆 CIP 数据核字（2013）第 234841 号

出版发行：暨南大学出版社

地　址：中国广州暨南大学
电　话：总编室（8620）85221601
　　　　营销部（8620）85225284　85228291　85228292（邮购）
传　真：（8620）85221583（办公室）　85223774（营销部）
邮　编：510630
网　址：http：//www.jnupress.com　http：//press.jnu.edu.cn

排　版：广州市天河星辰文化发展部照排中心
印　刷：佛山市浩文彩色印刷有限公司

开　本：787mm×1092mm　1/16
印　张：12.5
字　数：304 千
版　次：2013 年 11 月第 1 版
印　次：2013 年 11 月第 1 次

定　价：28.00 元
